BiBLiO LYCÉE

MANON LESCAUT

ABBÉ PRÉVOST

TEXTE INTÉGRAL

Notes, questionnaires et dossiers
par **Véronique Brémond-Bortoli**,
agrégée de Lettres classiques, professeur au CNED

hachette

Sommaire

❶ Avant de lire l'œuvre

❷ *Manon Lescaut* (texte intégral)

❸ L'essentiel sur l'œuvre

ISBN : 978-2-01-716694-8

www.parascolaire.hachette-education.com

4 Parcours littéraire : « Personnages en marge, plaisirs du romanesque »

Dossier du professeur téléchargeable gratuitement sur :
www.enseignants.hachette-education.com

Antoine-François Prévost
(1697-1763)

- Entré dans la vie religieuse sans vocation, l'abbé Prévost mène une existence mouvementée et plutôt dissolue.
- Il connaît un succès de scandale avec l'*Histoire du chevalier Des Grieux et de Manon Lescaut*.

L'abbé Prévost,
gravure de Jakob van der Schley (1746).

ŒUVRES CLÉS

- ***Mémoires et Aventures d'un homme de qualité, qui s'est retiré du monde,*** œuvre romanesque en 7 tomes, parus entre 1728 et 1731.
- ***Histoire du chevalier Des Grieux et de Manon Lescaut,*** qui appartient au dernier tome des *Mémoires* et qui reparaît de façon indépendante, en 1733, en France, où elle est rapidement interdite, puis dans une édition un peu corrigée et augmentée d'un épisode par l'auteur en 1753.
- ***Le Pour et Contre,*** périodique fondé à Londres en 1733 (et qui cesse de paraître en 1740), où s'expriment son esprit curieux et son goût pour les débats contradictoires.

Antoine-François Prévost en 10 dates

1697 Naît le 1er avril à Hesdin-en-Artois.

1721 **Prononce ses vœux monastiques dans l'ordre bénédictin.**

1726 Ordonné prêtre, est transféré à l'abbaye de Saint-Germain-des-Prés à Paris.

1728 **S'enfuit de son abbaye pour passer en Hollande puis en Angleterre.**

1730 À la suite d'un scandale, doit s'exiler en Hollande jusqu'en 1733.

1731 **Parution, à Amsterdam, des derniers tomes des *Mémoires d'un homme de qualité* où figure *Manon Lescaut*.**

1733 Criblé de dettes, retourne à Londres où il est incarcéré à la suite d'une tentative d'escroquerie.

1736 Après son retour en France, en 1734, où il réintègre l'ordre bénédictin, devient aumônier du prince de Conti, qui sera son protecteur.

1741 Doit de nouveau quitter la France pour avoir participé à un journal satirique.

1763 Décède, le 25 novembre, d'une rupture d'anévrisme, à Courteuil, dans l'Oise.

HISTOIRE
DE
MANON LESCAUT.

PREMIERE PARTIE.

JE suis obligé de faire remonter mon Lecteur, au temps de ma vie, où je rencontrai pour la premiere fois le Chevalier des Grieux. Ce fut

I. Part. A

Manon Lescaut

Date de publication : 1731 (1re édition) et 1753 (édition définitive)

Genres : roman-Mémoires, roman d'amour, roman de mœurs réaliste

Tonalités dominantes : dramatique, lyrique, comique, satirique

Mouvement littéraire : début des Lumières

Fac-similé de l'édition de 1753.

PRÉSENTATION

Le roman reflète la période de la Régence, marquée par la libération des mœurs. Récit rétrospectif à la 1re personne, il retrace l'itinéraire du jeune noble Des Grieux qui va se perdre socialement et moralement par amour pour la belle Manon.

THÈMES TRAITÉS

La liberté du cœur

Prévost défend l'aspiration au bonheur, la recherche d'une liberté individuelle détachée des normes religieuses et sociales. Des Grieux justifie sa passion pour en faire une sorte d'absolu : sa pureté d'intention, sa fidélité sans faille et les sacrifices qu'il consent excusent sa conduite erratique, instable, et semblent racheter les deux personnages à la fin, dans un bonheur de courte durée.

Une société corrompue

Le roman décrit le milieu urbain des marginaux, des filles entretenues (Manon), des tricheurs professionnels (Lescaut et Des Grieux), des voleurs (les domestiques)... L'argent est le moteur essentiel de cette société où il peut tout acheter : vertu, plaisir ou justice. Prévost nous montre des héros pressés par le manque d'argent et contraints au vice par un monde où règnent vénalité et corruption généralisées.
C'est aussi une société de classes, menée par la loi des pères, des riches et des puissants, qui pratiquent une justice arbitraire, sans pitié pour les classes inférieures sans soutien.

POUR COMPRENDRE L'ŒUVRE

Des héros pleins d'ambiguïté

Le roman nous présente le jeune Des Grieux, écartelé entre sa conscience morale, ses aspirations religieuses et sa passion pour Manon qui va le conduire à fréquenter les milieux interlopes, louches, de la capitale, jusqu'à devenir criminel malgré lui. Son récit à la 1re personne est-il une confession, une autojustification ou une célébration de l'amour ?

Quant à Manon, on n'a pas fini de s'interroger sur la vérité de ce personnage lacunaire, perceptible seulement à travers le regard de son amant : ange ou démon ? femme-enfant frivole ou séductrice cynique ? infidèle hypocrite ou amoureuse sincère et repentie ?

Mais le plus ambigu, dans cette œuvre, ce sont la complaisance et la sympathie que le lecteur éprouve pour ces deux jeunes amants charmants mais sans beaucoup de scrupules…

Plaisirs romanesques

Prévost utilise les ingrédients du genre romanesque en plein essor : enlèvement, emprisonnements, évasions, déportation, stratagèmes un peu grivois… Il mêle, dans son récit, les tonalités tragiques et comiques, la peinture d'un amour malheureux et passionné, et la satire des mœurs de son époque. Le lecteur s'amuse des manœuvres des héros, quand elles se font aux dépens de riches vieillards libidineux, même si elles sont parfois fort douteuses ! Mais il est aussi amené à s'interroger sur la nature humaine, la force des passions ou le libre arbitre.

LES CRITIQUES

« *Ce qu'il y a de fort dans* Manon Lescaut *c'est le souffle sentimental, la naïveté de la passion qui rend les deux héros si vrais, si sympathiques, si honorables quoiqu'ils soient fripons. C'est un grand cri du cœur, ce livre* […]. »

Gustave Flaubert, *Correspondance*, 16 septembre 1853.

« *Cet ex-bénédictin est un fou qui vient de faire un livre abominable qu'on appelle l'*Histoire de Manon Lescaut, […] *on y courait comme au feu dans lequel on aurait dû brûler le livre et l'auteur* […]. »

Mathieu Marais, avocat et auteur d'un *Journal*, 1er décembre 1733.

INFLUENCES

- *Les Illustres Françaises* (1713) de Robert Challe, roman sentimental qui inspira Prévost.
- *Histoire de Gil Blas de Santillane* (1715-1735) de Lesage, roman picaresque en 12 livres.
- *Mémoires et Aventures de Mlle Moll Flanders, écrits par elle-même* (1722) de Daniel Defoe, récit qui narre les aventures et la déportation d'une prostituée au Nouveau Monde.

AU MÊME MOMENT

Premières années prospères du règne de Louis XV.
Le roman est alors un genre en vogue mais souvent décrié.

- 1730 : *Le Jeu de l'amour et du hasard* de Marivaux, au Théâtre-Italien. *Brutus*, tragédie de Voltaire, à la Comédie-Française.
- 1731 : 1re partie de *La Vie de Marianne* de Marivaux, récit-Mémoires à la 1re personne.

***Manon Lescaut* (1731) de l'abbé Prévost**

- 1731 : *Cantates* de Jean-Sébastien Bach.
- 1732 : *L'Écumoire ou Tanzaï et Neardané*, conte licencieux de Crébillon fils (qui valut la prison à son auteur).

PROLONGEMENTS

- Dans *Leone Leoni* (1835), George Sand reprend les deux héros mais en inversant leur sexe.
- Le roman de Prévost a inspiré *La Dame aux camélias* (1848) d'Alexandre Dumas fils, roman adapté au théâtre par l'auteur en 1852. La pièce, à son tour, a inspiré Giuseppe Verdi pour *La Traviata* (1853), opéra en 3 actes.
- Dans *Revenants* (1851), Alexandre Dumas fils fait revivre Manon, aux côtés de Des Grieux et des héros Paul et Virginie.
- Plusieurs compositeurs ont adapté le roman en opéra : Daniel Auber en 1856, Jules Massenet en 1884 et Giacomo Puccini en 1893.
- On en trouve également de nombreuses versions cinématographiques : *Manon* (1948) d'Henri-Georges Clouzot (transposé à l'époque de la Seconde Guerre mondiale), *Manon 70* (1968) de Jean Aurel (avec Catherine Deneuve), *Manon Lescaut* (2013) de Gabriel Aghion.

ABBÉ PRÉVOST

Histoire du Chevalier Des Grieux et de Manon Lescaut

Albert Matignon (1860-1937), *Manon Lescaut* (détail de l'huile sur toile).

« La rencontre du chevalier Des Grieux et de Manon Lescaut »,
d'après une lithographie de Maurice Leloir (vers 1900).

Avis de l'auteur des
Mémoires d'un homme de qualité[1]

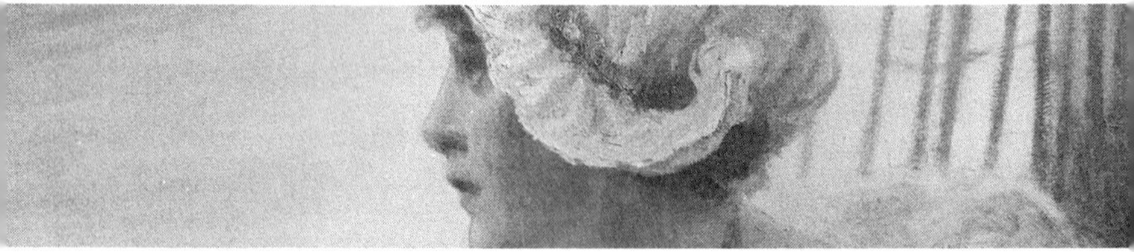

Quoique j'eusse pu faire entrer dans mes *Mémoires* les Aventures du Chevalier Des Grieux, il m'a semblé que n'y ayant point un rapport nécessaire, le lecteur trouverait plus de satisfaction à les voir séparément[2]. Un récit de cette longueur aurait interrompu trop longtemps le fil de ma propre histoire. Tout éloigné que je suis de prétendre à la qualité d'écrivain exact, je n'ignore point qu'une narration doit être déchargée des circonstances qui la rendraient pesante et embarrassée. C'est le précepte d'Horace :

> *« Ut jam nunc dicat jam nunc debentia dici,*
> *Pleraque differat, ac praesens in tempus omittat. »*[3]

Notes

1. **homme de qualité :** homme d'une haute classe sociale. Le narrateur est le Marquis de Renoncour ; *L'Histoire du chevalier Des Grieux et de Manon Lescaut* constitue le septième tome de ses *Mémoires*.

2. **séparément :** publiées de façon indépendante du reste des *Mémoires*.

3. Horace, poète latin du Ier siècle avant J.-C., a écrit ce précepte dans son *Art poétique* : *« Qu'on dise maintenant ce qui doit l'être maintenant / Et que le reste soit différé et omis pour l'instant. »*

Il n'est pas même besoin d'une si grave autorité[1], pour prouver une vérité si simple ; car le bon sens est la première source de cette règle.

Si le public a trouvé quelque chose d'agréable et d'intéressant dans l'histoire de ma vie, j'ose lui promettre qu'il ne sera pas moins satisfait de cette addition. Il verra, dans la conduite de M. Des Grieux, un exemple terrible de la force des passions. J'ai à peindre un jeune aveugle, qui refuse d'être heureux, pour se précipiter volontairement dans les dernières infortunes ; qui, avec toutes les qualités dont se forme le plus brillant mérite, préfère par choix une vie obscure et vagabonde à tous les avantages de la fortune et de la nature ; qui prévoit ses malheurs, sans vouloir les éviter ; qui les sent et qui en est accablé, sans profiter des remèdes qu'on lui offre sans cesse, et qui peuvent à tous moments les finir ; enfin un caractère ambigu, un mélange de vertus et de vices, un contraste perpétuel de bons sentiments et d'actions mauvaises. Tel est le fond du tableau que je présente. Les personnes de bon sens ne regarderont point un ouvrage de cette nature comme un travail inutile. Outre le plaisir d'une lecture agréable, on y trouvera peu d'événements qui ne puissent servir à l'instruction des mœurs ; et c'est rendre, à mon avis, un service considérable au public que de l'instruire en l'amusant.

On ne peut réfléchir sur les préceptes de la morale, sans être étonné de les voir tout à la fois estimés et négligés ; et l'on se demande la raison de cette bizarrerie du cœur humain, qui lui fait goûter des idées de bien et de perfection, dont il s'éloigne dans la pratique. Si les personnes d'un certain ordre d'esprit et de politesse veulent examiner quelle est la matière la plus commune de leurs conversations, ou même de leurs rêveries solitaires, il leur sera aisé de remarquer qu'elles tournent presque toujours sur quelques considérations morales. Les plus doux

Note

1. **si grave autorité** : référence aussi sérieuse.

moments de leur vie sont ceux qu'[elles] passent, ou seul[e]s, ou avec un ami, à s'entretenir à cœur ouvert des charmes de la vertu, des douceurs de l'amitié, des moyens d'arriver au bonheur, des faiblesses de la nature qui nous en éloignent, et des remèdes qui peuvent les guérir. Horace et Boileau[1] marquent cet entretien comme un des plus beaux traits dont ils composent l'image d'une vie heureuse. Comment arrive-t-il donc qu'on tombe si facilement de ces hautes spéculations[2], et qu'on se retrouve sitôt au niveau du commun des hommes ? Je suis trompé si la raison que je vais en apporter n'explique bien cette contradiction de nos idées et de notre conduite : c'est que, tous les préceptes de la morale n'étant que des principes vagues et généraux, il est très difficile d'en faire une application particulière au détail des mœurs et des actions. Mettons la chose dans un exemple. Les âmes bien nées sentent que la douceur et l'humanité sont des vertus aimables, et sont portées d'inclination[3] à les pratiquer ; mais, sont-elles au moment de l'exercice, elles demeurent souvent suspendues[4]. En est-ce réellement l'occasion ? Sait-on bien quelle en doit être la mesure ? Ne se trompe-t-on point sur l'objet ? Cent difficultés arrêtent. On craint de devenir dupe en voulant être bienfaisant et libéral[5] ; de passer pour faible en paraissant trop tendre et trop sensible ; en un mot, d'excéder ou de ne pas remplir assez des devoirs qui sont renfermés d'une manière trop obscure dans les notions générales d'humanité et de douceur. Dans cette incertitude, il n'y a que l'expérience, ou l'exemple, qui puisse déterminer raisonnablement le penchant du cœur. Or l'expérience n'est point un avantage qu'il soit libre à tout le monde de se donner ; elle dépend des situations différentes où l'on se trouve placé par la fortune[6]. Il ne reste donc que l'exemple qui puisse

Notes

1. Nicolas Boileau (1636-1711), écrivain moraliste français.
2. **spéculations** : réflexions.
3. **d'inclination** : spontanément.
4. **suspendues** : hésitantes.
5. **libéral** : généreux.
6. **fortune** : sort.

servir de règle à quantité de personnes, dans l'exercice de la vertu. C'est précisément pour cette sorte de lecteurs que des ouvrages tels que celui-ci peuvent être d'une extrême utilité ; du moins, lorsqu'ils sont écrits par une personne d'honneur et de bon sens. Chaque fait qu'on y rapporte est un degré de lumière[1], une instruction qui supplée à l'expérience ; chaque aventure est un modèle d'après lequel on peut se former : il n'y manque que d'être ajusté aux circonstances où l'on se trouve. L'ouvrage entier est un traité de morale, réduit agréablement en exercice.

Un lecteur sévère s'offensera peut-être de me voir reprendre la plume, à mon âge, pour écrire des aventures de fortune et d'amour ; mais si la réflexion que je viens de faire est solide, elle me justifie ; si elle est fausse, mon erreur sera mon excuse.

Nota. *C'est pour se rendre aux instances de ceux qui aiment ce petit ouvrage, qu'on s'est déterminé à le purger*[2] *d'un grand nombre de fautes grossières qui se sont glissées dans la plupart des éditions. On y a fait aussi quelques additions qui ont paru nécessaires pour la plénitude d'un des principaux caractères. La vignette*[3] *et les figures portent en elles-mêmes leur recommandation et leur éloge.*

Notes

1. **lumière** : éclaircissement.
2. ***purger*** : débarrasser.
3. ***vignette*** : petite gravure que l'on mettait en tête d'un livre.

Première partie

Je suis obligé de faire remonter mon lecteur au temps de ma vie où je rencontrai pour la première fois le Chevalier Des Grieux. Ce fut environ six mois avant mon départ pour l'Espagne[1]. Quoique je sortisse rarement de ma solitude, la complaisance que j'avais pour ma fille m'engageait quelquefois à divers petits voyages, que j'abrégeais autant qu'il m'était possible. Je revenais un jour de Rouen, où elle m'avait prié d'aller solliciter une affaire[2] au Parlement de Normandie, pour la succession de quelques terres auxquelles je lui avais laissé des prétentions[3] du côté de mon grand-père maternel. Ayant repris mon chemin par Évreux, où je couchai la première nuit, j'arrivai le lendemain pour dîner à Pacy, qui en est éloigné de cinq ou six lieues[4]. Je fus surpris, en entrant dans ce bourg, d'y voir tous les habitants en alarme. Ils se précipitaient de leurs maisons, pour courir en foule à la porte d'une mauvaise hôtellerie, devant laquelle étaient deux chariots couverts. Les chevaux, qui étaient encore attelés, et qui paraissaient fumants de fatigue et de chaleur, marquaient que ces deux voitures ne

Notes

1. Cet épisode de la première rencontre avec Manon et Des Grieux se situe en février 1715, peu de temps avant la mort de Louis XIV (septembre 1715).

2. **solliciter une affaire** : faire des démarches pour une affaire.

3. **prétentions** : droits.

4. Une lieue équivaut à 4 km.

faisaient qu'arriver. Je m'arrêtai un moment, pour m'informer d'où venait le tumulte ; mais je tirai peu d'éclaircissement d'une populace curieuse, qui ne faisait nulle attention à mes demandes, et qui s'avançait toujours vers l'hôtellerie, en se poussant avec beaucoup de confusion. Enfin, un archer[1], revêtu d'une bandoulière et le mousquet[2] sur l'épaule, ayant paru à la porte, je lui fis signe de la main de venir à moi. Je le priai de m'apprendre le sujet de ce désordre. Ce n'est rien, Monsieur, me dit-il ; c'est une douzaine de filles de joie, que je conduis avec mes compagnons, jusqu'au Havre-de-Grâce[3], où nous les ferons embarquer pour l'Amérique[4]. Il y en a quelques-unes de jolies, et c'est apparemment ce qui excite la curiosité de ces bons paysans. J'aurais passé, après cette explication, si je n'eusse été arrêté par les exclamations d'une vieille femme, qui sortait de l'hôtellerie en joignant les mains, et criant que c'était une chose barbare, une chose qui faisait horreur et compassion. De quoi s'agit-il donc ? lui dis-je. Ah ! Monsieur, entrez, répondit-elle, et voyez si ce spectacle n'est pas capable de fendre le cœur ! La curiosité me fit descendre de mon cheval, que je laissai à mon palefrenier[5]. J'entrai avec peine, en perçant la foule, et je vis en effet quelque chose d'assez touchant. Parmi les douze filles, qui étaient enchaînées six à six par le milieu du corps, il y en avait une dont l'air et la figure étaient si peu conformes à sa condition, qu'en tout autre état je l'eusse prise pour une personne du premier rang. Sa tristesse et la saleté de son linge et de ses habits l'enlaidissaient si peu, que sa vue m'inspira du respect et de la pitié. Elle

Notes

1. **archer** : nom de l'époque pour « policier ».
2. **mousquet** : arme à feu, ancêtre du fusil.
3. **Havre-de-Grâce** : Le Havre, grand port de Normandie.
4. Les femmes de mauvaise vie (prostituées, vagabondes ou ivrognes) pouvaient être enfermées à l'hôpital de la Salpêtrière par sentence de police ou demande d'une personne haut placée, puis déportées dans les colonies françaises d'Amérique (Louisiane, Guyane) pour les peupler. Un convoi partit du Havre en mars 1720.
5. **palefrenier** : domestique qui s'occupe des chevaux.

tâchait néanmoins de se tourner, autant que sa chaîne pouvait le permettre, pour dérober son visage aux yeux des spectateurs. L'effort qu'elle faisait pour se cacher était si naturel, qu'il paraissait venir d'un sentiment de modestie. Comme les six gardes qui accompagnaient cette malheureuse bande étaient aussi dans la chambre, je pris le chef en particulier, et je lui demandai quelques lumières sur le sort de cette belle fille. Il ne put m'en donner que de fort générales. Nous l'avons tirée de l'Hôpital[1], me dit-il, par ordre de M. le Lieutenant général de Police. Il n'y a pas d'apparence[2] qu'elle y eût été renfermée pour ses bonnes actions. Je l'ai interrogée plusieurs fois sur la route ; elle s'obstine à ne me rien répondre. Mais, quoique je n'aie pas reçu ordre de la ménager plus que les autres, je ne laisse pas[3] d'avoir quelques égards pour elle, parce qu'il me semble qu'elle vaut un peu mieux que ses compagnes. Voilà un jeune homme, ajouta l'archer, qui pourrait vous instruire mieux que moi sur la cause de sa disgrâce ; il l'a suivie depuis Paris, sans cesser presque un moment de pleurer. Il faut que ce soit son frère ou son amant. Je me tournai vers le coin de la chambre où ce jeune homme était assis. Il paraissait enseveli dans une rêverie profonde. Je n'ai jamais vu de plus vive image de la douleur. Il était mis fort simplement ; mais on distingue, au premier coup d'œil, un homme qui a de la naissance et de l'éducation. Je m'approchai de lui. Il se leva ; et je découvris dans ses yeux, dans sa figure et dans tous ses mouvements, un air si fin et si noble, que je me sentis porté naturellement à lui vouloir du bien. Que je ne vous trouble point, lui dis-je, en m'asseyant près de lui. Voulez-vous bien satisfaire la curiosité que j'ai de connaître cette belle personne, qui ne me paraît point faite pour le triste état où je la vois ? Il me répondit honnêtement qu'il ne pouvait m'apprendre qui elle était sans

Notes

1. L'hôpital de la Salpêtrière, qui fut un asile puis une prison.

2. **Il n'y a pas d'apparence** : il n'y a aucune vraisemblance.

3. **je ne laisse pas** : je ne manque pas.

se faire connaître lui-même, et qu'il avait de fortes raisons pour souhaiter de demeurer inconnu. Je puis vous dire néanmoins ce que ces misérables n'ignorent point, continua-t-il en montrant les archers ; c'est que je l'aime avec une passion si violente, qu'elle me rend le plus infortuné de tous les hommes. J'ai tout employé, à Paris, pour obtenir sa liberté. Les sollicitations, l'adresse et la force m'ont été inutiles ; j'ai pris le parti de la suivre, dût-elle aller au bout du monde. Je m'embarquerai avec elle. Je passerai en Amérique. Mais, ce qui est de la dernière inhumanité, ces lâches coquins, ajouta-t-il en parlant des archers, ne veulent pas me permettre d'approcher d'elle. Mon dessein[1] était de les attaquer ouvertement, à quelques lieues de Paris. Je m'étais associé quatre hommes, qui m'avaient promis leur secours pour une somme considérable. Les traîtres m'ont laissé seul aux mains[2], et sont partis avec mon argent. L'impossibilité de réussir par la force m'a fait mettre les armes bas[3]. J'ai proposé aux archers de me permettre du moins de les suivre, en leur offrant de les récompenser. Le désir du gain les y a fait consentir. Ils ont voulu être payés, chaque fois qu'ils m'ont accordé la liberté de parler à ma maîtresse[4]. Ma bourse s'est épuisée en peu de temps ; et maintenant que je suis sans un sou, ils ont la barbarie de me repousser brutalement, lorsque je fais un pas vers elle. Il n'y a qu'un instant qu'ayant osé m'en approcher malgré leurs menaces, ils ont eu l'insolence de lever contre moi le bout du fusil. Je suis obligé, pour satisfaire leur avarice et pour me mettre en état de continuer la route à pied, de vendre ici un mauvais cheval qui m'a servi jusqu'à présent de monture.

Quoiqu'il parût faire assez tranquillement ce récit, il laissa tomber quelques larmes en le finissant. Cette aventure me pa-

Notes

1. **dessein** : but.
2. **aux mains** : au combat.
3. **mettre les armes bas** : renoncer aux armes.
4. **maîtresse** : selon le sens de l'époque, « femme qu'on aime et dont on est aimé ».

rut des plus extraordinaires et des plus touchantes. Je ne vous presse pas, lui dis-je, de me découvrir le secret de vos affaires ; mais si je puis vous être utile à quelque chose, je m'offre volontiers à vous rendre service. Hélas ! reprit-il, je ne vois pas le moindre jour à l'espérance. Il faut que je me soumette à toute la rigueur de mon sort. J'irai en Amérique. J'y serai du moins libre avec ce que j'aime. J'ai écrit à un de mes amis, qui me fera tenir[1] quelque secours au Havre-de-Grâce. Je ne suis embarrassé que pour m'y conduire, et pour procurer à cette pauvre créature, ajouta-t-il en regardant tristement sa maîtresse, quelque soulagement sur la route. Hé bien, lui dis-je, je vais finir votre embarras. Voici quelque argent que je vous prie d'accepter. Je suis fâché de ne pouvoir vous servir autrement. Je lui donnai quatre louis d'or, sans que les gardes s'en aperçussent, car je jugeais bien que, s'ils lui savaient cette somme, ils lui vendraient plus chèrement leurs secours. Il me vint même à l'esprit de faire marché avec eux, pour obtenir au jeune amant la liberté de parler continuellement à sa maîtresse jusqu'au Havre. Je fis signe au chef de s'approcher, et je lui en fis la proposition. Il en parut honteux, malgré son effronterie. Ce n'est pas, Monsieur, répondit-il d'un air embarrassé, que nous refusions de le laisser parler à cette fille ; mais il voudrait être sans cesse auprès d'elle ; cela nous est incommode ; il est bien juste qu'il paie pour l'incommodité. Voyons donc, lui dis-je, ce qu'il faudrait pour vous empêcher de la sentir. Il eut l'audace de me demander deux louis. Je les lui donnai sur-le-champ. Mais prenez garde, lui dis-je, qu'il ne vous échappe quelque friponnerie ; car je vais laisser mon adresse à ce jeune homme, afin qu'il puisse m'en informer, et comptez que j'aurai le pouvoir de vous faire punir. Il m'en coûta six louis d'or. La bonne grâce et la vive reconnaissance avec laquelle ce jeune inconnu me remercia achevèrent de me persuader

Note

1. **tenir** : parvenir.

qu'il était né quelque chose[1], et qu'il méritait ma libéralité[2]. Je dis quelques mots à sa maîtresse, avant que de[3] sortir. Elle me répondit avec une modestie si douce et si charmante, que je ne pus m'empêcher de faire, en sortant, mille réflexions sur le caractère incompréhensible des femmes.

« Des Grieux et Manon »,
lithographie de Charles Guérin.

Notes

1. **né quelque chose :** né d'une famille socialement élevée.

2. **libéralité :** générosité.

3. **avant que de :** avant de.

Voir Méthode, p. 251.

Se préparer à l'oral du Bac

Analyse de l'apparition des héros (l. 37 à 72, pp. 16-17)

Conseils pour la lecture à haute voix

› Distinguez les passages de récit et ceux au discours direct.

› Rendez compte, au ton de votre voix, des sentiments de Renoncour.

Explication linéaire

Introduction

Dans *Manon Lescaut* de l'abbé Prévost, paru en 1731, l'histoire des deux héros s'inscrit dans un récit-cadre : celui des *Mémoires* du marquis de Renoncour, *« homme de qualité »*. C'est par son intermédiaire que le lecteur a un premier contact avec les deux héros alors en fort mauvaise posture, puisque Manon est en situation de marginale, emmenée dans un convoi de déportées. Nous verrons comment ce regard initial sur les personnages, dont on ne connaît pas encore les noms, peut influencer la lecture du récit qui va suivre.

I. L'apparition de Manon (l. 37 à 49)

❶ Relevez les détails réalistes. Quels effets produisent-ils sur le lecteur ?

❷ Relevez les termes indiquant les impressions et sentiments du narrateur et montrez leur progression. Comment orientent-ils le jugement du lecteur sur l'héroïne ?

❸ En relevant les oppositions, montrez comment Manon se distingue des autres et semble étrangère à sa situation infamante.

❹ À quelles qualités de l'héroïne Renoncour est-il sensible ? Correspondent-elles à ce que l'on verra de Manon dans la suite du récit ?

II. Un passé mystérieux (l. 49 à 60)

❺ Relevez le champ lexical de la marginalité : quel nouvel éclairage sur l'héroïne donnent au lecteur les paroles du chef des gardes ? quels paradoxes relève-t-il dans le personnage de Manon ?

❻ Montrez en quoi l'attitude du chef des gardes vis-à-vis de Manon se rapproche de celle de Renoncour.

III. L'apparition de Des Grieux (l. 60 à 72)

❼ Montrez que le narrateur nous présente Des Grieux par étapes successives. Quel est l'effet produit sur le lecteur ?

❽ Relevez les éléments qui donnent au lecteur une impression favorable sur le héros. Quels sont ceux qui vont se confirmer par la suite ?

Conclusion

Tout, dans ce passage, est fait pour susciter l'intérêt, en nous présentant des héros en situation de marginalité, voire de déchéance : le lecteur est donc amené à se demander comment ils en sont arrivés là et attend des éclaircissements sur leur parcours. Le procédé du récit enchâssé permet également à l'auteur de nous donner une vision ambiguë et paradoxale des personnages : Renoncour, observateur extérieur à l'histoire, donc *a priori* plus objectif, souligne la discordance entre leur statut social dégradé et ce qu'il distingue de leur nature profonde. Ce hiatus va alimenter toutes les interrogations du lecteur sur les motivations et les conduites des héros, mais son jugement a été déjà orienté positivement par celui de Renoncour.

Grammaire

Les corrélatifs dans la subordonnée consécutive

• La subordonnée circonstancielle de conséquence exprime la suite logique d'une action et se trouve toujours placée après le verbe principal.

• La consécutive introduite par *que* peut être annoncée dans la principale par un corrélatif : *tel* (adjectif), *si*, *tant*, *tellement* (adverbes) – *si* porte uniquement sur un adjectif ou un adverbe ; *tellement* porte sur un adjectif, un adverbe ou un verbe ; *tant* porte seulement sur un verbe. *Ex. :* « Il est si vieux qu'il ne marche plus » ; « Il a tant travaillé qu'il est tombé malade ».

❾ Dans la phrase « *L'effort qu'elle faisait pour se cacher était si naturel, qu'il paraissait venir d'un sentiment de modestie* », identifiez la subordonnée circonstancielle consécutive et le corrélatif qui l'annonce. Pouvez-vous remplacer ce corrélatif par un autre ?

Étant retourné à ma solitude, je ne fus point informé de la suite de cette aventure. Il se passa près de deux ans, qui me la firent oublier tout à fait, jusqu'à ce que le hasard me fît renaître l'occasion d'en apprendre à fond toutes les circonstances. J'arrivais de Londres à Calais, avec le Marquis de... mon élève. Nous logeâmes, si je m'en souviens bien, au *Lion d'or*, où quelques raisons nous obligèrent de passer le jour entier et la nuit suivante. En marchant l'après-midi dans les rues, je crus apercevoir ce même jeune homme dont j'avais fait la rencontre à Pacy. Il était en fort mauvais équipage[1], et beaucoup plus pâle que je ne l'avais vu la première fois. Il portait sur le bras un vieux portemanteau[2], ne faisant qu'arriver dans la ville. Cependant, comme il avait la physionomie trop belle pour n'être pas reconnu facilement, je le remis[3] aussitôt. Il faut, dis-je au Marquis, que nous abordions ce jeune homme. Sa joie fut plus vive que toute expression, lorsqu'il m'eut remis à son tour. Ah! Monsieur, s'écria-t-il en me baisant la main, je puis donc encore une fois vous marquer mon immortelle reconnaissance! Je lui demandai d'où il venait. Il me répondit qu'il arrivait par mer du Havre-de-Grâce, où il était revenu de l'Amérique peu auparavant. Vous ne me paraissez pas fort bien en argent, lui dis-je; allez-vous-en au *Lion d'or* où je suis logé, je vous rejoindrai dans un moment. J'y retournai en effet, plein d'impatience d'apprendre le détail de son infortune et les circonstances de son voyage d'Amérique. Je lui fis mille caresses[4], et j'ordonnai qu'on ne le laissât manquer de rien. Il n'attendit point que je le pressasse de me raconter l'histoire de sa vie. Monsieur, me dit-il, vous en usez si noblement avec moi, que je me reprocherais comme une basse ingratitude d'avoir quelque chose de réservé[5] pour vous. Je veux vous apprendre, non seulement mes malheurs et mes peines, mais

Notes

1. **équipage** : costume.
2. **portemanteau** : sac permettant de transporter des vêtements.
3. **remis** : reconnus.
4. **caresses** : amabilités.
5. **réservé** : secret.

encore mes désordres et mes plus honteuses faiblesses. Je suis sûr qu'en me condamnant, vous ne pourrez pas vous empêcher de me plaindre.

Je dois avertir ici le lecteur que j'écrivis son histoire presque aussitôt après l'avoir entendue, et qu'on peut s'assurer, par conséquent, que rien n'est plus exact et plus fidèle que cette narration. Je dis fidèle jusque dans la relation des réflexions et des sentiments, que le jeune aventurier exprimait de la meilleure grâce du monde. Voici donc son récit, auquel je ne mêlerai, jusqu'à la fin, rien qui ne soit de lui.

J'avais dix-sept ans, et j'achevais mes études de philosophie à Amiens[1], où mes parents, qui sont d'une des meilleures maisons[2] de P...[3], m'avaient envoyé. Je menais une vie si sage et si réglée, que mes maîtres me proposaient pour l'exemple du collège. Non que je fisse des efforts extraordinaires pour mériter cet éloge ; mais j'ai l'humeur naturellement douce et tranquille : je m'appliquais à l'étude par inclination[4], et l'on me comptait pour des vertus quelques marques d'aversion naturelle pour le vice. Ma naissance, le succès de mes études et quelques agréments extérieurs m'avaient fait connaître et estimer de tous les honnêtes gens de la ville. J'achevai mes exercices publics[5] avec une approbation si générale, que Monsieur l'Évêque, qui y assistait, me proposa d'entrer dans l'état ecclésiastique, où je ne manquerais pas, disait-il, de m'attirer plus de distinction que dans l'ordre de Malte[6], auquel mes parents me

Notes

1. Il y avait à Amiens un célèbre collège tenu par les jésuites.
2. **maisons** : familles.
3. Sans doute Péronne, petite ville proche d'Amiens.
4. **inclination** : goût, penchant naturel.
5. Ces exercices consistaient en soutenances publiques de thèses en philosophie et en théologie.
6. L'ordre de Malte, fondé au XIe siècle, regroupe des nobles qui se chargent de défendre et de soigner les pèlerins qui vont en Terre sainte. Au XVIIIe siècle, les fils cadets de familles nobles s'y engageaient en espérant faire ainsi une carrière dans la marine royale ou s'enrichir en obtenant une « commanderie ». On pouvait porter le titre de chevalier et la croix dès l'âge de 11 ans.

destinaient. Ils me faisaient déjà porter la croix, avec le nom de Chevalier Des Grieux. Les vacances arrivant, je me préparais à retourner chez mon père, qui m'avait promis de m'envoyer bientôt à l'Académie[1]. Mon seul regret, en quittant Amiens, était d'y laisser un ami, avec lequel j'avais toujours été tendrement uni. Il était de quelques années plus âgé que moi. Nous avions été élevés ensemble, mais le bien de sa maison étant des plus médiocres, il était obligé de prendre l'état ecclésiastique, et de demeurer à Amiens après moi, pour y faire les études qui conviennent à cette profession. Il avait mille bonnes qualités. Vous le connaîtrez par les meilleures dans la suite de mon histoire, et surtout par un zèle et une générosité en amitié, qui surpassent les plus célèbres exemples de l'Antiquité. Si j'eusse alors suivi ses conseils, j'aurais toujours été sage et heureux. Si j'avais du moins profité de ses reproches dans le précipice où mes passions m'ont entraîné, j'aurais sauvé quelque chose du naufrage de ma fortune et de ma réputation. Mais il n'a point recueilli d'autre fruit de ses soins, que le chagrin de les voir inutiles, et quelquefois durement récompensés, par un ingrat qui s'en offensait et qui les traitait d'importunités.

J'avais marqué le temps de mon départ d'Amiens. Hélas! que ne le marquais-je un jour plus tôt! j'aurais porté chez mon père toute mon innocence. La veille même de celui que je devais quitter cette ville, étant à me promener avec mon ami, qui s'appelait Tiberge, nous vîmes arriver le coche[2] d'Arras, et nous le suivîmes jusqu'à l'hôtellerie où ces voitures descendent. Nous n'avions pas d'autre motif que la curiosité. Il en sortit quelques femmes, qui se retirèrent aussitôt. Mais il en resta une, fort jeune[3], qui s'arrêta seule dans la cour, pendant qu'un homme d'un âge avancé, qui paraissait lui servir

Notes

1. Académie militaire, où les jeunes nobles apprenaient l'équitation et le maniement des armes.

2. **coche** : grande voiture tirée par des chevaux qui assurait la liaison entre des villes.

3. Manon a 15 ou 16 ans.

de conducteur, s'empressait pour faire tirer son équipage[1] des paniers. Elle me parut si charmante, que moi, qui n'avais jamais pensé à la différence des sexes, ni regardé une fille avec un peu d'attention, moi, dis-je, dont tout le monde admirait la sagesse et la retenue, je me trouvai enflammé tout d'un coup jusqu'au transport[2]. J'avais le défaut d'être excessivement timide et facile à déconcerter ; mais loin d'être arrêté alors par cette faiblesse, je m'avançai vers la maîtresse de mon cœur. Quoiqu'elle fût encore moins âgée que moi, elle reçut mes politesses sans paraître embarrassée. Je lui demandai ce qui l'amenait à Amiens, et si elle y avait quelques personnes de connaissance. Elle me répondit ingénument[3], qu'elle y était envoyée par ses parents, pour être religieuse. L'amour me rendait déjà si éclairé, depuis un moment qu'il était dans mon cœur, que je regardai ce dessein comme un coup mortel pour mes désirs. Je lui parlai d'une manière qui lui fit comprendre mes sentiments, car elle était bien plus expérimentée que moi : c'était malgré elle qu'on l'envoyait au couvent, pour arrêter sans doute son penchant au plaisir, qui s'était déjà déclaré, et qui a causé dans la suite tous ses malheurs et les miens. Je combattis la cruelle intention de ses parents, par toutes les raisons que mon amour naissant et mon éloquence scolastique[4] purent me suggérer. Elle n'affecta ni rigueur ni dédain. Elle me dit, après un moment de silence, qu'elle ne prévoyait que trop qu'elle allait être malheureuse, mais que c'était apparemment la volonté du Ciel, puisqu'il ne lui laissait nul moyen de l'éviter. La douceur de ses regards, un air charmant de tristesse en prononçant ces paroles, ou plutôt l'ascendant[5] de ma destinée, qui m'entraînait à ma perte, ne me permirent pas de balancer[6] un moment sur ma réponse. Je l'assurai que

Notes

1. **équipage** : bagages.
2. **transport** : exaltation de la passion.
3. **ingénument** : avec franchise.
4. **scolastique** : scolaire.
5. **ascendant** : influence.
6. **balancer** : hésiter.

si elle voulait faire quelque fond sur[1] mon honneur, et sur la tendresse infinie qu'elle m'inspirait déjà, j'emploierais ma vie pour la délivrer de la tyrannie de ses parents et pour la rendre heureuse. Je me suis étonné mille fois, en y réfléchissant, d'où me venait alors tant de hardiesse et de facilité à m'exprimer ; mais on ne ferait pas une divinité de l'Amour, s'il n'opérait souvent des prodiges. J'ajoutai mille choses pressantes. Ma belle inconnue savait bien qu'on n'est point trompeur à mon âge ; elle me confessa que si je voyais quelque jour à[2] la pouvoir mettre en liberté, elle croirait m'être redevable de quelque chose de plus cher que la vie. Je lui répétai que j'étais prêt à tout entreprendre ; mais n'ayant point assez d'expérience pour imaginer tout d'un coup les moyens de la servir, je m'en tenais à cette assurance générale, qui ne pouvait être d'un grand secours pour elle et pour moi. Son vieil Argus[3] étant venu nous rejoindre, mes espérances allaient échouer, si elle n'eût eu assez d'esprit pour suppléer à la stérilité du mien. Je fus surpris, à l'arrivée de son conducteur, qu'elle m'appelât son cousin, et que sans paraître déconcertée le moins du monde, elle me dît que puisqu'elle était assez heureuse pour me rencontrer à Amiens, elle remettait au lendemain son entrée dans le couvent, afin de se procurer le plaisir de souper avec moi. J'entrai fort bien dans le sens de cette ruse : je lui proposai de se loger dans une hôtellerie dont le maître, qui s'était établi à Amiens, après avoir été longtemps cocher de mon père, était dévoué entièrement à mes ordres. Je l'y conduisis moi-même, tandis que le vieux conducteur paraissait un peu murmurer, et que mon ami Tiberge, qui ne comprenait rien à cette scène, me suivait sans prononcer une parole. Il n'avait point entendu notre entretien. Il était demeuré à se promener dans la cour, pendant que je parlais d'amour à ma belle maîtresse. Comme

Notes

1. **faire quelque fond sur** : avoir une certaine confiance en.

2. **quelque jour à** : quelque moyen de.

3. **Argus** : personnage mythologique pourvu de cent yeux ; ici, au sens de « gardien vigilant ».

je redoutais sa sagesse, je me défis de lui par une commission dont je le priai de se charger. Ainsi j'eus le plaisir, en arrivant à l'auberge, d'entretenir seul la souveraine de mon cœur. Je reconnus bientôt que j'étais moins enfant que je ne le croyais. Mon cœur s'ouvrit à mille sentiments de plaisir, dont je n'avais jamais eu l'idée. Une douce chaleur se répandit dans toutes mes veines. J'étais dans une espèce de transport, qui m'ôta pour quelque temps la liberté de la voix, et qui ne s'exprimait que par mes yeux. Mademoiselle Manon Lescaut, c'est ainsi qu'elle me dit qu'on la nommait, parut fort satisfaite de cet effet de ses charmes. Je crus apercevoir qu'elle n'était pas moins émue que moi. Elle me confessa qu'elle me trouvait aimable, et qu'elle serait ravie de m'avoir obligation de[1] sa liberté. Elle voulut savoir qui j'étais, et cette connaissance augmenta son affection, parce qu'étant d'une naissance commune[2], elle se trouva flattée d'avoir fait la conquête d'un amant tel que moi. Nous nous entretînmes des moyens d'être l'un à l'autre. Après quantité de réflexions, nous ne trouvâmes point d'autre voie que celle de la fuite. Il fallait tromper la vigilance du conducteur, qui était un homme à ménager, quoiqu'il ne fût qu'un domestique. Nous réglâmes que je ferais préparer pendant la nuit une chaise de poste[3], et que je reviendrais de grand matin à l'auberge, avant qu'il fût éveillé ; que nous nous déroberions secrètement, et que nous irions droit à Paris, où nous nous ferions marier en arrivant. J'avais environ cinquante écus, qui étaient le fruit de mes petites épargnes ; elle en avait à peu près le double. Nous nous imaginâmes, comme des enfants sans expérience, que cette somme ne finirait jamais, et nous ne comptâmes pas moins sur le succès de nos autres mesures.

Notes

1. **m'avoir obligation de** : me devoir.
2. **d'une naissance commune** : d'une famille modeste.
3. **chaise de poste** : petit véhicule dont les chevaux sont changés à chaque relais – ce qui lui permet d'être assez rapide.

Voir Méthode, p. 251.

Se préparer à l'oral du Bac

Analyse du coup de foudre (l. 220 à 288, pp. 25 à 27)

Conseils pour la lecture à haute voix

› Faites sentir l'émotion du narrateur.

› Prenez un ton différent pour distinguer les passages où le narrateur raconte avec enthousiasme et ceux où il essaie d'analyser rétrospectivement son histoire.

Explication linéaire

Introduction

Manon Lescaut de l'abbé Prévost, paru en 1731, est un roman de la passion amoureuse. Aussi la rencontre entre les deux héros intervient-elle au tout début du récit rétrospectif de Des Grieux. Mais le lecteur les connaît déjà, par l'intermédiaire de Renoncour, le narrateur du récit-cadre : nous savons l'issue fatale de leur passion, et la première apparition de Manon dans le convoi de déportées nous a déjà interrogés sur la nature du personnage. Nous verrons que cet extrait est à la fois conforme au *topos** du coup de foudre et un peu décalé du fait de deux héros singuliers.

***Topos** : scène ou motif qui constitue un thème attendu, un passage obligé (ex. : la poursuite en voiture dans un film policier).*

I. Le *topos* du coup de foudre (l. 220 à 237)

1 Comment, dans les premières lignes, le narrateur donne-t-il de l'importance au moment de la rencontre ?

2 Quels sont les traits de caractère du narrateur ? Quelle image donne-t-il de lui-même ? En relevant des expressions du texte, montrez quels effets l'amour a sur lui. Quelles transformations s'opèrent en lui ?

II. Les obstacles à l'amour (l. 238 à 256)

3 Quels sont les obstacles à l'amour naissant de Des Grieux ?

4 En distinguant ce qu'il apprend au moment même de la rencontre de ce qu'il a découvert par la suite, relevez les renseignements que nous donne le narrateur sur l'héroïne. Quelle idée nous faisons-nous d'elle ?

III. Des Grieux et Manon : deux héros singuliers (l. 256 à 274)

❺ Montrez comment les paroles (au discours indirect) de Des Grieux expriment son amour. Relevez les éléments qui font de lui un amoureux romanesque typique et ceux qui laissent entendre qu'il s'en démarque. (Vous pouvez élargir votre étude à l'ensemble de l'extrait.)

❻ Relevez les passages où le narrateur porte un regard rétrospectif sur la rencontre et montrez qu'il cherche à se dédouaner et à obtenir de l'indulgence.

IV. Les ambiguïtés de Manon (l. 274 à 288)

❼ Quels détails dans la conduite, les propos rapportés ou les attitudes de Manon peuvent paraître inquiétants ? En quoi annoncent-ils le personnage tel qu'il se révélera par la suite ?

Conclusion

Dans ce récit de coup de foudre, le narrateur montre comment la rencontre avec Manon le bouleverse, tout comme les cadres sociaux qui le constituent et qui vont voler immédiatement en éclats. Des Grieux narrateur rajoute son regard rétrospectif sur cette scène et l'oriente au gré de ses intentions, en lui donnant une dimension de fatalité : les ambiguïtés de la figure féminine contiennent en germe beaucoup d'éléments de la suite du récit.

Grammaire

La proposition subordonnée participiale

• Elle est constituée d'un verbe au mode participe, présent ou passé, et d'un sujet propre, différent de celui du verbe principal.

• C'est une proposition subordonnée, mais qui n'est pas introduite par un mot subordonnant.

• Elle peut exprimer 3 valeurs circonstancielles : temps, cause et condition. *Ex.* : « La chaleur arrivant *(participe présent)*, il partit faire la sieste » : valeur de cause et de temps ; « Le travail ayant été rendu *(participe passé)* à temps, il aurait pu avoir une bonne note » : valeur conditionnelle (= « si le travail avait été rendu »).

❽ Dans la phrase *« Son vieil Argus étant venu nous rejoindre, mes espérances allaient échouer, si elle n'eût eu assez d'esprit pour suppléer à la stérilité du mien »*, identifiez la subordonnée participiale et indiquez sa valeur circonstancielle, puis remplacez-la par une subordonnée conjonctive circonstancielle.

Après avoir soupé avec plus de satisfaction que je n'en avais jamais ressenti, je me retirai pour exécuter notre projet. Mes arrangements furent d'autant plus faciles, qu'ayant eu dessein de retourner le lendemain chez mon père, mon petit équipage était déjà préparé. Je n'eus donc nulle peine à faire transporter ma malle, et à faire tenir une chaise prête pour cinq heures du matin, qui étaient le temps où les portes de la ville devaient être ouvertes[1]; mais je trouvai un obstacle dont je ne me défiais point, et qui faillit de rompre entièrement mon dessein.

Tiberge, quoique âgé seulement de trois ans plus que moi, était un garçon d'un sens mûr et d'une conduite fort réglée. Il m'aimait avec une tendresse extraordinaire. La vue d'une aussi jolie fille que Mademoiselle Manon, mon empressement à la conduire, et le soin que j'avais eu de me défaire de lui en l'éloignant, lui firent naître quelques soupçons de mon amour. Il n'avait osé revenir à l'auberge où il m'avait laissé, de peur de m'offenser par son retour; mais il était allé m'attendre à mon logis, où je le trouvai en arrivant quoiqu'il fût dix heures du soir. Sa présence me chagrina[2]. Il s'aperçut facilement de la contrainte qu'elle me causait. Je suis sûr, me dit-il sans déguisement, que vous méditez quelque dessein que vous me voulez cacher; je le vois à votre air. Je lui répondis assez brusquement que je n'étais pas obligé de lui rendre compte de tous mes desseins. Non, reprit-il, mais vous m'avez toujours traité en ami, et cette qualité suppose un peu de confiance et d'ouverture. Il me pressa si fort et si longtemps de lui découvrir mon secret, que n'ayant jamais eu de réserve avec lui, je lui fis l'entière confidence de ma passion. Il la reçut avec une apparence de mécontentement qui me fit frémir. Je me repentis surtout de l'indiscrétion[3] avec laquelle je lui avais découvert le dessein de

Notes

1. Les portes qui donnaient accès aux grandes villes étaient généralement closes pendant la nuit.

2. **me chagrina** : me fut désagréable.

3. **indiscrétion** : manque de discernement.

ma fuite. Il me dit qu'il était trop parfaitement mon ami pour ne pas s'y opposer de tout son pouvoir ; qu'il voulait me représenter[1] d'abord tout ce qu'il croyait capable de m'en détourner, mais que si je ne renonçais pas ensuite à cette misérable résolution, il avertirait des personnes qui pourraient l'arrêter à coup sûr. Il me tint là-dessus un discours sérieux, qui dura plus d'un quart d'heure, et qui finit encore par la menace de me dénoncer, si je ne lui donnais ma parole de me conduire avec plus de sagesse et de raison. J'étais au désespoir de m'être trahi si mal à propos. Cependant, l'amour m'ayant ouvert extrêmement l'esprit depuis deux ou trois heures, je fis attention que je ne lui avais pas découvert que mon dessein devait s'exécuter le lendemain, et je résolus de le tromper à la faveur d'une équivoque[2] : Tiberge, lui dis-je, j'ai cru jusqu'à présent que vous étiez mon ami, et j'ai voulu vous éprouver par cette confidence. Il est vrai que j'aime, je ne vous ai pas trompé ; mais pour ce qui regarde ma fuite, ce n'est point une entreprise à former au hasard. Venez me prendre demain à neuf heures ; je vous ferai voir, s'il se peut, ma maîtresse, et vous jugerez si elle mérite que je fasse cette démarche pour elle. Il me laissa seul, après mille protestations[3] d'amitié. J'employai la nuit à mettre ordre à mes affaires, et m'étant rendu à l'hôtellerie de Mademoiselle Manon vers la pointe du jour, je la trouvai qui m'attendait. Elle était à sa fenêtre, qui donnait sur la rue, de sorte que, m'ayant aperçu, elle vint m'ouvrir elle-même. Nous sortîmes sans bruit. Elle n'avait point d'autre équipage que son linge, dont je me chargeai moi-même. La chaise était en état de partir ; nous nous éloignâmes aussitôt de la ville. Je rapporterai dans la suite quelle fut la conduite de Tiberge, lorsqu'il s'aperçut que je l'avais trompé. Son zèle n'en devint pas moins

Notes

1. **représenter** : faire voir, montrer.
2. **équivoque** : phrase ambiguë, à double sens.
3. **protestations** : déclarations.

ardent. Vous verrez à quel excès il le porta, et combien je devrais verser de larmes, en songeant quelle en a toujours été la récompense.

Nous nous hâtâmes tellement d'avancer, que nous arrivâmes à Saint-Denis avant la nuit. J'avais couru à cheval, à côté de la chaise, ce qui ne nous avait guère permis de nous entretenir qu'en changeant de chevaux ; mais lorsque nous nous vîmes si proches de Paris, c'est-à-dire presque en sûreté, nous prîmes le temps de nous rafraîchir, n'ayant rien mangé depuis notre départ d'Amiens. Quelque passionné que je fusse pour Manon, elle sut me persuader qu'elle ne l'était pas moins pour moi. Nous étions si peu réservés dans nos caresses, que nous n'avions pas la patience d'attendre que nous fussions seuls. Nos postillons[1] et nos hôtes nous regardaient avec admiration ; et je remarquais qu'ils étaient surpris de voir deux enfants de notre âge, qui paraissaient s'aimer jusqu'à la fureur. Nos projets de mariage furent oubliés à Saint-Denis ; nous fraudâmes les droits de l'Église[2], et nous nous trouvâmes époux sans y avoir fait réflexion. Il est sûr que du naturel tendre et constant dont je suis, j'étais heureux pour toute ma vie, si Manon m'eût été fidèle. Plus je la connaissais, plus je découvrais en elle de nouvelles qualités aimables. Son esprit, son cœur, sa douceur et sa beauté formaient une chaîne si forte et si charmante, que j'aurais mis tout mon bonheur à n'en sortir jamais. Terrible changement ! Ce qui fait mon désespoir a pu faire ma félicité. Je me trouve le plus malheureux de tous les hommes, par cette même constance dont je devais attendre le plus doux de tous les sorts, et les plus parfaites récompenses de l'amour.

Notes

1. **postillons** : conducteurs d'une voiture de poste.

2. **nous fraudâmes les droits de l'Église** : nous ne respectâmes pas l'obligation de nous marier à l'Église et nous devînmes amants (le mariage religieux était à l'époque le seul valable).

Nous prîmes un appartement meublé à Paris. Ce fut dans la rue V[1]..., et pour mon malheur, auprès de la maison de M. de B..., célèbre fermier général[2]. Trois semaines se passèrent, pendant lesquelles j'avais été si rempli de ma passion, que j'avais peu songé à ma famille, et au chagrin que mon père avait dû ressentir de mon absence. Cependant, comme la débauche n'avait nulle part à ma conduite, et que Manon se comportait aussi avec beaucoup de retenue, la tranquillité où nous vivions servit à me faire rappeler peu à peu l'idée de mon devoir. Je résolus de me réconcilier, s'il était possible, avec mon père. Ma maîtresse était si aimable, que je ne doutai point qu'elle ne pût lui plaire, si je trouvais moyen de lui faire connaître sa sagesse et son mérite : en un mot, je me flattai d'obtenir de lui la liberté de l'épouser[3], ayant été désabusé[4] de l'espérance de le pouvoir sans son consentement. Je communiquai ce projet à Manon ; et je lui fis entendre qu'outre les motifs de l'amour et du devoir, celui de la nécessité pouvait y entrer aussi pour quelque chose, car nos fonds étaient extrêmement altérés[5], et je commençais à revenir de l'opinion qu'ils étaient inépuisables. Manon reçut froidement cette proposition. Cependant, les difficultés qu'elle y opposa n'étant prises que de sa tendresse même, et de la crainte de me perdre si mon père n'entrait point dans notre dessein, après avoir connu le lieu de notre retraite[6], je n'eus pas le moindre soupçon du coup cruel qu'on se préparait à me porter. À l'objection de la nécessité, elle répondit qu'il nous restait encore de quoi vivre quelques semaines, et qu'elle trouverait après cela des ressources dans

Notes

1. Sans doute rue Vivienne, dans l'actuel quartier de la Bourse, où se trouvait la maison du fermier général Melchior de Blair, qui a peut-être inspiré M. de B...
2. **fermier général** : financier chargé par le roi de la collecte des impôts ; c'était un personnage puissant et généralement très riche.
3. Le consentement du père était obligatoire pour se marier.
4. **désabusé** : détrompé.
5. **nos fonds étaient extrêmement altérés** : nos ressources étaient très diminuées.
6. **retraite** : cachette.

l'affection de quelques parents, à qui elle écrirait en province. Elle adoucit son refus par des caresses si tendres et si passionnées, que moi qui ne vivais que dans elle, et qui n'avais pas la moindre défiance de son cœur, j'applaudis à toutes ses réponses et à toutes ses résolutions. Je lui avais laissé la disposition de notre bourse et le soin de payer notre dépense ordinaire. Je m'aperçus, peu après, que notre table était mieux servie, et qu'elle s'était donné quelques ajustements[1] d'un prix considérable. Comme je n'ignorais pas qu'il devait nous rester à peine douze ou quinze pistoles[2], je lui marquai mon étonnement de cette augmentation apparente de notre opulence. Elle me pria, en riant, d'être sans embarras. Ne vous ai-je pas promis, me dit-elle, que je trouverais des ressources ? Je l'aimais avec trop de simplicité[3] pour m'alarmer facilement.

Un jour que j'étais sorti l'après-midi, et que je l'avais avertie que je serais dehors plus longtemps qu'à l'ordinaire, je fus étonné qu'à mon retour on me fît attendre deux ou trois minutes à la porte. Nous n'étions servis que par une petite fille, qui était à peu près de notre âge. Étant venue m'ouvrir, je[4] lui demandai pourquoi elle avait tardé si longtemps. Elle me répondit, d'un air embarrassé, qu'elle ne m'avait point entendu frapper. Je n'avais frappé qu'une fois ; je lui dis : mais si vous ne m'avez pas entendu, pourquoi êtes-vous donc venue m'ouvrir ? Cette question la déconcerta si fort que, n'ayant point assez de présence d'esprit pour y répondre, elle se mit à pleurer, en m'assurant que ce n'était point sa faute, et que Madame lui avait défendu d'ouvrir la porte jusqu'à ce que M. de B… fût sorti par l'autre escalier, qui répondait[5] au cabinet[6]. Je demeurai si confus, que je n'eus point la force d'entrer dans

Notes

1. **ajustements** : vêtements et bijoux.
2. **pistoles** : monnaie de l'époque.
3. **simplicité** : naïveté.
4. Cette tournure serait fautive aujourd'hui, où le participe passé en apposition *(« venue »)* doit se rapporter au sujet.
5. **répondait** : correspondait.
6. **cabinet** : petite pièce d'un appartement.

l'appartement. Je pris le parti de descendre sous prétexte d'une affaire, et j'ordonnai à cet enfant de dire à sa maîtresse que je retournerais dans le moment[1], mais de ne pas faire connaître qu'elle m'eût parlé de M. de B…

Ma consternation fut si grande, que je versais des larmes en descendant l'escalier, sans savoir encore de quel sentiment elles partaient. J'entrai dans le premier café[2]; et m'y étant assis près d'une table, j'appuyai la tête sur mes deux mains, pour y développer[3] ce qui se passait dans mon cœur. Je n'osais rappeler ce que je venais d'entendre. Je voulais le considérer comme une illusion, et je fus prêt deux ou trois fois de retourner au logis, sans marquer[4] que j'y eusse fait attention. Il me paraissait si impossible que Manon m'eût trahi, que je craignais de lui faire injure en la soupçonnant. Je l'adorais, cela était sûr; je ne lui avais pas donné plus de preuves d'amour que je n'en avais reçu d'elle; pourquoi l'aurais-je accusée d'être moins sincère et moins constante que moi? Quelle raison aurait-elle eue de me tromper? Il n'y avait que trois heures qu'elle m'avait accablé de ses plus tendres caresses, et qu'elle avait reçu les miennes avec transport; je ne connaissais pas mieux mon cœur que le sien. Non, non, repris-je, il n'est pas possible que Manon me trahisse. Elle n'ignore pas que je ne vis que pour elle. Elle sait trop bien que je l'adore. Ce n'est pas là un sujet de me haïr.

Cependant la visite et la sortie furtive de M. de B… me causaient de l'embarras. Je rappelais aussi les petites acquisitions de Manon, qui me semblaient surpasser nos richesses présentes. Cela paraissait sentir les libéralités d'un nouvel amant. Et cette confiance qu'elle m'avait marquée pour des ressources qui m'étaient inconnues; j'avais peine à donner à tant d'énigmes un sens aussi favorable que mon cœur le souhaitait. D'un autre

Notes

1. **je retournerais dans le moment** : je reviendrais dans un moment.
2. Il se créait beaucoup de cafés à Paris à cette époque.
3. **développer** : analyser.
4. **marquer** : montrer.

côté, je ne l'avais presque pas perdue de vue depuis que nous étions à Paris. Occupations, promenades, divertissements, nous avions toujours été l'un à côté de l'autre : mon Dieu ! un instant de séparation nous aurait trop affligés. Il fallait nous dire sans cesse que nous nous aimions ; nous serions morts d'inquiétude sans cela. Je ne pouvais donc m'imaginer presque un seul moment où Manon pût s'être occupée d'un autre que moi. À la fin, je crus avoir trouvé le dénouement de ce mystère. M. de B..., dis-je en moi-même, est un homme qui fait de grosses affaires, et qui a de grandes relations ; les parents de Manon se seront servis de cet homme pour lui faire tenir quelque argent. Elle en a peut-être déjà reçu de lui ; il est venu aujourd'hui lui en apporter encore. Elle s'est fait sans doute un jeu de me le cacher, pour me surprendre agréablement. Peut-être m'en aurait-elle parlé si j'étais rentré à l'ordinaire, au lieu de venir ici m'affliger ; elle ne me le cachera pas du moins, lorsque je lui en parlerai moi-même.

Je me remplis si fortement de cette opinion, qu'elle eut la force de diminuer beaucoup ma tristesse. Je retournai sur-le-champ au logis. J'embrassai Manon avec ma tendresse ordinaire. Elle me reçut fort bien. J'étais tenté d'abord de lui découvrir mes conjectures[1], que je regardais plus que jamais comme certaines ; je me retins, dans l'espérance qu'il lui arriverait peut-être de me prévenir, en m'apprenant tout ce qui s'était passé. On nous servit à souper. Je me mis à table d'un air fort gai ; mais à la lumière de la chandelle qui était entre elle et moi, je crus apercevoir de la tristesse sur le visage et dans les yeux de ma chère maîtresse. Cette pensée m'en inspira aussi. Je remarquai que ses regards s'attachaient sur moi, d'une autre façon qu'ils n'avaient accoutumé. Je ne pouvais démêler si c'était de l'amour ou de la compassion, quoiqu'il me parût que c'était un sentiment doux et languissant. Je la

Note

1. **conjectures** : suppositions.

regardai avec la même attention ; et peut-être n'avait-elle pas moins de peine à juger de la situation de mon cœur par mes regards. Nous ne pensions ni à parler ni à manger. Enfin, je vis tomber des larmes de ses beaux yeux : perfides larmes ! Ah Dieux ! m'écriai-je, vous pleurez, ma chère Manon ; vous êtes affligée jusqu'à pleurer, et vous ne me dites pas un seul mot de vos peines. Elle ne me répondit que par quelques soupirs, qui augmentèrent mon inquiétude. Je me levai en tremblant ; je la conjurai, avec tous les empressements de l'amour, de me découvrir le sujet de ses pleurs ; j'en versai moi-même en essuyant les siens ; j'étais plus mort que vif. Un barbare aurait été attendri des témoignages de ma douleur et de ma crainte. Dans le temps que j'étais ainsi tout occupé d'elle, j'entendis le bruit de plusieurs personnes qui montaient l'escalier. On frappa doucement à la porte. Manon me donna un baiser ; et s'échappant de mes bras, elle entra rapidement dans le cabinet, qu'elle ferma aussitôt sur elle. Je me figurai qu'étant un peu en désordre, elle voulait se cacher aux yeux des étrangers qui avaient frappé. J'allai leur ouvrir moi-même. À peine avais-je ouvert, que je me vis saisir par trois hommes, que je reconnus pour les laquais[1] de mon père. Ils ne me firent point de violence ; mais deux d'entre eux m'ayant pris par les bras, le troisième visita mes poches, dont il tira un petit couteau, qui était le seul fer que j'eusse sur moi. Ils me demandèrent pardon de la nécessité où ils étaient de me manquer de respect ; ils me dirent naturellement qu'ils agissaient par l'ordre de mon père, et que mon frère aîné m'attendait en bas dans un carrosse. J'étais si troublé, que je me laissai conduire sans résister et sans répondre. Mon frère était effectivement à m'attendre. On me mit dans le carrosse, auprès de lui, et le cocher, qui avait ses ordres, nous conduisit à grand train jusqu'à Saint-Denis[2].

Notes

1. **laquais** : domestiques.

2. **Saint-Denis** : ville actuellement limitrophe de Paris (sous-préfecture du département 93).

Mon frère m'embrassa tendrement, mais il ne me parla point, de sorte que j'eus tout le loisir dont j'avais besoin, pour rêver à mon infortune.

J'y trouvai d'abord tant d'obscurité, que je ne voyais pas de jour à la moindre conjecture. J'étais trahi cruellement ; mais par qui ? Tiberge fut le premier qui me vint à l'esprit. Traître ! disais-je, c'est fait de ta vie si mes soupçons se trouvent justes. Cependant je fis réflexion qu'il ignorait le lieu de ma demeure, et qu'on ne pouvait par conséquent l'avoir appris de lui. Accuser Manon, c'est de quoi mon cœur n'osait se rendre coupable. Cette tristesse extraordinaire dont je l'avais vue comme accablée, ses larmes, le tendre baiser qu'elle m'avait donné en se retirant, me paraissaient bien une énigme ; mais je me sentais porté à l'expliquer comme un pressentiment de notre malheur commun ; et dans le temps que je me désespérais de l'accident qui m'arrachait à elle, j'avais la crédulité de m'imaginer qu'elle était encore plus à plaindre que moi. Le résultat de ma méditation fut de me persuader que j'avais été aperçu dans les rues de Paris par quelques personnes de connaissance, qui en avaient donné avis à mon père. Cette pensée me consola. Je comptais d'en être quitte pour des reproches, ou pour quelques mauvais traitements qu'il me faudrait essuyer de l'autorité paternelle. Je résolus de les souffrir[1] avec patience, et de promettre tout ce qu'on exigerait de moi, pour me faciliter l'occasion de retourner plus promptement à Paris, et d'aller rendre la vie et la joie à ma chère Manon.

Nous arrivâmes, en peu de temps, à Saint-Denis. Mon frère, surpris de mon silence, s'imagina que c'était un effet de ma crainte. Il entreprit de me consoler, en m'assurant que je n'avais rien à redouter de la sévérité de mon père, pourvu que je fusse disposé à rentrer doucement dans le devoir, et à mériter l'affection qu'il avait pour moi. Il me fit passer la

Note

1. **souffrir** : supporter.

nuit à Saint-Denis, avec la précaution de faire coucher les trois laquais dans ma chambre. Ce qui me causa une peine sensible, fut de me voir dans la même hôtellerie où je m'étais arrêté avec Manon, en venant d'Amiens à Paris. L'hôte et les domestiques me reconnurent, et devinèrent en même temps la vérité de mon histoire. J'entendis dire à l'hôte : Ah! c'est ce joli monsieur qui passait, il y a six semaines, avec une petite demoiselle qu'il aimait si fort. Qu'elle était charmante! Les pauvres enfants, comme ils se caressaient! Pardi, c'est dommage qu'on les ait séparés. Je feignais de ne rien entendre, et je me laissais voir le moins qu'il m'était possible. Mon frère avait, à Saint-Denis, une chaise à deux[1], dans laquelle nous partîmes de grand matin, et nous arrivâmes chez nous le lendemain au soir. Il vit mon père avant moi, pour le prévenir en ma faveur en lui apprenant avec quelle douceur je m'étais laissé conduire, de sorte que j'en fus reçu moins durement que je ne m'y étais attendu. Il se contenta de me faire quelques reproches généraux sur la faute que j'avais commise en m'absentant sans sa permission. Pour ce qui regardait ma maîtresse, il me dit que j'avais bien mérité ce qui venait de m'arriver, en me livrant à une inconnue; qu'il avait eu meilleure opinion de ma prudence; mais qu'il espérait que cette petite aventure me rendrait plus sage. Je ne pris ce discours que dans le sens qui s'accordait avec mes idées. Je remerciai mon père de la bonté qu'il avait de me pardonner, et je lui promis de prendre une conduite plus soumise et plus réglée. Je triomphais au fond du cœur, car de la manière dont les choses s'arrangeaient, je ne doutais point que je n'eusse la liberté de me dérober de la maison, même avant la fin de la nuit.

On se mit à table pour souper; on me railla sur ma conquête d'Amiens, et sur ma fuite avec cette fidèle maîtresse. Je reçus les coups de bonne grâce. J'étais même charmé qu'il me fût

Note

1. **chaise à deux** : voiture à cheval où tiennent deux passagers.

permis de m'entretenir de ce qui m'occupait continuellement l'esprit. Mais quelques mots lâchés par mon père me firent prêter l'oreille avec la dernière attention : il parla de perfidie, et de service intéressé, rendu par Monsieur B...[1] Je demeurai interdit[2] en lui entendant prononcer ce nom, et je le priai humblement de s'expliquer davantage. Il se tourna vers mon frère, pour lui demander s'il ne m'avait pas raconté toute l'histoire. Mon frère lui répondit que je lui avais paru si tranquille sur la route, qu'il n'avait pas cru que j'eusse besoin de ce remède pour me guérir de ma folie. Je remarquai que mon père balançait s'il achèverait de s'expliquer. Je l'en suppliai si instamment, qu'il me satisfit, ou plutôt, qu'il m'assassina cruellement par le plus horrible de tous les récits.

Il me demanda d'abord si j'avais toujours eu la simplicité de croire que je fusse aimé de ma maîtresse. Je lui dis hardiment que j'en étais si sûr, que rien ne pouvait m'en donner la moindre défiance. Ha, ha, ha, s'écria-t-il en riant de toute sa force, cela est excellent ! Tu es une jolie dupe, et j'aime à te voir dans ces sentiments-là. C'est grand dommage, mon pauvre Chevalier, de te faire entrer dans l'ordre de Malte, puisque tu as tant de disposition à faire un mari patient et commode[3]. Il ajouta mille railleries de cette force, sur ce qu'il appelait ma sottise et ma crédulité. Enfin, comme je demeurais dans le silence, il continua de me dire que suivant le calcul qu'il pouvait faire du temps, depuis mon départ d'Amiens, Manon m'avait aimé environ douze jours : car, ajouta-t-il, je sais que tu partis d'Amiens le 28 de l'autre mois ; nous sommes au 29 du présent ; il y en a onze que Monsieur B... m'a écrit ; je suppose qu'il lui en ait fallu huit pour lier une parfaite

Notes

1. M. Des Grieux, qui est de bonne noblesse, traite avec mépris le fermier général en l'appelant simplement « Monsieur B... », sans particule de noblesse.

2. **interdit** : stupéfait.

3. **commode** : complaisant, facile à tromper.

connaissance avec ta maîtresse ; ainsi, qui ôte onze et huit de trente et un jours qu'il y a depuis le 28 d'un mois jusqu'au 29 de l'autre, reste douze, un peu plus ou moins. Là-dessus, les éclats de rire recommencèrent. J'écoutais tout avec un saisissement de cœur auquel j'appréhendais de ne pouvoir résister jusqu'à la fin de cette triste comédie. Tu sauras donc, reprit mon père, puisque tu l'ignores, que Monsieur B… a gagné le cœur de ta princesse ; car il se moque de moi, de prétendre me persuader que c'est par un zèle désintéressé pour mon service, qu'il a voulu te l'enlever. C'est bien d'un homme tel que lui, de qui d'ailleurs je ne suis pas connu, qu'il faut attendre des sentiments si nobles. Il a su d'elle que tu es mon fils ; et pour se délivrer de tes importunités, il m'a écrit le lieu de ta demeure et le désordre[1] où tu vivais, en me faisant entendre qu'il fallait main-forte[2] pour s'assurer de toi. Il s'est offert de me faciliter les moyens de te saisir au collet[3], et c'est par sa direction et celle de ta maîtresse même, que ton frère a trouvé le moment de te prendre sans vert[4]. Félicite-toi maintenant de la durée de ton triomphe. Tu sais vaincre assez rapidement, Chevalier, mais tu ne sais pas conserver tes conquêtes.

Je n'eus pas la force de soutenir plus longtemps un discours dont chaque mot m'avait percé le cœur. Je me levai de table, et je n'avais pas fait quatre pas pour sortir de la salle, que je tombai sur le plancher, sans sentiment et sans connaissance. On me les rappela par de prompts secours. J'ouvris les yeux pour verser un torrent de pleurs, et la bouche pour proférer les plaintes les plus tristes et les plus touchantes. Mon père, qui m'a toujours aimé tendrement, s'employa avec toute son affection pour me consoler. Je l'écoutais, mais sans l'entendre. Je me jetais à ses genoux ; je le conjurai[5], en joignant les mains, de me laisser retourner à Paris pour aller poignarder B… Non, disais-je,

Notes

1. **désordre** : manquement aux règles morales et sociales.
2. **main-forte** : force armée.
3. **te saisir au collet** : s'emparer de toi.
4. **sans vert** : au dépourvu.
5. **conjurai** : suppliai.

il n'a pas gagné le cœur de Manon; il lui a fait violence; il l'a séduite par un charme[1] ou par un poison; il l'a peut-être forcée brutalement. Manon m'aime. Ne le sais-je pas bien? Il l'aura menacée, le poignard à la main, pour la contraindre de m'abandonner. Que n'aura-t-il pas fait pour me ravir une si charmante maîtresse? Ô Dieux! Dieux! serait-il possible que Manon m'eût trahi et qu'elle eût cessé de m'aimer!

Comme je parlais toujours de retourner promptement à Paris, et que je me levais même à tous moments pour cela, mon père vit bien que dans le transport où j'étais, rien ne serait capable de m'arrêter. Il me conduisit dans une chambre haute, où il laissa deux domestiques avec moi pour me garder à vue. Je ne me possédais point[2]. J'aurais donné mille vies, pour être seulement un quart d'heure à Paris. Je compris que m'étant déclaré si ouvertement, on ne me permettrait pas aisément de sortir de ma chambre. Je mesurai des yeux la hauteur des fenêtres; ne voyant nulle possibilité de m'échapper par cette voie, je m'adressai doucement à mes deux domestiques. Je m'engageai, par mille serments, à faire un jour leur fortune, s'ils voulaient consentir à mon évasion. Je les pressai, je les caressai[3], je les menaçai; mais cette tentative fut encore inutile.

Je perdis alors toute espérance. Je résolus de mourir, et je me jetai sur un lit, avec le dessein de ne le quitter qu'avec la vie. Je passai la nuit et le jour suivant dans cette situation. Je refusai la nourriture qu'on m'apporta le lendemain. Mon père vint me voir l'après-midi. Il eut la bonté de flatter[4] mes peines par les plus douces consolations. Il m'ordonna si absolument de manger quelque chose, que je le fis par respect pour ses ordres. Quelques jours se passèrent, pendant lesquels je ne pris rien qu'en sa présence et pour lui obéir. Il continuait toujours de m'apporter les raisons qui pouvaient me ramener au bon sens

Notes

1. **charme** : enchantement, envoûtement.
2. **Je ne me possédais point** : j'étais hors de moi-même.
3. **caressai** : flattai, couvris d'amabilités.
4. **flatter** : adoucir.

et m'inspirer du mépris pour l'infidèle Manon. Il est certain que je ne l'estimais plus : comment aurais-je estimé la plus volage[1] et la plus perfide de toutes les créatures ? Mais son image, les traits charmants que je portais au fond du cœur, y subsistaient toujours. Je le sentais bien. Je puis mourir, disais-je ; je le devrais même, après tant de honte et de douleur ; mais je souffrirais mille morts sans pouvoir oublier l'ingrate Manon.

Mon père était surpris de me voir toujours si fortement touché. Il me connaissait des principes d'honneur ; et ne pouvant douter que sa trahison ne me la fît mépriser, il s'imagina que ma constance venait moins de cette passion en particulier, que d'un penchant général pour les femmes. Il s'attacha tellement à cette pensée, que, ne consultant que sa tendre affection, il vint un jour m'en faire l'ouverture[2]. Chevalier, me dit-il, j'ai eu dessein, jusqu'à présent, de te faire porter la croix de Malte ; mais je vois que tes inclinations ne sont point tournées de ce côté-là. Tu aimes les jolies femmes. Je suis d'avis de t'en chercher une qui te plaise. Explique-moi naturellement ce que tu penses là-dessus. Je lui répondis que je ne mettais plus de distinction entre les femmes, et qu'après le malheur qui venait de m'arriver, je les détestais toutes également. Je t'en chercherai une, reprit mon père en souriant, qui ressemblera à Manon, et qui sera plus fidèle. Ah ! si vous avez quelque bonté pour moi, lui dis-je, c'est elle qu'il faut me rendre. Soyez sûr, mon cher père, qu'elle ne m'a point trahi ; elle n'est pas capable d'une si noire et si cruelle lâcheté. C'est le perfide B... qui nous trompe, vous, elle et moi. Si vous saviez combien elle est tendre et sincère, si vous la connaissiez, vous l'aimeriez vous-même. Vous êtes un enfant, repartit mon père. Comment pouvez-vous vous aveugler jusqu'à ce point, après ce que je vous ai raconté d'elle ? C'est elle-même qui vous a livré à votre frère. Vous devriez oublier jusqu'à son nom, et

Notes

1. **volage** : infidèle.

2. **m'en faire l'ouverture** : me l'exposer.

profiter, si vous êtes sage, de l'indulgence que j'ai pour vous. Je reconnaissais trop clairement qu'il avait raison. C'était un mouvement involontaire qui me faisait prendre ainsi le parti de mon infidèle. Hélas! repris-je, après un moment de silence, il n'est que trop vrai que je suis le malheureux objet de la plus lâche de toutes les perfidies. Oui, continuai-je, en versant des larmes de dépit, je vois bien que je ne suis qu'un enfant. Ma crédulité ne leur coûtait guère à tromper. Mais je sais bien ce que j'ai à faire pour me venger. Mon père voulut savoir quel était mon dessein. J'irai à Paris, lui dis-je, je mettrai le feu à la maison de B…, et je le brûlerai tout vif avec la perfide Manon. Cet emportement fit rire mon père, et ne servit qu'à me faire garder plus étroitement dans ma prison.

J'y passai six mois entiers, pendant le premier desquels il y eut peu de changement dans mes dispositions. Tous mes sentiments n'étaient qu'une alternative perpétuelle de haine et d'amour, d'espérance ou de désespoir, selon l'idée sous laquelle Manon s'offrait à mon esprit. Tantôt je ne considérais en elle que la plus aimable de toutes les filles, et je languissais[1] du désir de la revoir; tantôt je n'y apercevais qu'une lâche et perfide maîtresse, et je faisais mille serments de ne la chercher que pour la punir. On me donna des livres, qui servirent à rendre un peu de tranquillité à mon âme. Je relus tous mes auteurs. J'acquis de nouvelles connaissances. Je repris un goût infini pour l'étude. Vous verrez de quelle utilité il me fut dans la suite. Les lumières que je devais à l'amour me firent trouver de la clarté dans quantité d'endroits d'Horace et de Virgile[2], qui m'avaient paru obscurs auparavant. Je fis un commentaire amoureux sur le quatrième Livre de l'*Énéide* ; je le destine à voir le jour, et je me flatte que le public en sera satisfait. Hélas!

Notes

1. **languissais** : dépérissais.

2. Horace et Virgile sont deux poètes latins du Ier siècle avant J.-C., qui ont écrit sur le sentiment amoureux.

disais-je en le faisant, c'était un cœur tel que le mien qu'il fallait à la fidèle Didon[1].

Tiberge vint me voir un jour dans ma prison. Je fus surpris du transport avec lequel il m'embrassa. Je n'avais point encore eu de preuves de son affection, qui pussent me la faire regarder autrement que comme une simple amitié de collège, telle qu'elle se forme entre de jeunes gens qui sont à peu près du même âge. Je le trouvai si changé et si formé[2], depuis cinq ou six mois que j'avais passés sans le voir, que sa figure et le ton de son discours m'inspirèrent du respect. Il me parla en conseiller sage, plutôt qu'en ami d'école. Il plaignit l'égarement où j'étais tombé. Il me félicita de ma guérison, qu'il croyait avancée ; enfin il m'exhorta à profiter de cette erreur de jeunesse, pour ouvrir les yeux sur la vanité des plaisirs. Je le regardai avec étonnement. Il s'en aperçut. Mon cher Chevalier, me dit-il, je ne vous dis rien qui ne soit solidement vrai, et dont je ne me sois convaincu par un sérieux examen. J'avais autant de penchant que vous vers la volupté ; mais le Ciel m'avait donné, en même temps, du goût pour la vertu. Je me suis servi de ma raison pour comparer les fruits de l'une et de l'autre et je n'ai pas tardé longtemps à découvrir leurs différences. Le secours du Ciel s'est joint à mes réflexions. J'ai conçu pour le monde un mépris auquel il n'y a rien d'égal. Devineriez-vous ce qui m'y retient, ajouta-t-il, et ce qui m'empêche de courir à la solitude ? C'est uniquement la tendre amitié que j'ai pour vous. Je connais l'excellence de votre cœur et de votre esprit ; il n'y a rien de bon dont vous ne puissiez vous rendre capable. Le poison du plaisir vous a fait écarter du chemin. Quelle perte pour la vertu ! Votre fuite d'Amiens m'a causé tant de douleur, que je n'ai pas goûté, depuis, un seul moment de satisfaction. Jugez-en par les démarches qu'elle m'a

Notes

1. Didon est l'héroïne de l'*Énéide* de Virgile : elle se suicide après avoir été abandonnée par son amant Énée.

2. **formé** : mûri.

fait faire. Il me raconta qu'après s'être aperçu que je l'avais trompé, et que j'étais parti avec ma maîtresse, il était monté à cheval pour me suivre ; mais qu'ayant sur lui quatre ou cinq heures d'avance, il lui avait été impossible de me joindre ; qu'il était arrivé néanmoins à Saint-Denis une demi-heure après mon départ ; qu'étant bien certain que je me serais arrêté à Paris, il y avait passé six semaines à me chercher inutilement ; qu'il allait dans tous les lieux où il se flattait de pouvoir me trouver, et qu'un jour enfin il avait reconnu ma maîtresse à la Comédie ; qu'elle y était dans une parure[1] si éclatante qu'il s'était imaginé qu'elle devait cette fortune à un nouvel amant ; qu'il avait suivi son carrosse jusqu'à sa maison, et qu'il avait appris d'un domestique qu'elle était entretenue par les libéralités de Monsieur B... Je ne m'arrêtai point là, continua-t-il. J'y retournai le lendemain, pour apprendre d'elle-même ce que vous étiez devenu ; elle me quitta brusquement, lorsqu'elle m'entendit parler de vous, et je fus obligé de revenir en province sans aucun autre éclaircissement. J'y appris votre aventure et la consternation extrême qu'elle vous a causée ; mais je n'ai pas voulu vous voir, sans être assuré de vous trouver plus tranquille.

Vous avez donc vu Manon, lui répondis-je en soupirant. Hélas ! vous êtes plus heureux que moi, qui suis condamné à ne la revoir jamais. Il me fit des reproches de ce soupir, qui marquait encore de la faiblesse pour elle. Il me flatta si adroitement sur la bonté de mon caractère et sur mes inclinations, qu'il me fit naître, dès cette première visite, une forte envie de renoncer comme lui à tous les plaisirs du siècle[2] pour entrer dans l'état ecclésiastique.

Notes

1. **parure** : tenue.
2. **siècle** : le monde et ses occupations frivoles, considérés comme ce qui détourne de Dieu.

Je goûtai[1] tellement cette idée, que, lorsque je me trouvai seul, je ne m'occupai plus d'autre chose. Je me rappelai les discours de M. l'Évêque d'Amiens, qui m'avait donné le même conseil, et les présages heureux qu'il avait formés en ma faveur, s'il m'arrivait d'embrasser ce parti. La piété[2] se mêla aussi dans mes considérations. Je mènerai une vie sage et chrétienne, disais-je ; je m'occuperai de l'étude et de la religion, qui ne me permettront point de penser aux dangereux plaisirs de l'amour. Je mépriserai ce que le commun des hommes admire ; et comme je sens assez que mon cœur ne désirera que ce qu'il estime, j'aurai aussi peu d'inquiétudes que de désirs. Je formai là-dessus, d'avance, un système de vie paisible et solitaire. J'y faisais entrer une maison écartée, avec un petit bois et un ruisseau d'eau douce au bout du jardin, une bibliothèque composée de livres choisis, un petit nombre d'amis vertueux et de bon sens, une table propre[3], mais frugale[4] et modérée. J'y joignais un commerce[5] de lettres avec un ami qui ferait son séjour à Paris, et qui m'informerait des nouvelles publiques, moins pour satisfaire ma curiosité que pour me faire un divertissement des folles agitations des hommes. Ne serai-je pas heureux ? ajoutais-je ; toutes mes prétentions[6] ne seront-elles point remplies ? Il est certain que ce projet flattait extrêmement mes inclinations. Mais, à la fin d'un si sage arrangement, je sentais que mon cœur attendait encore quelque chose ; et que pour n'avoir rien à désirer dans la plus charmante solitude, il y fallait être avec Manon.

Cependant, Tiberge continuant de me rendre de fréquentes visites, dans le dessein qu'il m'avait inspiré, je pris l'occasion d'en faire l'ouverture à mon père. Il me déclara que son intention était de laisser ses enfants libres dans le choix de leur

Notes

1. **Je goûtai** : j'appréciai.
2. **piété** : sentiment religieux.
3. **table propre** : nourriture saine.
4. **frugale** : sobre.
5. **commerce** : relation.
6. **prétentions** : aspirations.

condition[1] et que, de quelque manière que je voulusse disposer de moi, il ne se réserverait que le droit de m'aider de ses conseils. Il m'en donna de fort sages, qui tendaient moins à me dégoûter de mon projet, qu'à me le faire embrasser avec connaissance[2]. Le renouvellement de l'année scolastique[3] approchait. Je convins avec Tiberge de nous mettre ensemble au séminaire[4] de Saint-Sulpice, lui pour achever ses études de théologie, et moi pour commencer les miennes. Son mérite, qui était connu de l'évêque du diocèse[5], lui fit obtenir de ce prélat[6] un bénéfice[7] considérable avant notre départ.

Mon père, me croyant tout à fait revenu de ma passion, ne fit aucune difficulté de me laisser partir. Nous arrivâmes à Paris. L'habit ecclésiastique prit la place de la croix de Malte, et le nom d'Abbé Des Grieux celle de Chevalier. Je m'attachai à l'étude avec tant d'application, que je fis des progrès extraordinaires en peu de mois. J'y employais une partie de la nuit, et je ne perdais pas un moment du jour. Ma réputation eut tant d'éclat, qu'on me félicitait déjà sur les dignités que je ne pouvais manquer d'obtenir; et sans l'avoir sollicité, mon nom fut couché sur la feuille des bénéfices[8]. La piété n'était pas plus négligée; j'avais de la ferveur pour tous les exercices. Tiberge était charmé de ce qu'il regardait comme son ouvrage, et je l'ai vu plusieurs fois répandre des larmes, en s'applaudissant de ce qu'il nommait ma conversion. Que les résolutions humaines soient sujettes à changer, c'est ce qui ne m'a jamais causé d'étonnement; une passion les fait naître, une autre passion peut les détruire; mais quand je pense à la

Notes

1. **condition** : situation sociale.
2. **avec connaissance** : en connaissance de cause.
3. **année scolastique** : année scolaire, qui débute en septembre.
4. **séminaire** : lieu de formation pour les futurs prêtres.
5. **diocèse** : circonscription ecclésiastique sous l'autorité d'un évêque.
6. **prélat** : haut dignitaire ecclésiastique (évêque, cardinal...).
7. **bénéfice** : revenu accordé à un ecclésiastique.
8. **la feuille des bénéfices** : la liste des bénéfices vacants, établie par le roi.

sainteté de celles qui m'avaient conduit à Saint-Sulpice, et à la joie intérieure que le Ciel m'y faisait goûter en les exécutant, je suis effrayé de la facilité avec laquelle j'ai pu les rompre. S'il est vrai que les secours célestes sont à tous moments d'une force égale à celle des passions, qu'on m'explique donc par quel funeste ascendant on se trouve emporté tout d'un coup loin de son devoir, sans se trouver capable de la moindre résistance et sans ressentir le moindre remords. Je me croyais absolument délivré des faiblesses de l'amour. Il me semblait que j'aurais préféré la lecture d'une page de saint Augustin[1], ou un quart d'heure de méditation chrétienne à tous les plaisirs des sens ; sans excepter ceux qui m'auraient été offerts par Manon. Cependant un instant malheureux me fit retomber dans le précipice ; et ma chute fut d'autant plus irréparable, que me trouvant tout d'un coup au même degré de profondeur d'où j'étais sorti, les nouveaux désordres où je tombai me portèrent bien plus loin vers le fond de l'abîme.

J'avais passé près d'un an à Paris, sans m'informer des affaires de Manon. Il m'en avait d'abord coûté beaucoup pour me faire cette violence ; mais les conseils toujours présents de Tiberge, et mes propres réflexions, m'avaient fait obtenir la victoire. Les derniers mois s'étaient écoulés si tranquillement que je me croyais sur le point d'oublier éternellement cette charmante et perfide créature. Le temps arriva auquel je devais soutenir un exercice public dans l'École de Théologie ; je fis prier plusieurs personnes de considération de m'honorer de leur présence. Mon nom fut ainsi répandu dans tous les quartiers de Paris ; il alla jusqu'aux oreilles de mon infidèle. Elle ne le reconnut pas avec certitude, sous le titre d'abbé ; mais un reste de curiosité, ou peut-être quelque repentir de m'avoir trahi (je n'ai jamais pu démêler lequel de ces deux sentiments), lui fit prendre intérêt à un nom si semblable au mien ; elle vint en

Note

1. Saint Augustin (354-430), grand théologien chrétien.

Sorbonne[1] avec quelques autres dames. Elle fut présente à mon exercice, et sans doute qu'elle eut peu de peine à me remettre. Je n'eus pas la moindre connaissance de cette visite. On sait qu'il y a, dans ces lieux, des cabinets particuliers pour les dames, où elles sont cachées derrière une jalousie[2]. Je retournai à Saint-Sulpice, couvert de gloire et chargé de compliments. Il était six heures du soir. On vint m'avertir, un moment après mon retour, qu'une dame demandait à me voir. J'allai au parloir sur-le-champ. Dieux ! quelle apparition surprenante ! j'y trouvai Manon. C'était elle, mais plus aimable et plus brillante que je ne l'avais jamais vue. Elle était dans sa dix-huitième année. Ses charmes surpassaient tout ce qu'on peut décrire. C'était un air si fin, si doux, si engageant ! l'air de l'Amour même. Toute sa figure me parut un enchantement.

Je demeurai interdit à sa vue ; et ne pouvant conjecturer quel était le dessein de cette visite, j'attendais, les yeux baissés et avec tremblement, qu'elle s'expliquât. Son embarras fut pendant quelque temps égal au mien ; mais voyant que mon silence continuait, elle mit la main devant ses yeux, pour cacher quelques larmes. Elle me dit, d'un ton timide, qu'elle confessait que son infidélité méritait ma haine ; mais que s'il était vrai que j'eusse jamais eu quelque tendresse pour elle, il y avait eu, aussi, bien de la dureté à laisser passer deux ans sans prendre soin de m'informer de son sort, et qu'il y en avait beaucoup encore à la voir dans l'état où elle était en ma présence, sans lui dire une parole. Le désordre de mon âme, en l'écoutant, ne saurait être exprimé.

Elle s'assit. Je demeurai debout, le corps à demi tourné, n'osant l'envisager[3] directement. Je commençai plusieurs fois une réponse, que je n'eus pas la force d'achever. Enfin, je fis un effort pour m'écrier douloureusement : Perfide Manon !

Notes

1. La Sorbonne, faculté parisienne de théologie.

2. **jalousie** : treillis de fer ou de bois permettant de voir sans être vu.

3. **l'envisager** : la dévisager.

Ah ! perfide ! perfide ! Elle me répéta, en pleurant à chaudes larmes, qu'elle ne prétendait point justifier sa perfidie. Que prétendez-vous donc ? m'écriai-je encore. Je prétends mourir, répondit-elle, si vous ne me rendez votre cœur, sans lequel il est impossible que je vive. Demande donc ma vie, infidèle ! repris-je en versant moi-même des pleurs, que je m'efforçai en vain de retenir ; demande ma vie, qui est l'unique chose qui me reste à te sacrifier ; car mon cœur n'a jamais cessé d'être à toi. À peine eus-je achevé ces derniers mots, qu'elle se leva avec transport, pour venir m'embrasser. Elle m'accabla de mille caresses passionnées. Elle m'appela par tous les noms que l'amour invente pour exprimer ses plus vives tendresses. Je n'y répondais encore qu'avec langueur[1]. Quel passage, en effet, de la situation tranquille où j'avais été, aux mouvements tumultueux que je sentais renaître ! J'en étais épouvanté. Je frémissais, comme il arrive lorsqu'on se trouve la nuit dans une campagne écartée : on se croit transporté dans un nouvel ordre de choses ; on y est saisi d'une horreur secrète, dont on ne se remet qu'après avoir considéré longtemps tous les environs.

Nous nous assîmes, l'un près de l'autre. Je pris ses mains dans les miennes. Ah ! Manon, lui dis-je en la regardant d'un œil triste, je ne m'étais pas attendu à la noire trahison dont vous avez payé mon amour. Il vous était bien facile de tromper un cœur dont vous étiez la souveraine absolue, et qui mettait toute sa félicité à vous plaire et à vous obéir. Dites-moi maintenant si vous en avez trouvé d'aussi tendres et d'aussi soumis. Non, non, la Nature n'en fait guère de la même trempe[2] que le mien. Dites-moi du moins si vous l'avez quelquefois regretté. Quel fond dois-je faire sur ce retour de bonté qui vous ramène aujourd'hui pour le consoler ? Je ne vois que trop que vous êtes plus charmante que jamais ; mais au nom de toutes les peines

…lesse, froideur. **2. trempe** : sorte.

que j'ai souffertes pour vous, belle Manon, dites-moi si vous serez plus fidèle.

Elle me répondit des choses si touchantes sur son repentir, et elle s'engagea à la fidélité par tant de protestations et de serments, qu'elle m'attendrit à un degré inexprimable. Chère Manon! lui dis-je, avec un mélange profane d'expressions amoureuses et théologiques, tu es trop adorable pour une créature. Je me sens le cœur emporté par une délectation[1] victorieuse. Tout ce qu'on dit de la liberté, à Saint-Sulpice, est une chimère[2]. Je vais perdre ma fortune et ma réputation pour toi, je le prévois bien; je lis ma destinée dans tes beaux yeux; mais de quelles pertes ne serai-je pas consolé par ton amour! Les faveurs de la fortune ne me touchent point; la gloire me paraît une fumée; tous mes projets de vie ecclésiastique étaient de folles imaginations; enfin tous les biens différents de ceux que j'espère avec toi sont des biens méprisables, puisqu'ils ne sauraient tenir un moment, dans mon cœur, contre un seul de tes regards.

En lui promettant néanmoins un oubli général de ses fautes, je voulus être informé de quelle manière elle s'était laissé séduire par B... Elle m'apprit que, l'ayant vue à sa fenêtre, il était devenu passionné pour elle; qu'il avait fait sa déclaration en fermier général, c'est-à-dire en lui marquant dans une lettre que le paiement serait proportionné aux faveurs; qu'elle avait capitulé d'abord, mais sans autre dessein que de tirer de lui quelque somme considérable, qui pût servir à nous faire vivre commodément; qu'il l'avait éblouie par de si magnifiques promesses, qu'elle s'était laissé ébranler par degrés; que je devais juger pourtant de ses remords par la douleur dont elle m'avait laissé voir des témoignages, la veille de notre séparation; que malgré l'opulence dans laquelle il l'avait entretenue, elle n'avait jamais goûté de bonheur avec lui, non seulement

Notes

1. **délectation** : plaisir incitant la volonté à agir (sens théologique).

2. **chimère** : rêverie trompeuse.

parce qu'elle n'y trouvait point, me dit-elle, la délicatesse de mes sentiments et l'agrément de mes manières; mais parce qu'au milieu même des plaisirs qu'il lui procurait sans cesse, elle portait au fond du cœur le souvenir de mon amour et le remords de son infidélité. Elle me parla de Tiberge et de la confusion extrême que sa visite lui avait causée. Un coup d'épée dans le cœur, ajouta-t-elle, m'aurait moins ému le sang. Je lui tournai le dos, sans pouvoir soutenir un moment sa présence. Elle continua de me raconter par quels moyens elle avait été instruite de mon séjour à Paris, du changement de ma condition, et de mes exercices de Sorbonne. Elle m'assura qu'elle avait été si agitée pendant la dispute[1], qu'elle avait eu beaucoup de peine, non seulement à retenir ses larmes, mais ses gémissements mêmes et ses cris, qui avaient été plus d'une fois sur le point d'éclater. Enfin, elle me dit qu'elle était sortie de ce lieu la dernière, pour cacher son désordre[2], et que ne suivant que le mouvement de son cœur et l'impétuosité[3] de ses désirs, elle était venue droit au séminaire, avec la résolution d'y mourir, si elle ne me trouvait pas disposé à lui pardonner.

Où trouver un barbare qu'un repentir si vif et si tendre n'eût pas touché? Pour moi, je sentis dans ce moment que j'aurais sacrifié pour Manon tous les évêchés[4] du monde chrétien. Je lui demandai quel nouvel ordre elle jugeait à propos de mettre dans nos affaires. Elle me dit qu'il fallait sur-le-champ sortir du séminaire, et remettre[5] à nous arranger dans un lieu plus sûr. Je consentis à toutes ses volontés sans réplique. Elle entra dans son carrosse, pour aller m'attendre au coin de la rue. Je m'échappai un moment après, sans être aperçu du portier. Je

Notes

1. **dispute** : échange d'arguments contradictoires sur un sujet donné; c'est en quoi consiste l'exercice de théologie que vient d'effectuer Des Grieux.
2. **désordre** : ici au sens d'« émotion ».
3. **impétuosité** : vivacité.
4. **évêchés** : circonscriptions ecclésiastiques placées sous l'autorité d'évêques.
5. **remettre** : remettre à plus tard.

montai avec elle. Nous passâmes à la friperie[1]. Je repris les galons[2] et l'épée. Manon fournit aux frais, car j'étais sans un sou ; et dans la crainte que je ne trouvasse de l'obstacle à ma sortie de Saint-Sulpice, elle n'avait pas voulu que je retournasse un moment à ma chambre pour y prendre mon argent. Mon trésor d'ailleurs était médiocre[3], et elle assez riche des libéralités de B… pour mépriser ce qu'elle me faisait abandonner. Nous conférâmes[4], chez le fripier même, sur le parti que nous allions prendre. Pour me faire valoir davantage le sacrifice qu'elle me faisait de B…, elle résolut de ne pas garder avec lui le moindre ménagement. Je veux lui laisser ses meubles, dit-elle, ils sont à lui ; mais j'emporterai, comme de justice, les bijoux et près de soixante mille francs que j'ai tirés de lui depuis deux ans. Je ne lui ai donné nul pouvoir sur moi, ajouta-t-elle ; ainsi nous pouvons demeurer sans crainte à Paris, en prenant une maison commode, où nous vivrons heureusement. Je lui représentai que, s'il n'y avait point de péril pour elle, il y en avait beaucoup pour moi, qui ne manquerais point tôt ou tard d'être reconnu, et qui serais continuellement exposé au malheur que j'avais déjà essuyé. Elle me fit entendre qu'elle aurait du regret à quitter Paris. Je craignais tant de la chagriner, qu'il n'y avait point de hasards[5] que je ne méprisasse pour lui plaire ; cependant nous trouvâmes un tempérament[6] raisonnable, qui fut de louer une maison dans quelque village voisin de Paris, d'où il nous serait aisé d'aller à la ville, lorsque le plaisir ou le besoin nous y appellerait. Nous choisîmes Chaillot[7], qui n'en est pas éloigné. Manon retourna sur-le-champ chez elle. J'allai

Notes

1. **friperie** : boutique où l'on vend des vêtements neufs ou d'occasion. Des Grieux doit se débarrasser de son costume de séminariste pour reprendre l'habit civil.
2. **galons** : bandes de tissu qui ornent les vêtements et servent souvent de signes distinctifs d'un statut social.
3. **médiocre** : moyen.
4. **conférâmes** : discutâmes.
5. **hasards** : risques.
6. **tempérament** : solution mesurée.
7. Chaillot, actuellement quartier du 16e arrondissement de Paris, était à l'époque un village à quelque distance de la capitale. Prévost lui-même s'y installera en 1746.

l'attendre à la petite porte du jardin des Tuileries. Elle revint une heure après, dans un carrosse de louage[1], avec une fille qui la servait, et quelques malles où ses habits et tout ce qu'elle avait de précieux était renfermé.

Nous ne tardâmes point à gagner Chaillot. Nous logeâmes la première nuit à l'auberge, pour nous donner le temps de chercher une maison, ou du moins un appartement commode. Nous en trouvâmes, dès le lendemain, un de notre goût.

Mon bonheur me parut d'abord établi d'une manière inébranlable. Manon était la douceur et la complaisance même. Elle avait pour moi des attentions si délicates, que je me crus trop parfaitement dédommagé de toutes mes peines. Comme nous avions acquis tous deux un peu d'expérience, nous raisonnâmes sur la solidité de notre fortune.

Soixante mille francs, qui faisaient le fond de nos richesses, n'étaient pas une somme qui pût s'étendre autant que le cours d'une longue vie. Nous n'étions pas disposés d'ailleurs à resserrer trop notre dépense. La première vertu de Manon, non plus que la mienne, n'était pas l'économie. Voici le plan que je me proposai : Soixante mille francs, lui dis-je, peuvent nous soutenir pendant dix ans. Deux mille écus nous suffiront chaque année, si nous continuons de vivre à Chaillot. Nous y mènerons une vie honnête, mais simple. Notre unique dépense sera pour l'entretien d'un carrosse, et pour les spectacles. Nous nous réglerons[2]. Vous aimez l'opéra : nous irons deux fois la semaine. Pour le jeu, nous nous bornerons tellement que nos pertes ne passeront jamais deux pistoles. Il est impossible que dans l'espace de dix ans, il n'arrive point de changement dans ma famille ; mon père est âgé, il peut mourir. Je me trouverai du bien, et nous serons alors au-dessus de toutes nos autres craintes.

Notes

1. **louage** : location.

2. **réglerons** : modérerons.

Cet arrangement n'eût pas été la plus folle action de ma vie, si nous eussions été assez sages pour nous y assujettir[1] constamment. Mais nos résolutions ne durèrent guère plus d'un mois. Manon était passionnée pour le plaisir. Je l'étais pour elle. Il nous naissait, à tous moments, de nouvelles occasions de dépense; et loin de regretter les sommes qu'elle employait quelquefois avec profusion, je fus le premier à lui procurer tout ce que je croyais propre à lui plaire. Notre demeure de Chaillot commença même à lui devenir à charge. L'hiver approchait; tout le monde retournait à la ville, et la campagne devenait déserte. Elle me proposa de reprendre une maison à Paris. Je n'y consentis point; mais pour la satisfaire en quelque chose, je lui dis que nous pouvions y louer un appartement meublé, et que nous y passerions la nuit lorsqu'il nous arriverait de quitter trop tard l'assemblée[2] où nous allions plusieurs fois la semaine; car l'incommodité de revenir si tard à Chaillot était le prétexte qu'elle apportait pour le vouloir quitter. Nous nous donnâmes ainsi deux logements, l'un à la ville, et l'autre à la campagne. Ce changement mit bientôt le dernier désordre dans nos affaires, en faisant naître deux aventures qui causèrent notre ruine.

Manon avait un frère, qui était garde du corps[3]. Il se trouva malheureusement logé, à Paris, dans la même rue que nous. Il reconnut sa sœur, en la voyant le matin à sa fenêtre. Il accourut aussitôt chez nous. C'était un homme brutal, et sans principes d'honneur. Il entra dans notre chambre en jurant horriblement; et comme il savait une partie des aventures de sa sœur, il l'accabla d'injures et de reproches. J'étais sorti un moment auparavant, ce qui fut sans doute un bonheur pour lui ou pour moi, qui n'étais rien moins que[4] disposé à souffrir une insulte.

Notes

1. **assujettir** : tenir, conformer.
2. **assemblée** : réunion d'habitués qui s'adonnent au jeu ou à d'autres divertissements.
3. **garde du corps** : gendarme. Ils avaient la réputation d'être violents et débauchés.
4. **rien moins que** : pas du tout.

Je ne retournai au logis qu'après son départ. La tristesse de Manon me fit juger qu'il s'était passé quelque chose d'extraordinaire. Elle me raconta la scène fâcheuse qu'elle venait d'essuyer, et les menaces brutales de son frère. J'en eus tant de ressentiment, que j'eusse couru sur-le-champ à la vengeance si elle ne m'eût arrêté par ses larmes. Pendant que je m'entretenais avec elle de cette aventure, le garde du corps rentra dans la chambre où nous étions, sans s'être fait annoncer. Je ne l'aurais pas reçu aussi civilement[1] que je fis, si je l'eusse connu; mais nous ayant salués d'un air riant, il eut le temps de dire à Manon qu'il venait lui faire des excuses de son emportement; qu'il l'avait crue dans le désordre, et que cette opinion avait allumé sa colère; mais que s'étant informé qui j'étais, d'un de nos domestiques, il avait appris de moi des choses si avantageuses, qu'elles lui faisaient désirer de bien vivre avec nous. Quoique cette information, qui lui venait d'un de mes laquais, eût quelque chose de bizarre et de choquant, je reçus son compliment avec honnêteté[2]. Je crus faire plaisir à Manon. Elle paraissait charmée de le voir porté à se réconcilier. Nous le retînmes à dîner. Il se rendit en peu de moments si familier, que nous ayant entendus parler de notre retour à Chaillot, il voulut absolument nous tenir compagnie. Il fallut lui donner une place dans notre carrosse. Ce fut une prise de possession, car il s'accoutuma bientôt à nous voir avec tant de plaisir, qu'il fit sa maison de la nôtre et qu'il se rendit le maître, en quelque sorte, de tout ce qui nous appartenait. Il m'appelait son frère; et sous prétexte de la liberté fraternelle, il se mit sur le pied[3] d'amener tous ses amis dans notre maison de Chaillot, et de les y traiter[4] à nos dépens. Il se fit habiller magnifiquement à nos frais. Il nous engagea même à payer toutes ses dettes. Je fermais les yeux sur cette tyrannie, pour ne pas déplaire

Notes

1. **civilement** : poliment.
2. **honnêteté** : politesse.
3. **il se mit sur le pied** : il se mit dans la situation.
4. **traiter** : recevoir.

à Manon; jusqu'à feindre de ne pas m'apercevoir qu'il tirait d'elle, de temps en temps, des sommes considérables. Il est vrai qu'étant grand joueur, il avait la fidélité de lui en remettre une partie lorsque la fortune le favorisait; mais la nôtre était trop médiocre pour fournir longtemps à des dépenses si peu modérées. J'étais sur le point de m'expliquer fortement avec lui, pour nous délivrer de ses importunités, lorsqu'un funeste accident m'épargna cette peine, en nous en causant une autre qui nous abîma[1] sans ressource.

Nous étions demeurés un jour à Paris, pour y coucher, comme il nous arrivait fort souvent. La servante, qui restait seule à Chaillot dans ces occasions, vint m'avertir le matin que le feu avait pris pendant la nuit dans ma maison, et qu'on avait eu beaucoup de difficulté à l'éteindre. Je lui demandai si nos meubles avaient souffert quelque dommage; elle me répondit qu'il y avait eu une si grande confusion, causée par la multitude d'étrangers qui étaient venus au secours, qu'elle ne pouvait être assurée de rien. Je tremblai pour notre argent, qui était renfermé dans une petite caisse. Je me rendis promptement à Chaillot. Diligence inutile, la caisse avait disparu. J'éprouvai alors qu'on peut aimer l'argent sans être avare. Cette perte me pénétra d'une si vive douleur, que j'en pensai perdre la raison. Je compris tout d'un coup à quels nouveaux malheurs j'allais me trouver exposé; l'indigence[2] était le moindre. Je connaissais Manon; je n'avais déjà que trop éprouvé que quelque fidèle et quelque attachée qu'elle me fût[3] dans la bonne fortune, il ne fallait pas compter sur elle dans la misère. Elle aimait trop l'abondance et les plaisirs pour me les sacrifier. Je la perdrai, m'écriai-je. Malheureux Chevalier! tu vas donc perdre encore tout ce que tu aimes! Cette pensée me jeta dans un trouble si affreux, que je balançai, pendant quelques moments, si je ne

Notes

1. **abîma :** fit sombrer.
2. **indigence :** pauvreté.
3. **quelque fidèle et quelque attachée qu'elle me fût :** bien qu'elle me fût fidèle et attachée.

ferais pas mieux de finir tous mes maux par la mort. Cependant je conservai assez de présence d'esprit pour vouloir examiner auparavant s'il ne me restait nulle ressource. Le Ciel me fit naître une idée, qui arrêta mon désespoir. Je crus qu'il ne me serait pas impossible de cacher notre perte à Manon, et que par industrie[1], ou par quelque faveur du hasard, je pourrais fournir assez honnêtement[2] à son entretien, pour l'empêcher de sentir la nécessité. J'ai compté, disais-je pour me consoler, que vingt mille écus nous suffiraient pendant dix ans : supposons que les dix ans soient écoulés, et que nul des changements que j'espérais ne soit arrivé dans ma famille. Quel parti prendrais-je ? Je ne le sais pas trop bien, mais ce que je ferais alors, qui m'empêche de le faire aujourd'hui ? Combien de personnes vivent à Paris, qui n'ont ni mon esprit, ni mes qualités naturelles, et qui doivent néanmoins leur entretien à leurs talents, tels qu'ils les ont ! La Providence, ajoutais-je, en réfléchissant sur les différents états de la vie, n'a-t-elle pas arrangé les choses fort sagement ? La plupart des grands et des riches sont des sots : cela est clair à qui connaît un peu le monde. Or il y a là-dedans une justice admirable. S'ils joignaient l'esprit aux richesses, ils seraient trop heureux, et le reste des hommes trop misérable. Les qualités du corps et de l'âme sont accordées à ceux-ci, comme des moyens pour se tirer de la misère et de la pauvreté. Les uns prennent part aux richesses des grands, en servant à leurs plaisirs ; ils en font des dupes ; d'autres servent à leur instruction, ils tâchent d'en faire d'honnêtes gens ; il est rare, à la vérité, qu'ils y réussissent, mais ce n'est pas là le but de la divine Sagesse : ils tirent toujours un fruit de leurs soins, qui est de vivre aux dépens de ceux qu'ils instruisent ; et de quelque façon qu'on le prenne, c'est un fond excellent de revenu pour les petits, que la sottise des riches et des grands.

Notes

1. **industrie** : ingéniosité.

2. **assez honnêtement** : convenablement.

Ces pensées me remirent un peu le cœur et la tête. Je résolus d'abord d'aller consulter M. Lescaut, frère de Manon. Il connaissait parfaitement Paris ; et je n'avais eu que trop d'occasions de reconnaître que ce n'était ni de son bien, ni de la paye du roi qu'il tirait son plus clair revenu. Il me restait à peine vingt pistoles, qui s'étaient trouvées heureusement dans ma poche. Je lui montrai ma bourse, en lui expliquant mon malheur et mes craintes ; et je lui demandai s'il y avait pour moi un parti à choisir, entre celui de mourir de faim, ou de me casser la tête de désespoir. Il me répondit que se casser la tête était la ressource des sots ; pour mourir de faim, qu'il y avait quantité de gens d'esprit qui s'y voyaient réduits, quand ils ne voulaient pas faire usage de leurs talents ; que c'était à moi d'examiner de quoi j'étais capable ; qu'il m'assurait de son secours et de ses conseils, dans toutes mes entreprises.

Cela est bien vague, M. Lescaut, lui dis-je ; mes besoins demanderaient un remède plus présent ; car que voulez-vous que je dise à Manon ? À propos de Manon, reprit-il, qu'est-ce qui vous embarrasse ? N'avez-vous pas toujours avec elle, de quoi finir vos inquiétudes quand vous le voudrez ? Une fille comme elle devrait nous entretenir, vous, elle et moi. Il me coupa la réponse que cette impertinence méritait, pour continuer de me dire qu'il me garantissait avant le soir mille écus à partager entre nous, si je voulais suivre son conseil ; qu'il connaissait un seigneur, si libéral sur le chapitre des plaisirs, qu'il était sûr que mille écus ne lui coûteraient rien pour obtenir les faveurs d'une fille telle que Manon. Je l'arrêtai. J'avais meilleure opinion de vous, lui répondis-je ; je m'étais figuré que le motif que vous aviez eu pour m'accorder votre amitié, était un sentiment tout opposé à celui où vous êtes maintenant. Il me confessa impudemment[1] qu'il avait toujours pensé de même, et que sa sœur ayant une fois violé les lois

Note

1. **impudemment** : avec effronterie, avec cynisme.

de son sexe, quoique en faveur de l'homme qu'il aimait le plus, il ne s'était réconcilié avec elle que dans l'espérance de tirer parti de sa mauvaise conduite. Il me fut aisé de juger que jusqu'alors, nous avions été ses dupes. Quelque émotion néanmoins que ce discours m'eût causée, le besoin que j'avais de lui m'obligea de répondre en riant, que son conseil était une dernière ressource, qu'il fallait remettre à l'extrémité. Je le priai de m'ouvrir quelque autre voie. Il me proposa de profiter de ma jeunesse et de la figure avantageuse que j'avais reçue de la nature, pour me mettre en liaison[1] avec quelque dame vieille et libérale. Je ne goûtai pas non plus ce parti, qui m'aurait rendu infidèle à Manon ; je lui parlai du jeu, comme du moyen le plus facile, et le plus convenable à ma situation. Il me dit que le jeu, à la vérité, était une ressource ; mais que cela demandait d'être expliqué ; qu'entreprendre de jouer simplement, avec les espérances communes, c'était le vrai moyen d'achever ma perte ; que de prétendre exercer seul, et sans être soutenu, les petits moyens qu'un habile homme emploie pour corriger la fortune, était un métier trop dangereux ; qu'il y avait une troisième voie, qui était celle de l'Association[2], mais que ma jeunesse lui faisait craindre que Messieurs les Confédérés ne me jugeassent point encore les qualités propres à la Ligue. Il me promit néanmoins ses bons offices auprès d'eux ; et ce que je n'aurais pas attendu de lui, il m'offrit quelque argent, lorsque je me trouverais pressé du besoin. L'unique grâce que je lui demandai, dans les circonstances, fut de ne rien apprendre à Manon de la perte que j'avais faite, et du sujet de notre conversation.

Je sortis de chez lui, moins satisfait encore que je n'y étais entré. Je me repentis même de lui avoir confié mon secret. Il n'avait rien fait, pour moi, que je n'eusse pu obtenir de même

Notes

1. **me mettre en liaison** : avoir une liaison.

2. L'Association (ou la Ligue de l'industrie, ou les Confédérés) est une association de tricheurs professionnels.

sans cette ouverture, et je craignais mortellement qu'il ne manquât à la promesse qu'il m'avait faite de ne rien découvrir à Manon. J'avais lieu d'appréhender aussi, par la déclaration de ses sentiments, qu'il ne formât le dessein de tirer parti d'elle, suivant ses propres termes, en l'enlevant de mes mains ; ou du moins, en lui conseillant de me quitter, pour s'attacher à quelque amant plus riche et plus heureux. Je fis là-dessus mille réflexions, qui n'aboutirent qu'à me tourmenter et à renouveler le désespoir où j'avais été le matin. Il me vint plusieurs fois à l'esprit d'écrire à mon père, et de feindre une nouvelle conversion, pour obtenir de lui quelque secours d'argent ; mais je me rappelai aussitôt que malgré toute sa bonté, il m'avait resserré[1] six mois dans une étroite prison, pour ma première faute ; j'étais bien sûr qu'après un éclat tel que l'avait dû causer ma fuite de Saint-Sulpice, il me traiterait beaucoup plus rigoureusement. Enfin, cette confusion de pensées en produisit une qui remit le calme tout d'un coup dans mon esprit, et que je m'étonnai de n'avoir pas eue plus tôt. Ce fut de recourir à mon ami Tiberge, dans lequel j'étais bien certain de retrouver toujours le même fond de zèle et d'amitié. Rien n'est plus admirable et ne fait plus d'honneur à la vertu, que la confiance avec laquelle on s'adresse aux personnes dont on connaît parfaitement la probité[2]. On sent qu'il n'y a point de risque à courir. Si elles ne sont pas toujours en état d'offrir du secours, on est sûr qu'on en obtiendra du moins de la bonté et de la compassion. Le cœur, qui se ferme avec tant de soin au reste des hommes, s'ouvre naturellement en leur présence, comme une fleur s'épanouit à la lumière du soleil, dont elle n'attend qu'une douce influence.

Je regardai comme un effet de la protection du Ciel de m'être souvenu si à propos de Tiberge, et je résolus de chercher les moyens de le voir avant la fin du jour. Je retournai sur-le-

Notes

1. **resserré** : enfermé.

2. **probité** : honnêteté.

champ au logis, pour lui écrire un mot, et lui marquer un lieu propre à notre entretien. Je lui recommandai le silence et la discrétion, comme un des plus importants services qu'il pût me rendre, dans la situation de mes affaires. La joie que l'espérance de le voir m'inspirait effaça les traces du chagrin que Manon n'aurait pas manqué d'apercevoir sur mon visage. Je lui parlai de notre malheur de Chaillot comme d'une bagatelle[1] qui ne devait pas l'alarmer; et Paris étant le lieu du monde où elle se voyait avec le plus de plaisir, elle ne fut pas fâchée de m'entendre dire qu'il était à propos d'y demeurer, jusqu'à ce qu'on eût réparé, à Chaillot, quelques légers effets de l'incendie. Une heure après, je reçus la réponse de Tiberge, qui me promettait de se rendre au lieu de l'assignation[2]. J'y courus avec impatience. Je sentais néanmoins quelque honte d'aller paraître aux yeux d'un ami, dont la seule présence devait être un reproche de mes désordres; mais l'opinion que j'avais de la bonté de son cœur, et l'intérêt de Manon, soutinrent ma hardiesse.

Je l'avais prié de se trouver au jardin du Palais-Royal. Il y était avant moi. Il vint m'embrasser, aussitôt qu'il m'eut aperçu. Il me tint serré longtemps entre ses bras, et je sentis mon visage mouillé de ses larmes. Je lui dis que je ne me présentais à lui qu'avec confusion, et que je portais dans le cœur un vif sentiment de mon ingratitude; que la première chose dont je le conjurais était de m'apprendre s'il m'était encore permis de le regarder comme mon ami, après avoir mérité si justement de perdre son estime et son affection. Il me répondit, du ton le plus tendre, que rien n'était capable de le faire renoncer à cette qualité; que mes malheurs mêmes, et si je lui permettais de le dire, mes fautes et mes désordres, avaient redoublé sa tendresse pour moi; mais que c'était une tendresse mêlée de la plus vive

Notes

1. **bagatelle** : fait sans importance.

2. **assignation** : rendez-vous.

douleur, telle qu'on la sent pour une personne chère, qu'on voit toucher à sa perte sans pouvoir la secourir.

Nous nous assîmes sur un banc. Hélas! lui dis-je, avec un soupir parti du fond du cœur, votre compassion doit être excessive, mon cher Tiberge, si vous m'assurez qu'elle est égale à mes peines. J'ai honte de vous les laisser voir, car je confesse que la cause n'en est pas glorieuse, mais l'effet en est si triste, qu'il n'est pas besoin de m'aimer autant que vous faites pour en être attendri. Il me demanda, comme une marque d'amitié, de lui raconter sans déguisement ce qui m'était arrivé depuis mon départ de Saint-Sulpice. Je le satisfis; et loin d'altérer[1] quelque chose à la vérité, ou de diminuer mes fautes pour les faire trouver plus excusables, je lui parlai de ma passion avec toute la force qu'elle m'inspirait. Je la lui représentai comme un de ces coups particuliers du destin, qui s'attache à la ruine d'un misérable, et dont il est aussi impossible à la vertu de se défendre, qu'il l'a été à la sagesse de les prévoir. Je lui fis une vive peinture de mes agitations, de mes craintes, du désespoir où j'étais deux heures avant que de le voir, et de celui dans lequel j'allais retomber, si j'étais abandonné par mes amis aussi impitoyablement que par la fortune; enfin, j'attendris tellement le bon Tiberge, que je le vis aussi affligé par la compassion, que je l'étais par le sentiment de mes peines. Il ne se lassait point de m'embrasser, et de m'exhorter à prendre du courage et de la consolation; mais comme il supposait toujours qu'il fallait me séparer de Manon, je lui fis entendre nettement que c'était cette séparation même que je regardais comme la plus grande de mes infortunes; et que j'étais disposé à souffrir, non seulement le dernier excès de la misère, mais la mort la plus cruelle, avant que de recevoir un remède plus insupportable que tous mes maux ensemble.

Note

1. **altérer** : changer.

Expliquez-vous donc, me dit-il : quelle espèce de secours suis-je capable de vous donner, si vous vous révoltez contre toutes mes propositions ? Je n'osais lui déclarer que c'était de sa bourse que j'avais besoin. Il le comprit pourtant à la fin ; et m'ayant confessé qu'il croyait m'entendre, il demeura quelque temps suspendu, avec l'air d'une personne qui balance. Ne croyez pas, reprit-il bientôt, que ma rêverie vienne d'un refroidissement de zèle et d'amitié. Mais à quelle alternative me réduisez-vous, s'il faut que je vous refuse le seul secours que vous voulez accepter, ou que je blesse mon devoir en vous l'accordant ? car n'est-ce pas prendre part à votre désordre, que de vous y faire persévérer ? Cependant, continua-t-il après avoir réfléchi un moment, je m'imagine que c'est peut-être l'état violent où l'indigence vous jette, qui ne vous laisse pas assez de liberté pour choisir le meilleur parti ; il faut un esprit tranquille pour goûter la sagesse et la vérité. Je trouverai le moyen de vous faire avoir quelque argent. Permettez-moi, mon cher Chevalier, ajouta-t-il en m'embrassant, d'y mettre seulement une condition : c'est que vous m'apprendrez le lieu de votre demeure, et que vous souffrirez que je fasse du moins mes efforts pour vous ramener à la vertu, que je sais que vous aimez, et dont il n'y a que la violence de vos passions qui vous écarte. Je lui accordai sincèrement tout ce qu'il souhaitait, et je le priai de plaindre la malignité[1] de mon sort, qui me faisait profiter si mal des conseils d'un ami si vertueux. Il me mena aussitôt chez un banquier de sa connaissance, qui m'avança cent pistoles sur son billet[2], car il n'était rien moins qu'en argent comptant. J'ai déjà dit qu'il n'était pas riche. Son bénéfice valait mille écus, mais comme c'était la première année qu'il le possédait, il n'avait encore rien touché du revenu : c'était sur les fruits futurs qu'il me faisait cette avance.

Notes

1. **malignité** : malheur.

2. **billet** : reconnaissance de dette.

Je sentis tout le prix de sa générosité. J'en fus touché, jusqu'au point de déplorer l'aveuglement d'un amour fatal, qui me faisait violer tous les devoirs. La vertu eut assez de force, pendant quelques moments, pour s'élever dans mon cœur contre ma passion, et j'aperçus du moins, dans cet instant de lumière, la honte et l'indignité de mes chaînes. Mais ce combat fut léger et dura peu. La vue de Manon m'aurait fait précipiter du ciel, et je m'étonnai, en me retrouvant près d'elle, que j'eusse pu traiter un moment de honteuse, une tendresse si juste pour un objet si charmant.

Manon était une créature d'un caractère extraordinaire. Jamais fille n'eut moins d'attachement qu'elle pour l'argent, mais elle ne pouvait être tranquille un moment avec la crainte d'en manquer. C'était du plaisir et des passe-temps qu'il lui fallait. Elle n'eût jamais voulu toucher un sou, si l'on pouvait se divertir sans qu'il en coûte. Elle ne s'informait pas même quel était le fonds[1] de nos richesses, pourvu qu'elle pût passer agréablement la journée ; de sorte que, n'étant ni excessivement livrée au jeu, ni capable d'être éblouie par le faste des grandes dépenses, rien n'était plus facile que de la satisfaire, en lui faisant naître tous les jours des amusements de son goût. Mais c'était une chose si nécessaire pour elle d'être ainsi occupée par le plaisir, qu'il n'y avait pas le moindre fond à faire, sans cela, sur son humeur et sur ses inclinations. Quoiqu'elle m'aimât tendrement, et que je fusse le seul, comme elle en convenait volontiers, qui pût lui faire goûter parfaitement les douceurs de l'amour, j'étais presque certain que sa tendresse ne tiendrait point contre de certaines[2] craintes. Elle m'aurait préféré à toute la terre avec une fortune médiocre ; mais je ne doutais nullement qu'elle ne m'abandonnât pour quelque nouveau B... lorsqu'il ne me resterait que de la constance et de la fidélité à lui offrir. Je résolus donc de régler si bien ma

Notes

1. **fonds** : capital disponible.

2. **de certaines** : certaines.

dépense particulière, que je fusse toujours en état de fournir aux siennes, et de me priver plutôt de mille choses nécessaires que de la borner[1] même pour le superflu. Le carrosse m'effrayait plus que tout le reste, car il n'y avait point d'apparence de pouvoir entretenir des chevaux et un cocher. Je découvris ma peine à M. Lescaut. Je ne lui avais point caché que j'eusse reçu cent pistoles d'un ami. Il me répéta que si je voulais tenter le hasard du jeu, il ne désespérait point qu'en sacrifiant de bonne grâce une centaine de francs pour traiter ses associés, je ne pusse être admis, à sa recommandation, dans la Ligue de l'industrie[2]. Quelque répugnance que j'eusse à tromper, je me laissai entraîner par une cruelle nécessité.

« Manon Lescaut rendant visite à Des Grieux à Saint-Sulpice », gravure d'Hubert Gravelot (1753).

Notes

1. **borner** : limiter.

2. **Ligue de l'industrie** : autre nom de l'Association des tricheurs.

Voir Méthode, p. 251.

Se préparer à l'oral du Bac

Analyse du portrait de Manon (l. 1424 à 1448, pp. 67-68)

Conseil pour la lecture à haute voix

› Faites sentir, en lisant lentement, les oppositions qui structurent le raisonnement de l'extrait.

Explication linéaire

Introduction

Dans *Manon Lescaut* de l'abbé Prévost, publié en 1731, l'héroïne est toujours vue à travers le regard du héros narrateur. Cet extrait constitue son seul portrait moral et intervient à un moment tardif du récit, quand le lecteur a déjà pu se rendre compte du caractère paradoxal de la jeune femme. Deux ans après la première trahison de Manon, les deux amants se sont retrouvés et mènent une vie tranquille et honnête. Mais l'incendie de leur maison les ruine complètement : Des Grieux, aux abois, s'interroge sur son amour pour Manon et ses conséquences. Le portrait de l'héroïne qui suit immédiatement est donc marqué par les tensions du narrateur, qui va tenter de justifier l'objet de son amour.

I. Un portrait paradoxal (l. 1424 à 1434)

❶ Commentez les connotations des termes «*créature d'un caractère extraordinaire*» et «*fille*» qui désignent Manon. Quelle vision contrastée donnent-ils du personnage ?

❷ En vous appuyant sur l'emploi des tournures négatives, des oppositions et des termes exprimant l'obligation, montrez comment le narrateur cherche à disculper Manon de l'accusation de cupidité.

❸ Quelle est la motivation principale de Manon ? Relevez-en le champ lexical. Quelle image cette motivation donne-t-elle du personnage ?

II. Inquiétudes et justifications (l. 1435 à 1448)

❹ Appuyez-vous sur le champ lexical de l'amour pour montrer comment Des Grieux présente le sentiment que lui porte Manon.

5) Relevez les oppositions : par quel raisonnement Des Grieux narrateur dédouane-t-il Manon de l'accusation d'être volage ? est-il convaincant ?

6) Relevez précisément les passages où s'expriment les craintes de Des Grieux vis-à-vis de Manon et montrez comment leur expression progresse en gravité.

7) Comment Des Grieux justifie-t-il sa conduite avec Manon ?

Conclusion

Dans ce passage étonnant, l'argumentation se mêle au portrait moral puisque l'objet aimé apparaît à travers le regard de l'énonciateur amoureux qui tente, avec une certaine mauvaise foi, de justifier sa bien-aimée et l'amour qu'il lui porte. Le texte souligne donc ce qu'a de fatal le sentiment de Des Grieux : sa passion, soumise, comme Manon elle-même, à son *« caractère extraordinaire »*, va emporter les deux amants vers une destinée tragique.

Grammaire

Le *ne* explétif

- Il n'a pas de valeur négative, est facultatif et souvent employé dans un registre de langue soutenu.
- On le trouve dans :

– les complétives COD de verbes exprimant la crainte, l'empêchement ou le doute (*ex. :* « Évite qu'il ne fasse une bêtise ») ;
– les circonstancielles introduites par *avant que, à moins que, de peur que, de crainte que* (*ex. :* « Je viendrai à moins que je ne sois malade ») ;
– les comparaisons marquant l'inégalité (*ex. :* « Il est meilleur que je ne pensais »).

8) Dans la phrase *« mais je ne doutais nullement qu'elle ne m'abandonnât pour quelque nouveau B... lorsqu'il ne me resterait que de la constance et de la fidélité à lui offrir »*, identifiez les 3 négations et expliquez leur emploi.

M. Lescaut me présenta le soir même comme un de ses parents. Il ajouta que j'étais d'autant mieux disposé à réussir, que j'avais besoin des plus grandes faveurs de la fortune. Cependant, pour faire connaître que ma misère n'était pas celle d'un homme de néant[1], il leur dit que j'étais dans le dessein[2] de leur donner à souper. L'offre fut acceptée. Je les traitai magnifiquement. On s'entretint longtemps de la gentillesse[3] de ma figure et de mes heureuses dispositions. On prétendit qu'il y avait beaucoup à espérer de moi, parce qu'ayant quelque chose dans la physionomie qui sentait l'honnête homme, personne ne se défierait de mes artifices. Enfin, on rendit grâces à M. Lescaut d'avoir procuré à l'Ordre un novice[4] de mon mérite, et l'on chargea un des chevaliers de me donner, pendant quelques jours, les instructions nécessaires. Le principal théâtre de mes exploits devait être l'hôtel de Transylvanie[5], où il y avait une table de pharaon[6] dans une salle et divers autres jeux de cartes et de dés dans la galerie. Cette académie[7] se tenait au profit de M. le prince de R..., qui demeurait alors à Clagny, et la plupart de ses officiers étaient de notre société. Le dirai-je à ma honte ? Je profitai en peu de temps des leçons de mon maître. J'acquis surtout beaucoup d'habileté à faire une volte-face[8], à filer la carte[9] ; et m'aidant fort bien d'une longue paire de manchettes, j'escamotais[10] assez légèrement pour tromper les yeux des plus habiles, et ruiner sans affectation[11] quantité d'honnêtes joueurs. Cette adresse extraordinaire hâta si fort

Notes

1. **homme de néant** : homme de rien, sans valeur.
2. **j'étais dans le dessein** : j'avais l'intention.
3. **gentillesse** : charme.
4. **novice** : débutant.
5. L'hôtel de Transylvanie (quai Malaquais) était la demeure du prince hongrois Rákóczi, qui y avait installé une maison de jeu.
6. **pharaon** : jeu de cartes où l'on joue de l'argent.
7. **académie** : maison de jeu.
8. **faire une volte-face** : arriver à deviner les cartes en ne voyant que leur dos.
9. **filer la carte** : tricher en escamotant une carte.
10. **j'escamotais** : je dérobais de l'argent.
11. **sans affectation** : avec naturel.

les progrès de ma fortune, que je me trouvai en peu de semaines des sommes considérables, outre celles que je partageais de bonne foi avec mes associés. Je ne craignis plus, alors, de découvrir à Manon notre perte de Chaillot; et pour la consoler en lui apprenant cette fâcheuse nouvelle, je louai une maison garnie[1], où nous nous établîmes avec un air d'opulence et de sécurité.

Tiberge n'avait pas manqué, pendant ce temps-là, de me rendre de fréquentes visites. Sa morale ne finissait point. Il recommençait sans cesse à me représenter le tort que je faisais à ma conscience, à mon honneur et à ma fortune. Je recevais ses avis avec amitié; et quoique je n'eusse pas la moindre disposition à les suivre, je lui savais bon gré de son zèle, parce que j'en connaissais la source. Quelquefois je le raillais agréablement, dans la présence même de Manon, et je l'exhortais à n'être pas plus scrupuleux qu'un grand nombre d'évêques et d'autres prêtres, qui savent accorder fort bien une maîtresse avec un bénéfice. Voyez, lui disais-je, en lui montrant les yeux de la mienne; et dites-moi s'il y a des fautes qui ne soient pas justifiées par une si belle cause. Il prenait patience. Il la poussa même assez loin; mais lorsqu'il vit que mes richesses augmentaient, et que non seulement je lui avais restitué ses cent pistoles, mais qu'ayant loué une nouvelle maison et doublé ma dépense, j'allais me replonger plus que jamais dans les plaisirs, il changea entièrement de ton et de manières. Il se plaignit de mon endurcissement[2]; il me menaça des châtiments du Ciel, et il me prédit une partie des malheurs qui ne tardèrent guère à m'arriver. Il est impossible, me dit-il, que les richesses qui servent à l'entretien de vos désordres, vous soient venues par des voies légitimes[3]. Vous les avez acquises injustement; elles vous seront ravies de même. La plus terrible punition de

Notes

1. **garnie** : meublée.
2. **endurcissement** : obstination dans le mal.
3. **légitimes** : honnêtes.

Dieu serait de vous en laisser jouir tranquillement. Tous mes conseils, ajouta-t-il, vous ont été inutiles ; je ne prévois que trop qu'ils vous seraient bientôt importuns[1]. Adieu, ingrat et faible ami. Puissent vos criminels plaisirs s'évanouir comme une ombre ! Puissent votre fortune et votre argent périr sans ressource, et vous rester seul et nu, pour sentir la vanité[2] des biens qui vous ont follement enivré ! C'est alors que vous me trouverez disposé à vous aimer et à vous servir, mais je romps aujourd'hui tout commerce avec vous, et je déteste la vie que vous menez. Ce fut dans ma chambre, aux yeux de Manon, qu'il me fit cette harangue apostolique[3]. Il se leva pour se retirer. Je voulus le retenir ; mais je fus arrêté par Manon, qui me dit que c'était un fou qu'il fallait laisser sortir.

Son discours ne laissa pas de faire quelque impression sur moi. Je remarque[4] ainsi les diverses occasions où mon cœur sentit un retour vers le bien, parce que c'est à ce souvenir que j'ai dû ensuite une partie de ma force, dans les plus malheureuses circonstances de ma vie. Les caresses de Manon dissipèrent en un moment le chagrin que cette scène m'avait causé. Nous continuâmes de mener une vie toute composée de plaisir et d'amour. L'augmentation de nos richesses redoubla notre affection ; Vénus et la Fortune n'avaient point d'esclaves plus heureux et plus tendres. Dieux ! pourquoi nommer le monde un lieu de misères, puisqu'on y peut goûter de si charmantes délices[5] ! Mais, hélas ! leur faible est de passer trop vite. Quelle autre félicité voudrait-on se proposer, si elles étaient de nature à durer toujours ? Les nôtres eurent le sort commun, c'est-à-dire de durer peu, et d'être suivies par des regrets amers. J'avais fait au jeu des gains si considérables, que je pensais à placer

Notes

1. **importuns** : désagréables, indésirables.
2. **vanité** : inconsistance.
3. **harangue apostolique** : sermon, discours religieux semblable à celui d'un missionnaire.
4. **remarque** : signale.
5. Le mot *délice* est masculin au singulier et féminin au pluriel.

une partie de mon argent. Mes domestiques n'ignoraient pas mes succès, surtout mon valet de chambre et la suivante de Manon, devant lesquels nous nous entretenions souvent sans défiance. Cette fille était jolie. Mon valet en était amoureux. Ils avaient à faire à des maîtres jeunes et faciles, qu'ils s'imaginèrent pouvoir tromper aisément. Ils en conçurent le dessein, et ils l'exécutèrent si malheureusement pour nous, qu'ils nous mirent dans un état dont il ne nous a jamais été possible de nous relever.

M. Lescaut nous ayant un jour donné à souper, il était environ minuit, lorsque nous retournâmes au logis. J'appelai mon valet, et Manon sa femme de chambre ; ni l'un ni l'autre ne parurent. On nous dit qu'ils n'avaient point été vus dans la maison depuis huit heures, et qu'ils étaient sortis après avoir fait transporter quelques caisses, suivant les ordres qu'ils disaient avoir reçus de moi. Je pressentis une partie de la vérité ; mais je ne formai point de soupçons qui ne fussent surpassés par ce que j'aperçus en entrant dans ma chambre. La serrure de mon cabinet avait été forcée, et mon argent enlevé, avec tous mes habits. Dans le temps que je réfléchissais seul sur cet accident, Manon vint, tout effrayée, m'apprendre qu'on avait fait le même ravage dans son appartement. Le coup me parut si cruel, qu'il n'y eut qu'un effort extraordinaire de raison qui m'empêcha de me livrer aux cris et aux pleurs. La crainte de communiquer mon désespoir à Manon me fit affecter de prendre un visage tranquille. Je lui dis, en badinant[1], que je me vengerais sur quelque dupe, à l'hôtel de Transylvanie. Cependant elle me sembla si sensible à notre malheur, que sa tristesse eut bien plus de force pour m'affliger, que ma joie feinte n'en avait eu pour l'empêcher d'être trop abattue. Nous sommes perdus ! me dit-elle, les larmes aux yeux. Je m'efforçai en vain de la consoler par mes caresses ; mes propres pleurs trahissaient

Note

1. **badinant** : plaisantant.

mon désespoir et ma consternation. En effet nous étions ruinés si absolument, qu'il ne nous restait pas une chemise.

Je pris le parti d'envoyer chercher sur-le-champ M. Lescaut. Il me conseilla d'aller à l'heure même chez M. le Lieutenant de Police[1] et M. le Grand Prévôt[2] de Paris. J'y allai ; mais ce fut pour mon plus grand malheur ; car outre que cette démarche et celles que je fis faire à ces deux officiers de justice ne produisirent rien, je donnai le temps à Lescaut d'entretenir sa sœur, et de lui inspirer pendant mon absence une horrible résolution. Il lui parla de M. de G... M..., vieux voluptueux, qui payait prodiguement les plaisirs, et il lui fit envisager tant d'avantages à se mettre à sa solde, que troublée comme elle était par notre disgrâce, elle entra dans tout ce qu'il entreprit de lui persuader. Cet honorable marché fut conclu avant mon retour, et l'exécution remise au lendemain, après que Lescaut aurait prévenu M. de G... M... Je le trouvai qui m'attendait au logis ; mais Manon était couchée dans son appartement, et elle avait donné ordre à son laquais de me dire qu'ayant besoin d'un peu de repos, elle me priait de la laisser seule pendant cette nuit. Lescaut me quitta, après m'avoir offert quelques pistoles que j'acceptai. Il était près de quatre heures, lorsque je me mis au lit ; et m'y étant encore occupé longtemps des moyens de rétablir ma fortune, je m'endormis si tard, que je ne pus me réveiller que vers onze heures ou midi. Je me levai promptement pour aller m'informer de la santé de Manon ; on me dit qu'elle était sortie une heure auparavant avec son frère, qui l'était venu prendre dans un carrosse de louage. Quoiqu'une telle partie, faite avec Lescaut, me parût mystérieuse, je me fis violence pour suspendre mes soupçons. Je laissai couler quelques heures, que je passai à lire. Enfin, n'étant plus le maître de mon inquiétude, je me promenai à grands pas dans

Notes

1. **Lieutenant de Police** : équivalent du préfet de police actuel.

2. **Grand Prévôt** : magistrat chargé de l'administration de Paris (charge surtout honorifique).

nos appartements. J'aperçus, dans celui de Manon, une lettre cachetée qui était sur sa table. L'adresse était à moi, et l'écriture de sa main. Je l'ouvris avec un frisson mortel; elle était dans ces termes :

Je te jure, mon cher Chevalier, que tu es l'idole de mon cœur, et qu'il n'y a que toi au monde que je puisse aimer de la façon dont je t'aime; mais ne vois-tu pas, ma pauvre chère âme, que dans l'état où nous sommes réduits, c'est une sotte vertu que la fidélité? Crois-tu qu'on puisse être bien tendre lorsqu'on manque de pain? La faim me causerait quelque méprise fatale; je rendrais quelque jour le dernier soupir, en croyant en pousser un d'amour. Je t'adore, compte là-dessus; mais laisse-moi, pour quelque temps, le ménagement[1] de notre fortune. Malheur à qui va tomber dans mes filets! Je travaille pour rendre mon Chevalier riche et heureux. Mon frère t'apprendra des nouvelles de ta Manon, et qu'elle a pleuré de la nécessité de te quitter.

Je demeurai, après cette lecture, dans un état qui me serait difficile à décrire; car j'ignore encore aujourd'hui par quelle espèce de sentiments je fus alors agité. Ce fut une de ces situations uniques auxquelles on n'a rien éprouvé qui soit semblable. On ne saurait les expliquer aux autres, parce qu'ils n'en ont pas l'idée; et l'on a peine à se les bien démêler à soi-même; parce qu'étant seules de leur espèce, cela ne se lie à rien dans la mémoire, et ne peut même être rapproché d'aucun sentiment connu. Cependant, de quelque nature que fussent les miens, il est certain qu'il devait y entrer de la douleur, du dépit, de la jalousie et de la honte. Heureux s'il n'y fût pas entré encore plus d'amour! Elle m'aime, je le veux croire; mais ne faudrait-il pas, m'écriai-je, qu'elle fût un monstre pour me haïr? Quels droits eut-on jamais sur un cœur que je n'aie pas sur le sien? Que me reste-t-il à faire pour elle, après tout ce que je lui ai

Note

1. ménagement : direction, gestion.

sacrifié ? Cependant elle m'abandonne ! et l'ingrate se croit à couvert de mes reproches, en me disant qu'elle ne cesse pas de m'aimer ! Elle appréhende la faim. Dieu d'amour ! quelle grossièreté de sentiments ! et que c'est répondre mal à ma délicatesse ! Je ne l'ai pas appréhendée, moi qui m'y expose si volontiers pour elle, en renonçant à ma fortune et aux douceurs de la maison de mon père ; moi qui me suis retranché jusqu'au nécessaire, pour satisfaire ses petites humeurs et ses caprices. Elle m'adore, dit-elle. Si tu m'adorais, ingrate, je sais bien de qui tu aurais pris des conseils ; tu ne m'aurais pas quitté, du moins sans me dire adieu. C'est à moi qu'il faut demander quelles peines cruelles on sent à se séparer de ce qu'on adore. Il faudrait avoir perdu l'esprit pour s'y exposer volontairement.

Voir Méthode, p. 251.

Se préparer à l'oral du Bac

Analyse de la trahison de Manon (l. 1610 à 1650, pp. 75 à 77)

Conseils pour la lecture à haute voix

- Faites sentir la différence de ton entre la lettre de Manon et la réaction de Des Grieux.
- Faites sentir les émotions de Des Grieux : indignation, désespoir...

Explication linéaire

Introduction

Dans *Manon Lescaut* de l'abbé Prévost, paru en 1731, l'héroïne va de trahison en trahison... Il s'agit, ici, de la 2e, après une nouvelle ruine des amants. Des Grieux se trouve face à une lettre de son amante. Bien qu'elle provoque chez lui étonnement et indignation, il tente toujours de ne pas donner une image dégradée de lui-même et de son amour. Nous verrons donc comment le narrateur oppose la «*grossièreté*» de Manon à sa propre «*délicatesse*».

I. La «*grossièreté*» de Manon (l. 1610 à 1622)

1. Relevez les 2 principaux champs lexicaux qui se mêlent dans la lettre de Manon : quels sont ses motivations et ses projets ? comment s'exprime l'ambiguïté du personnage ?
2. Relevez et commentez les termes par lesquels elle s'adresse à Des Grieux ou le désigne.
3. En quoi Manon se montre-t-elle «*grossière*» dans cette lettre ?

II. Des Grieux, amoureux trahi (l. 1623 à 1634)

4. En observant le vocabulaire, les modes et la structure des phrases, montrez comment s'exprime le désarroi de Des Grieux.
5. En observant l'emploi des temps, montrez comment se marque le décalage temporel entre Des Grieux héros et Des Grieux narrateur. Dans quel dessein l'utilise-t-il ?

III. Les reproches de Des Grieux (l. 1634 à 1650)

6 Observez quelles expressions de la lettre de Manon font réagir Des Grieux. De quoi accuse-t-il Manon ?

7 Comment Des Grieux exprime-t-il le décalage entre lui et Manon ? Comprend-il Manon ? Tente-t-il de la justifier ?

8 Quelle image Des Grieux donne-t-il de lui-même et de l'amour qu'il ressent ?

Conclusion

Manon montre, ici, une image très négative d'elle-même, en révélant non seulement son infidélité, mais aussi sa *« grossièreté de sentiments »* qui choque la *« délicatesse »* du narrateur tout comme celle du lecteur ! Mais, comme dans tout le récit, Des Grieux tente de justifier son amour pour Manon par l'intensité de sa passion et la pureté de ses sentiments : la souffrance de son amour blessé peut l'assurer de la compassion et de l'indulgence du lecteur...

Grammaire

Interrogation totale et interrogation partielle

• L'interrogation est totale quand elle porte sur l'ensemble de la phrase et qu'on peut y répondre par *oui* ou par *non*. Elle s'exprime, généralement, par l'inversion du sujet, la tournure *Est-ce que* ou la simple intonation. *Ex. :* « Viens-tu ? » ; « Est-ce que tu viens ? » ; « Tu viens ? ».

• L'interrogation est partielle quand elle porte sur un élément de la phrase (sujet, COD, compléments...) et qu'on ne peut pas y répondre par *oui* ou par *non*. Elle est introduite par un mot interrogatif (pronom, adjectif, adverbe). *Ex. :* « Qui vient ? » ; « Quel enfant vient ? » ; « Quand viens-tu ? ».

9 Dans la phrase *« Que me reste-t-il à faire pour elle, après tout ce que je lui ai sacrifié ? »*, précisez la nature du terme interrogatif. S'agit-il d'une interrogation totale ou partielle ?

Mes plaintes furent interrompues par une visite à laquelle je ne m'attendais pas. Ce fut celle de Lescaut. Bourreau ! lui dis-je en mettant l'épée à la main, où est Manon ? qu'en as-tu fait ? Ce mouvement l'effraya ; il me répondit que si c'était ainsi que je le recevais, lorsqu'il venait me rendre compte du service le plus considérable qu'il eût pu me rendre, il allait se retirer, et ne remettrait jamais le pied chez moi. Je courus à la porte de la chambre, que je fermai soigneusement. Ne t'imagine pas, lui dis-je en me tournant vers lui, que tu puisses me prendre encore une fois pour dupe et me tromper par des fables[1]. Il faut défendre ta vie, ou me faire retrouver Manon. Là ! que vous êtes vif ! repartit-il ; c'est l'unique sujet qui m'amène. Je viens vous annoncer un bonheur auquel vous ne pensez pas, et pour lequel vous reconnaîtrez peut-être que vous m'avez quelque obligation. Je voulus être éclairci sur-le-champ.

Il me raconta que Manon, ne pouvant soutenir la crainte de la misère, et surtout l'idée d'être obligée tout d'un coup à la réforme de notre équipage[2], l'avait prié de lui procurer la connaissance de M. de G… M…, qui passait pour un homme généreux. Il n'eut garde de me dire que le conseil était venu de lui, ni qu'il eût préparé les voies, avant que de l'y conduire. Je l'y ai menée ce matin, continua-t-il, et cet honnête homme a été si charmé de son mérite, qu'il l'a invitée d'abord à lui tenir compagnie à sa maison de campagne, où il est allé passer quelques jours. Moi, ajouta Lescaut, qui ai pénétré[3] tout d'un coup de quel avantage cela pouvait être pour vous, je lui ai fait entendre adroitement que Manon avait essuyé des pertes considérables, et j'ai tellement piqué[4] sa générosité, qu'il a commencé par lui faire un présent de deux cents pistoles. Je lui ai dit que cela était honnête pour le présent, mais que

Notes

1. **fables** : mensonges.
2. **la réforme de notre équipage** : la réduction de notre train de vie.
3. **pénétré** : compris.
4. **piqué** : stimulé.

l'avenir amènerait à ma sœur de grands besoins ; qu'elle s'était chargée d'ailleurs du soin d'un jeune frère, qui nous était resté sur les bras après la mort de nos père et mère, et que s'il la croyait digne de son estime, il ne la laisserait pas souffrir dans ce pauvre enfant, qu'elle regardait comme la moitié d'elle-même. Ce récit n'a pas manqué de l'attendrir. Il s'est engagé à louer une maison commode, pour vous et pour Manon ; car c'est vous-même qui êtes ce pauvre petit frère orphelin. Il a promis de vous meubler proprement, et de vous fournir tous les mois quatre cents bonnes livres qui en feront, si je compte bien, quatre mille huit cents à la fin de chaque année. Il a laissé l'ordre à son intendant, avant que de partir pour sa campagne, de chercher une maison, et de la tenir prête pour son retour. Vous reverrez alors Manon, qui m'a chargé de vous embrasser mille fois pour elle, et de vous assurer qu'elle vous aime plus que jamais.

Je m'assis, en rêvant à cette bizarre disposition de mon sort. Je me trouvai dans un partage de sentiments, et par conséquent dans une incertitude si difficile à terminer, que je demeurai longtemps sans répondre à quantité de questions que Lescaut me faisait l'une sur l'autre. Ce fut dans ce moment que l'honneur et la vertu me firent sentir encore les pointes du remords, et que je jetai les yeux en soupirant vers Amiens, vers la maison de mon père, vers Saint-Sulpice et vers tous les lieux où j'avais vécu dans l'innocence. Par quel immense espace n'étais-je pas séparé de cet heureux état ! Je ne le voyais plus que de loin, comme une ombre qui s'attirait encore mes regrets et mes désirs, mais trop faible pour exciter mes efforts. Par quelle fatalité, disais-je, suis-je devenu si criminel ? L'amour est une passion innocente ; comment s'est-il changé, pour moi, en une source de misères et de désordres ? Qui m'empêchait de vivre tranquille et vertueux avec Manon ? Pourquoi ne l'épousai-je point avant que d'obtenir rien de son amour ? Mon père, qui m'aimait si tendrement, n'y aurait-il pas consenti, si je l'en eusse pressé avec des instances[1] légitimes ? Ah ! mon père l'aurait chérie lui-même, comme une fille charmante, trop digne d'être la femme de son fils ; je serais heureux avec l'amour de Manon, avec l'affection de mon père, avec l'estime des honnêtes gens, avec les biens de la fortune et la tranquillité de la vertu. Revers funeste ! Quel est l'infâme personnage qu'on vient ici me proposer ? Quoi ! j'irais partager... Mais y a-t-il à balancer, si c'est Manon qui l'a réglé, et si je la perds sans cette complaisance ? Monsieur Lescaut, m'écriai-je en fermant les yeux, comme pour écarter de si chagrinantes réflexions, si vous avez eu dessein de me servir, je vous rends grâces. Vous auriez pu prendre une voie plus honnête ; mais c'est une chose finie[2], n'est-ce pas ? Ne pensons donc plus qu'à profiter de vos soins et à remplir votre projet. Lescaut, à qui ma colère, suivie d'un fort silence, avait causé de l'embarras, fut ravi de me voir prendre un parti tout différent de celui qu'il avait appréhendé sans doute ; il n'était rien moins que brave, et j'en eus de meilleures preuves dans la suite. Oui, oui, se hâta-t-il de me répondre, c'est un fort bon service que je vous ai rendu, et vous verrez que nous en tirerons plus d'avantage que vous ne vous y attendez. Nous concertâmes de quelle manière nous pourrions prévenir les défiances que M. de G... M... pouvait concevoir de notre fraternité, en me voyant plus grand et un peu plus âgé peut-être qu'il ne se l'imaginait. Nous ne trouvâmes point d'autre moyen, que de prendre devant lui un air simple et provincial, et de lui faire croire que j'étais dans le dessein d'entrer dans l'état ecclésiastique, et que j'allais pour cela tous les jours au collège. Nous résolûmes aussi que je me mettrais[3] fort mal, la première fois que je serais admis à l'honneur de le saluer. Il revint à la ville trois ou quatre jours après ; il conduisit lui-même Manon dans la maison que son intendant avait eu soin de préparer. Elle fit avertir aussi-

Notes

1. **instances** : demandes.
2. **finie** : accomplie.
3. **me mettrais** : m'habillerais.

tôt Lescaut de son retour; et celui-ci m'en ayant donné avis, nous nous rendîmes tous deux chez elle. Le vieil amant en était déjà sorti. Malgré la résignation avec laquelle je m'étais soumis à ses volontés, je ne pus réprimer le murmure de mon cœur en la revoyant. Je lui parus triste et languissant. La joie de la retrouver ne l'emportait pas tout à fait sur le chagrin de son infidélité. Elle, au contraire, paraissait transportée du plaisir de me revoir. Elle me fit des reproches de ma froideur. Je ne pus m'empêcher de laisser échapper les noms de perfide et d'infidèle, que j'accompagnai d'autant de soupirs. Elle me railla d'abord de ma simplicité; mais, lorsqu'elle vit mes regards s'attacher toujours tristement sur elle, et la peine que j'avais à digérer un changement si contraire à mon humeur et à mes désirs, elle passa seule dans son cabinet. Je la suivis un moment après. Je l'y trouvai toute en pleurs. Je lui demandai ce qui les causait. Il t'est bien aisé de le voir, me dit-elle; comment veux-tu que je vive, si ma vue n'est plus propre qu'à te causer un air sombre et chagrin? Tu ne m'as pas fait une seule caresse, depuis une heure que tu es ici, et tu as reçu les miennes avec la majesté du Grand Turc au Sérail[1].

Écoutez, Manon, lui répondis-je en l'embrassant, je ne puis vous cacher que j'ai le cœur mortellement affligé. Je ne parle point à présent des alarmes où votre fuite imprévue m'a jeté, ni de la cruauté que vous avez eue de m'abandonner sans un mot de consolation, après avoir passé la nuit dans un autre lit que moi. Le charme de votre présence m'en ferait bien oublier davantage. Mais croyez-vous que je puisse penser sans soupirs, et même sans larmes, continuai-je en en versant quelques-unes, à la triste et malheureuse vie que vous voulez que je mène dans cette maison? Laissons ma naissance et mon honneur à part : ce ne sont plus des raisons si faibles qui doivent entrer en concurrence avec un amour tel que le mien; mais

Note

1. **Grand Turc au Sérail** : sultan de l'Empire ottoman dans son palais.

cet amour même, ne vous imaginez-vous pas qu'il gémit de se voir si mal récompensé, ou plutôt traité si cruellement par une ingrate et dure maîtresse... Elle m'interrompit : Tenez, dit-elle, mon Chevalier, il est inutile de me tourmenter par des reproches qui me percent le cœur, lorsqu'ils viennent de vous. Je vois ce qui vous blesse. J'avais espéré que vous consentiriez au projet que j'avais fait pour rétablir un peu notre fortune, et c'était pour ménager votre délicatesse que j'avais commencé à l'exécuter sans votre participation ; mais j'y renonce, puisque vous ne l'approuvez pas. Elle ajouta qu'elle ne me demandait qu'un peu de complaisance, pour le reste du jour ; qu'elle avait déjà reçu deux cents pistoles de son vieil amant, et qu'il lui avait promis de lui apporter le soir un beau collier de perles avec d'autres bijoux, et par-dessus cela la moitié de la pension annuelle qu'il lui avait promise. Laissez-moi seulement le temps, me dit-elle, de recevoir ses présents ; je vous jure qu'il ne pourra se vanter des avantages que je lui ai donnés sur moi, car je l'ai remis jusqu'à présent à la ville[1]. Il est vrai qu'il m'a baisé plus d'un million de fois les mains ; il est juste qu'il paie ce plaisir, et ce ne sera point trop que cinq ou six mille francs, en proportionnant le prix à ses richesses et à son âge.

Sa résolution me fut beaucoup plus agréable que l'espérance des cinq mille livres. J'eus lieu de reconnaître que mon cœur n'avait point encore perdu tout sentiment d'honneur, puisqu'il était satisfait d'échapper à l'infamie. Mais j'étais né pour les courtes joies et les longues douleurs. La Fortune ne me délivra d'un précipice que pour me faire tomber dans un autre. Lorsque j'eus marqué à Manon, par mille caresses, combien je me croyais heureux de son changement, je lui dis qu'il fallait en instruire M. Lescaut, afin que nos mesures se prissent de concert. Il en murmura d'abord ; mais les quatre ou cinq mille livres d'argent comptant le firent entrer gaiement dans nos

Note

1. Elle lui a promis de se donner à lui une fois qu'ils seront installés en ville.

vues. Il fut donc réglé que nous nous trouverions tous à souper avec M. de G… M…, et cela pour deux raisons : l'une, pour nous donner le plaisir d'une scène agréable, en me faisant passer pour un écolier, frère de Manon ; l'autre, pour empêcher ce vieux libertin de s'émanciper[1] trop avec ma maîtresse, par le droit qu'il croirait s'être acquis en payant si libéralement[2] d'avance. Nous devions nous retirer, Lescaut et moi, lorsqu'il monterait à la chambre où il comptait de[3] passer la nuit ; et Manon, au lieu de le suivre, nous promit de sortir, et de la venir passer avec moi. Lescaut se chargea du soin d'avoir exactement un carrosse à la porte.

L'heure du souper étant venue, M. de G… M… ne se fit pas attendre longtemps. Lescaut était avec sa sœur dans la salle. Le premier compliment du vieillard fut d'offrir à sa belle un collier, des bracelets et des pendants de perles, qui valaient au moins mille écus. Il lui compta ensuite, en beaux louis d'or, la somme de deux mille quatre cents livres, qui faisaient la moitié de la pension. Il assaisonna son présent de quantité de douceurs, dans le goût de la vieille Cour. Manon ne put lui refuser quelques baisers ; c'était autant de droits qu'elle acquérait sur l'argent qu'il lui mettait entre les mains. J'étais à la porte, où je prêtais l'oreille, en attendant que Lescaut m'avertît d'entrer.

Il vint me prendre par la main, lorsque Manon eut serré l'argent et les bijoux, et me conduisant vers M. de G… M…, il m'ordonna de lui faire la révérence[4]. J'en fis deux ou trois des plus profondes. Excusez Monsieur, lui dit Lescaut, c'est un enfant fort neuf[5]. Il est bien éloigné, comme vous voyez, d'avoir les airs de Paris ; mais nous espérons qu'un peu d'usage le façonnera. Vous aurez l'honneur de voir ici souvent Monsieur, ajouta-t-il en se tournant vers moi ; faites bien votre profit

Notes

1. **s'émanciper** : prendre des libertés.
2. **libéralement** : généreusement.
3. On dirait maintenant : « comptait passer ».
4. **faire la révérence** : s'incliner devant quelqu'un en signe de respect.
5. **neuf** : novice, sans expérience.

« Des Grieux présenté à G… M… comme le frère de Manon »,
gravure d'Hubert Gravelot (1753).

d'un si bon modèle. Le vieil amant parut prendre plaisir à me voir. Il me donna deux ou trois petits coups sur la joue, en me disant que j'étais un joli garçon, mais qu'il fallait être sur mes gardes à Paris, où les jeunes gens se laissent aller facilement à la débauche. Lescaut l'assura que j'étais naturellement si sage, que je ne parlais que de me faire prêtre, et que tout mon plaisir était à faire de petites chapelles[1]. Je lui trouve l'air de Manon, reprit le vieillard en me haussant le menton avec la main. Je répondis d'un air niais : Monsieur, c'est que nos deux chairs se touchent de bien proche ; aussi j'aime ma sœur Manon comme un autre moi-même. L'entendez-vous ? dit-il à Lescaut. Il a de l'esprit. C'est dommage que cet enfant-là n'ait pas un peu plus de monde[2]. Ho, Monsieur, repris-je, j'en ai vu beaucoup chez nous dans les églises, et je crois bien que j'en trouverai à Paris de plus sots que moi. Voyez, ajouta-t-il, cela est admirable pour un enfant de province. Toute notre conversation fut à peu près du même goût pendant le souper. Manon, qui était badine[3], fut sur le point, plusieurs fois, de gâter tout par ses éclats de rire. Je trouvai l'occasion, en soupant, de lui raconter sa propre histoire, et le mauvais sort qui le menaçait. Lescaut et Manon tremblaient pendant mon récit, surtout lorsque je faisais son portrait au naturel ; mais l'amour-propre l'empêcha de s'y reconnaître, et je l'achevai si adroitement qu'il fut le premier à le trouver fort risible. Vous verrez que ce n'est pas sans raison que je me suis étendu sur cette ridicule scène. Enfin l'heure du sommeil étant arrivée, il parla d'amour et d'impatience. Nous nous retirâmes, Lescaut et moi ; on le conduisit à sa chambre ; et Manon, étant sortie sous prétexte d'un besoin, nous vint joindre à la porte. Le carrosse, qui nous attendait

Notes

1. faire de petites chapelles : orner de fleurs des autels.

2. n'ait pas un peu plus de monde : ne connaisse pas plus les usages de la bonne société.

3. était badine : aimait rire.

trois ou quatre maisons plus bas, s'avança pour nous recevoir. Nous nous éloignâmes en un instant du quartier.

Quoiqu'à mes propres yeux, cette action fût une véritable friponnerie, ce n'était pas la plus injuste que je crusse avoir à me reprocher. J'avais plus de scrupule sur l'argent que j'avais acquis au jeu. Cependant nous profitâmes aussi peu de l'un que de l'autre, et le Ciel permit que la plus légère de ces deux injustices fût la plus rigoureusement punie.

M. de G... M... ne tarda pas longtemps à s'apercevoir qu'il était dupé. Je ne sais s'il fit, dès le soir même, quelques démarches pour nous découvrir, mais il eut assez de crédit[1] pour n'en pas faire longtemps d'inutiles, et nous assez d'imprudence pour compter trop sur la grandeur de Paris, et sur l'éloignement qu'il y avait de notre quartier au sien. Non seulement il fut informé de notre demeure et de nos affaires présentes, mais il apprit aussi qui j'étais, la vie que j'avais menée à Paris, l'ancienne liaison de Manon avec B..., la tromperie qu'elle lui avait faite ; en un mot, toutes les parties scandaleuses de notre histoire. Il prit là-dessus la résolution de nous faire arrêter, et de nous traiter moins comme des criminels que comme de fieffés[2] libertins. Nous étions encore au lit, lorsqu'un exempt de police[3] entra dans notre chambre avec une demi-douzaine de gardes. Ils se saisirent d'abord de notre argent, ou plutôt de celui de M. de G... M..., et nous ayant fait lever brusquement, ils nous conduisirent à la porte, où nous trouvâmes deux carrosses, dans l'un desquels la pauvre Manon fut enlevée sans explication, et moi traîné dans l'autre à Saint-Lazare[4]. Il faut avoir éprouvé de tels revers, pour juger du désespoir qu'ils peuvent causer. Nos gardes eurent la dureté de ne me pas permettre d'embrasser Manon, ni de lui dire une parole. J'ignorai

Notes

1. **crédit** : influence.
2. **fieffés** : parfaits.
3. **exempt de police** : officier de police qui présidait aux arrestations.
4. Institution tenue par des religieux (les lazaristes) qui y gardaient emprisonnés des jeunes gens de bonne famille pour les remettre dans le droit chemin.

longtemps ce qu'elle était devenue. Ce fut sans doute un bonheur pour moi de ne l'avoir pas su d'abord, car une catastrophe si terrible m'aurait fait perdre le sens, et peut-être la vie.

Ma malheureuse maîtresse fut donc enlevée, à mes yeux, et menée dans une retraite que j'ai horreur de nommer. Quel sort pour une créature toute charmante, qui eût occupé le premier trône du monde, si tous les hommes eussent eu mes yeux et mon cœur! On ne l'y traita pas barbarement; mais elle fut resserrée dans une étroite prison, seule, et condamnée à remplir tous les jours une certaine tâche de travail, comme une condition nécessaire pour obtenir quelque dégoûtante nourriture. Je n'appris ce triste détail que longtemps après, lorsque j'eus essuyé moi-même plusieurs mois d'une rude et ennuyeuse pénitence. Mes gardes ne m'ayant point averti non plus du lieu où ils avaient ordre de me conduire, je ne connus mon destin qu'à la porte de Saint-Lazare. J'aurais préféré la mort, dans ce moment, à l'état où je me crus prêt de tomber. J'avais de terribles idées de cette maison. Ma frayeur augmenta, lorsqu'en entrant, les gardes visitèrent une seconde fois mes poches, pour s'assurer qu'il ne me restait ni armes, ni moyen de défense. Le Supérieur parut à l'instant; il était prévenu sur mon arrivée. Il me salua avec beaucoup de douceur. Mon Père, lui dis-je, point d'indignités. Je perdrai mille vies, avant que d'en souffrir une. Non, non, Monsieur, me répondit-il; vous prendrez une conduite sage, et nous serons contents l'un de l'autre. Il me pria de monter dans une chambre haute. Je le suivis sans résistance. Les archers nous accompagnèrent jusqu'à la porte; et le Supérieur, y étant entré avec moi, leur fit signe de se retirer.

Je suis donc votre prisonnier! lui dis-je. Eh bien, mon Père, que prétendez-vous faire de moi? Il me dit qu'il était charmé de me voir prendre un ton raisonnable; que son devoir serait de travailler à m'inspirer le goût de la vertu et de la religion, et le mien, de profiter de ses exhortations et de ses conseils; que pour peu que je voulusse répondre aux attentions qu'il aurait pour moi, je ne trouverais que du plaisir dans ma solitude. Ah ! du plaisir, repris-je ; vous ne savez pas, mon Père, l'unique chose qui est capable de m'en faire goûter ! Je le sais, reprit-il ; mais j'espère que votre inclination changera. Sa réponse me fit comprendre qu'il était instruit de mes aventures, et peut-être de mon nom. Je le priai de m'éclaircir. Il me dit naturellement qu'on l'avait informé de tout.

Cette connaissance fut le plus rude de tous mes châtiments. Je me mis à verser un ruisseau de larmes, avec toutes les marques d'un affreux désespoir. Je ne pouvais me consoler d'une humiliation qui allait me rendre la fable[1] de toutes les personnes de ma connaissance, et la honte de ma famille. Je passai ainsi huit jours dans le plus profond abattement, sans être capable de rien entendre, ni de m'occuper d'autre chose que de mon opprobre[2]. Le souvenir même de Manon n'ajoutait rien à ma douleur. Il n'y entrait, du moins, que comme un sentiment qui avait précédé cette nouvelle peine, et la passion dominante de mon âme était la honte et la confusion. Il y a peu de personnes qui connaissent la force de ces mouvements particuliers du cœur. Le commun des hommes n'est sensible qu'à cinq ou six passions, dans le cercle desquelles leur vie se passe, et où toutes leurs agitations se réduisent. Ôtez-leur l'amour et la haine, le plaisir et la douleur, l'espérance et la crainte, ils ne sentent plus rien. Mais les personnes d'un caractère plus noble peuvent être remuées de mille façons différentes ; il semble qu'elles aient plus de cinq sens, et qu'elles puissent recevoir des idées et des sensations qui passent les bornes ordinaires de la nature. Et comme elles ont un sentiment de cette grandeur qui les élève au-dessus du vulgaire[3], il n'y a rien dont elles soient plus jalouses. De là vient qu'elles souffrent si impatiem-

Notes

1. **fable** : objet de moquerie.
2. **opprobre** : déshonneur.
3. **vulgaire** : commun des mortels.

ment le mépris et la risée, et que la honte est une de leurs plus violentes passions.

J'avais ce triste avantage à Saint-Lazare. Ma tristesse parut si excessive au Supérieur, qu'en appréhendant les suites, il crut devoir me traiter avec beaucoup de douceur et d'indulgence. Il me visitait deux ou trois fois le jour. Il me prenait souvent avec lui, pour faire un tour de jardin, et son zèle s'épuisait en exhortations et en avis salutaires. Je les recevais avec douceur. Je lui marquais même de la reconnaissance. Il en tirait l'espoir de ma conversion. Vous êtes d'un naturel si doux et si aimable, me dit-il un jour, que je ne puis comprendre les désordres dont on vous accuse. Deux choses m'étonnent : l'une, comment, avec de si bonnes qualités, vous avez pu vous livrer à l'excès du libertinage ; et l'autre, que j'admire encore plus, comment vous recevez si volontiers mes conseils et mes instructions, après avoir vécu plusieurs années dans l'habitude du désordre. Si c'est repentir, vous êtes un exemple signalé des miséricordes du Ciel ; si c'est bonté naturelle, vous avez du moins un excellent fond de caractère, qui me fait espérer que nous n'aurons pas besoin de vous retenir ici longtemps, pour vous ramener à une vie honnête et réglée. Je fus ravi de lui voir cette opinion de moi. Je résolus de l'augmenter par une conduite qui pût le satisfaire entièrement, persuadé que c'était le plus sûr moyen d'abréger ma prison. Je lui demandai des livres. Il fut surpris que m'ayant laissé le choix de ceux que je voulais lire, je me déterminai pour quelques auteurs sérieux. Je feignis de m'appliquer à l'étude avec le dernier attachement, et je lui donnai ainsi, dans toutes les occasions, des preuves du changement qu'il désirait.

Cependant il n'était qu'extérieur. Je dois le confesser à ma honte, je jouai, à Saint-Lazare, un personnage d'hypocrite. Au lieu d'étudier, quand j'étais seul, je ne m'occupais qu'à gémir de ma destinée. Je maudissais ma prison et la tyrannie qui m'y retenait. Je n'eus pas plus tôt quelque relâche du côté de cet accablement où m'avait jeté la confusion, que je retombai dans les tourments de l'amour. L'absence de Manon, l'incertitude de son sort, la crainte de ne la revoir jamais étaient l'unique objet de mes tristes méditations. Je me la figurais dans les bras de G… M… ; car c'était la pensée que j'avais eue d'abord ; et loin de m'imaginer qu'il lui eût fait le même traitement qu'à moi, j'étais persuadé qu'il ne m'avait fait éloigner que pour la posséder tranquillement. Je passais ainsi des jours et des nuits, dont la longueur me paraissait éternelle. Je n'avais d'espérance que dans le succès de mon hypocrisie. J'observais soigneusement le visage et les discours du Supérieur, pour m'assurer de ce qu'il pensait de moi ; et je me faisais une étude de[1] lui plaire, comme à l'arbitre de ma destinée. Il me fut aisé de reconnaître que j'étais parfaitement dans ses bonnes grâces. Je ne doutai plus qu'il ne fût disposé à me rendre service. Je pris un jour la hardiesse de lui demander si c'était de lui que mon élargissement[2] dépendait. Il me dit qu'il n'en était pas absolument le maître, mais que sur son témoignage, il espérait que M. de G… M…, à la sollicitation duquel M. le Lieutenant général de Police m'avait fait renfermer, consentirait à me rendre la liberté. Puis-je me flatter[3], repris-je doucement, que deux mois de prison, que j'ai déjà essuyés, lui paraîtront une expiation suffisante ? Il me promit de lui en parler, si je le souhaitais. Je le priai instamment de me rendre ce bon office[4]. Il m'apprit, deux jours après, que G… M… avait été si touché du bien qu'il avait entendu de moi, que non seulement il paraissait être dans le dessein de me laisser voir le jour, mais qu'il avait même marqué beaucoup d'envie de me connaître plus particulièrement, et qu'il se proposait de me rendre une visite dans ma prison. Quoique sa présence ne pût m'être agréable, je la regardai comme un acheminement prochain à ma liberté.

Notes

1. **je me faisais une étude de** : je m'appliquais à.
2. **élargissement** : libération.
3. **me flatter** : avoir l'espoir.
4. **ce bon office** : ce service.

Il vint effectivement à Saint-Lazare. Je lui trouvai l'air plus grave et moins sot qu'il ne l'avait eu dans la maison de Manon. Il me tint quelques discours de bon sens sur ma mauvaise conduite. Il ajouta, pour justifier apparemment ses propres désordres, qu'il était permis à la faiblesse des hommes de se procurer certains plaisirs que la nature exige, mais que la friponnerie et les artifices[1] honteux méritaient d'être punis. Je l'écoutai avec un air de soumission dont il parut satisfait. Je ne m'offensai pas même de lui entendre lâcher quelques railleries sur ma fraternité avec Lescaut et Manon, et sur les petites chapelles dont il supposait, me dit-il, que j'avais dû faire un grand nombre à Saint-Lazare, puisque je trouvais tant de plaisir à cette pieuse occupation. Mais il lui échappa, malheureusement pour lui et pour moi-même, de me dire que Manon en aurait fait aussi, sans doute, de fort jolies à l'Hôpital[2]. Malgré le frémissement que le nom d'Hôpital me causa, j'eus encore le pouvoir de le prier, avec douceur, de s'expliquer. Hé oui! reprit-il, il y a deux mois qu'elle apprend la sagesse à l'Hôpital général, et je souhaite qu'elle en ait tiré autant de profit que vous à Saint-Lazare.

Quand j'aurais eu[3] une prison éternelle, ou la mort même présente à mes yeux, je n'aurais pas été le maître de mon transport, à cette affreuse nouvelle. Je me jetai sur lui avec une si furieuse rage, que j'en perdis la moitié de mes forces. J'en eus assez néanmoins pour le renverser par terre, et pour le prendre à la gorge. Je l'étranglais, lorsque le bruit de sa chute, et quelques cris aigus, que je lui laissais à peine la liberté de pousser, attirèrent le Supérieur et plusieurs religieux dans ma chambre. On le délivra de mes mains. J'avais presque perdu moi-même la force et la respiration. Ô Dieu? m'écriai-je, en

Notes

1. **artifices** : tromperies, manigances.
2. L'hôpital de la Salpêtrière, alors prison pour femmes, avait une sinistre réputation.
3. **Quand j'aurais eu** : même si j'avais eu.

poussant mille soupirs ; justice du Ciel ! faut-il que je vive un moment, après une telle infamie ? Je voulus me jeter encore sur le barbare qui venait de m'assassiner. On m'arrêta. Mon désespoir, mes cris et mes larmes passaient[1] toute imagination. Je fis des choses si étonnantes que tous les assistants, qui en ignoraient la cause, se regardaient les uns les autres avec autant de frayeur que de surprise. M. de G... M... rajustait pendant ce temps-là sa perruque et sa cravate ; et dans le dépit d'avoir été si maltraité, il ordonnait au Supérieur de me resserrer plus étroitement que jamais, et de me punir par tous les châtiments qu'on sait être propres à Saint-Lazare. Non, Monsieur, lui dit le Supérieur ; ce n'est point avec une personne de la naissance de M. le Chevalier, que nous en usons de cette manière. Il est si doux, d'ailleurs, et si honnête, que j'ai peine à comprendre qu'il se soit porté à cet excès sans de fortes raisons. Cette réponse acheva de déconcerter M. de G... M... Il sortit en disant qu'il saurait faire plier et le Supérieur et moi, et tous ceux qui oseraient lui résister.

Le Supérieur, ayant ordonné à ses religieux de le conduire, demeura seul avec moi. Il me conjura de lui apprendre promptement d'où venait ce désordre. Ô mon Père, lui dis-je, en continuant de pleurer comme un enfant, figurez-vous la plus horrible cruauté, imaginez-vous la plus détestable de toutes les barbaries : c'est l'action que l'indigne G... M... a eu la lâcheté de commettre. Oh ! il m'a percé le cœur. Je n'en reviendrai jamais. Je veux vous raconter tout, ajoutai-je en sanglotant. Vous êtes bon, vous aurez pitié de moi. Je lui fis un récit abrégé de la longue et insurmontable passion que j'avais pour Manon, de la situation florissante de notre fortune avant que nous eussions été dépouillés par nos propres domestiques, des offres que G... M... avait faites à ma maîtresse, de la conclusion de leur marché et de la manière dont il avait été rompu.

Note

1. **passaient** : dépassaient.

Je lui représentai les choses, à la vérité, du côté le plus favorable pour nous : Voilà, continuai-je, de quelle source est venu le zèle de M. de G… M… pour ma conversion. Il a eu le crédit[1] de me faire ici renfermer par un pur motif de vengeance. Je lui pardonne ; mais, mon Père, ce n'est pas tout ; il a fait enlever cruellement la plus chère moitié de moi-même ; il l'a fait mettre honteusement à l'Hôpital ; il a eu l'impudence[2] de me l'annoncer aujourd'hui de sa propre bouche. À l'Hôpital, mon Père ! Ô Ciel ! ma charmante maîtresse, ma chère reine à l'Hôpital, comme la plus infâme de toutes les créatures ! Où trouverai-je assez de force pour ne pas mourir de douleur et de honte ? Le bon Père, me voyant dans cet excès d'affliction, entreprit de me consoler. Il me dit qu'il n'avait jamais compris mon aventure de la manière dont je la racontais ; qu'il avait su, à la vérité, que je vivais dans le désordre, mais qu'il s'était figuré que ce qui avait obligé M. de G… M… d'y prendre intérêt, était quelque liaison d'estime et d'amitié avec ma famille ; qu'il ne s'en était expliqué à lui-même que sur ce pied[3] ; que ce que je venais de lui apprendre mettrait beaucoup de changement dans mes affaires, et qu'il ne doutait point que le récit fidèle qu'il avait dessein d'en faire à M. le Lieutenant général de Police ne pût contribuer à ma liberté. Il me demanda ensuite pourquoi je n'avais pas encore pensé à donner de mes nouvelles à ma famille, puisqu'elle n'avait point eu de part à ma captivité. Je satisfis à cette objection par quelques raisons prises de la douleur que j'avais appréhendé de causer à mon père, et de la honte que j'en aurais ressentie moi-même. Enfin il me promit d'aller de ce pas chez le Lieutenant de Police, ne serait-ce, ajouta-t-il, que pour prévenir quelque chose de pis, de la part de M. de G… M…, qui est sorti de cette maison fort mal satisfait, et qui est assez considéré pour se faire redouter.

Notes

1. **crédit** : pouvoir.
2. **impudence** : insolence.
3. **sur ce pied** : dans ce sens.

J'attendis le retour du Père avec toutes les agitations d'un malheureux qui touche au moment de sa sentence. C'était pour moi un supplice inexprimable, de me représenter Manon à l'Hôpital. Outre l'infamie de cette demeure, j'ignorais de quelle manière elle y était traitée ; et le souvenir de quelques particularités que j'avais entendues de cette maison d'horreur, renouvelait à tous moments mes transports. J'étais tellement résolu de la secourir, à quelque prix et par quelque moyen que ce pût être, que j'aurais mis le feu à Saint-Lazare, s'il m'eût été impossible d'en sortir autrement. Je réfléchis donc sur les voies que j'avais à prendre, s'il arrivait que le Lieutenant général de Police continuât de m'y retenir malgré moi. Je mis mon industrie à toutes les épreuves ; je parcourus toutes les possibilités. Je ne vis rien qui pût m'assurer d'une évasion certaine, et je craignis d'être renfermé plus étroitement, si je faisais une tentative malheureuse. Je me rappelai le nom de quelques amis, de qui je pouvais espérer du secours ; mais quel moyen de leur faire savoir ma situation ? Enfin, je crus avoir formé un plan si adroit qu'il pourrait réussir ; et je remis à l'arranger encore mieux après le retour du Père Supérieur, si l'inutilité de sa démarche me le rendait nécessaire. Il ne tarda point à revenir. Je ne vis pas, sur son visage, les marques de joie qui accompagnent une bonne nouvelle. J'ai parlé, me dit-il, à M. le Lieutenant général de Police, mais je lui ai parlé trop tard. M. de G… M… l'est allé voir en sortant d'ici, et l'a si fort prévenu contre vous, qu'il était sur le point de m'envoyer de nouveaux ordres, pour vous resserrer davantage.

Cependant, lorsque je lui ai appris le fond de vos affaires, il a paru s'adoucir beaucoup, et riant un peu de l'incontinence[1] du vieux M. de G… M…, il m'a dit qu'il fallait vous laisser ici six mois pour le satisfaire ; d'autant mieux, a-t-il dit, que cette demeure ne saurait vous être inutile. Il m'a recommandé de

Note

1. **incontinence** : manque de retenue dans les plaisirs.

vous traiter honnêtement, et je vous réponds que vous ne vous plaindrez point de mes manières.

Cette explication du bon Supérieur fut assez longue pour me donner le temps de faire une sage réflexion. Je conçus que je m'exposerais à renverser mes desseins, si je lui marquais trop d'empressement pour ma liberté. Je lui témoignai au contraire que, dans la nécessité de demeurer, c'était une douce consolation pour moi d'avoir quelque part à son estime. Je le priai ensuite, sans affectation, de m'accorder une grâce, qui n'était de nulle importance pour personne, et qui servirait beaucoup à ma tranquillité : c'était de faire avertir un de ses amis, un saint ecclésiastique qui demeurait à Saint-Sulpice, que j'étais à Saint-Lazare, et de permettre que je reçusse quelquefois sa visite. Cette faveur me fut accordée sans délibérer. C'était mon ami Tiberge dont il était question ; non que j'espérasse de lui les secours nécessaires pour ma liberté ; mais je voulais l'y faire servir comme un instrument éloigné, sans qu'il en eût même connaissance. En un mot voici mon projet : je voulais écrire à Lescaut et le charger, lui et nos amis communs, du soin de me délivrer. La première difficulté était de lui faire tenir ma lettre ; ce devait être l'office de Tiberge. Cependant, comme il le connaissait pour le frère de ma maîtresse, je craignais qu'il n'eût peine à se charger de cette commission. Mon dessein était de renfermer ma lettre à Lescaut dans une autre lettre, que je devais adresser à un honnête homme de ma connaissance, en le priant de rendre promptement la première à son adresse ; et comme il était nécessaire que je visse Lescaut pour nous accorder dans nos mesures, je voulais lui marquer de venir à Saint-Lazare, et de demander à me voir sous le nom de mon frère aîné, qui était venu exprès à Paris pour prendre connaissance de mes affaires. Je remettais à convenir, avec lui, des moyens qui nous paraîtraient les plus expéditifs et les plus sûrs. Le Père Supérieur fit avertir Tiberge du désir que j'avais de l'entretenir. Ce fidèle ami ne m'avait pas tellement perdu de vue, qu'il ignorât[1] mon aventure; il savait que j'étais à Saint-Lazare, et peut-être n'avait-il pas été fâché de cette disgrâce qu'il croyait capable de me ramener au devoir. Il accourut aussitôt à ma chambre.

Notre entretien fut plein d'amitié. Il voulut être informé de mes dispositions. Je lui ouvris mon cœur sans réserve, excepté sur le dessein de ma fuite. Ce n'est pas à vos yeux, cher ami, lui dis-je, que je veux paraître ce que je ne suis point. Si vous avez cru trouver ici un ami sage et réglé dans ses désirs, un libertin réveillé par les châtiments du Ciel, en un mot un cœur dégagé de l'amour et revenu des charmes de sa Manon, vous avez jugé trop favorablement de moi. Vous me revoyez tel que vous me laissâtes il y a quatre mois : toujours tendre, et toujours malheureux par cette fatale tendresse dans laquelle je ne me lasse point de chercher mon bonheur.

Il me répondit que l'aveu que je faisais me rendait inexcusable; qu'on voyait bien des pécheurs qui s'enivraient du faux bonheur du vice jusqu'à le préférer hautement à celui de la vertu; mais que c'était du moins à des images de bonheur qu'ils s'attachaient, et qu'ils étaient les dupes de l'apparence; mais que de reconnaître, comme je le faisais, que l'objet de mes attachements n'était propre qu'à me rendre coupable et malheureux, et de continuer à me précipiter volontairement dans l'infortune et dans le crime, c'était une contradiction d'idées et de conduite qui ne faisait pas honneur à ma raison.

Tiberge, repris-je, qu'il vous est aisé de vaincre, lorsqu'on n'oppose rien à vos armes! Laissez-moi raisonner à mon tour. Pouvez-vous prétendre que ce que vous appelez le bonheur de la vertu soit exempt de peines, de traverses[2] et d'inquiétudes? Quel nom donnerez-vous à la prison, aux croix, aux supplices et aux tortures des tyrans? Direz-vous, comme font les mystiques, que ce qui tourmente le corps est un bonheur pour

Notes

1. **tellement perdu de vue, qu'il ignorât :** perdu de vue, au point d'ignorer.

2. **traverses :** obstacles.

l'âme ? Vous n'oseriez le dire ; c'est un paradoxe[1] insoutenable. Ce bonheur que vous relevez tant, est donc mêlé de mille peines ; ou pour parler plus juste, ce n'est qu'un tissu de malheurs, au travers desquels on tend à la félicité. Or, si la force de l'imagination fait trouver du plaisir dans ces maux mêmes, parce qu'ils peuvent conduire à un terme heureux qu'on espère, pourquoi traitez-vous de contradictoire et d'insensée, dans ma conduite, une disposition toute semblable ? J'aime Manon ; je tends au travers de mille douleurs à vivre heureux et tranquille auprès d'elle. La voie par où je marche est malheureuse ; mais l'espérance d'arriver à mon terme y répand toujours de la douceur ; et je me croirai trop bien payé, par un moment passé avec elle, de tous les chagrins que j'essuie pour l'obtenir. Toutes choses me paraissent donc égales de votre côté et du mien ; ou s'il y a quelque différence, elle est encore à mon avantage, car le bonheur que j'espère est proche, et l'autre est éloigné ; le mien est de la nature des peines, c'est-à-dire sensible au corps, et l'autre est d'une nature inconnue, qui n'est certaine que par la foi.

Tiberge parut effrayé de ce raisonnement. Il recula de deux pas, en me disant, de l'air le plus sérieux, que non seulement ce que je venais de dire blessait le bon sens, mais que c'était un malheureux sophisme[2] d'impiété et d'irréligion : car cette comparaison, ajouta-t-il, du terme de vos peines avec celui qui est proposé par la religion, est une idée des plus libertines et des plus monstrueuses.

J'avoue, repris-je, qu'elle n'est pas juste ; mais prenez-y garde, ce n'est pas sur elle que porte mon raisonnement. J'ai eu dessein d'expliquer ce que vous regardez comme une contradiction dans la persévérance d'un amour malheureux ; et je crois avoir fort bien prouvé que si c'en est une, vous ne sauriez vous en sauver plus que moi. C'est à cet égard seulement que j'ai

Notes

1. **paradoxe** : opinion contraire à la raison ou à l'opinion commune.

2. **sophisme** : raisonnement faux, sous de belles apparences.

traité les choses d'égales, et je soutiens encore qu'elles le sont. Répondrez-vous que le terme de la vertu est infiniment supérieur à celui de l'amour ? Qui refuse d'en convenir ? Mais est-ce de quoi il est question ? Ne s'agit-il pas de la force qu'ils ont, l'un et l'autre, pour faire supporter les peines ? Jugeons-en par l'effet. Combien trouve-t-on de déserteurs de la sévère vertu, et combien en trouverez-vous peu de l'amour ? Répondrez-vous encore que, s'il y a des peines dans l'exercice du bien, elles ne sont pas infaillibles et nécessaires ; qu'on ne trouve plus de tyrans ni de croix, et qu'on voit quantité de personnes vertueuses mener une vie douce et tranquille ? Je vous dirai de même qu'il y a des amours paisibles et fortunés ; et ce qui fait encore une différence qui m'est extrêmement avantageuse, j'ajouterai que l'amour, quoiqu'il trompe assez souvent, ne promet du moins que des satisfactions et des joies, au lieu que la religion veut qu'on s'attende à une pratique triste et mortifiante[1]. Ne vous alarmez pas, ajoutai-je en voyant son zèle prêt à se chagriner. L'unique chose que je veux conclure ici, c'est qu'il n'y a point de plus mauvaise méthode pour dégoûter un cœur de l'amour, que de lui en décrier les douceurs et de lui promettre plus de bonheur dans l'exercice de la vertu. De la manière dont nous sommes faits, il est certain que notre félicité consiste dans le plaisir ; je défie qu'on s'en forme une autre idée ; or le cœur n'a pas besoin de se consulter longtemps pour sentir que, de tous les plaisirs, les plus doux sont ceux de l'amour. Il s'aperçoit bientôt qu'on le trompe lorsqu'on lui en promet ailleurs de plus charmants ; et cette tromperie le dispose à se défier des promesses les plus solides. Prédicateurs[2], qui voulez me ramener à la vertu, dites-moi qu'elle est indispensablement nécessaire ; mais ne me déguisez pas qu'elle est sévère et pénible. Établissez bien que les délices de l'amour

Notes

1. **mortifiante** : qui cause de la peine pour favoriser la pénitence.

2. **Prédicateurs** : ceux qui prêchent la morale chrétienne.

sont passagères, qu'elles sont défendues, qu'elles seront suivies par d'éternelles peines; et ce qui fera peut-être encore plus d'impression sur moi, que plus elles sont douces et charmantes, plus le Ciel sera magnifique à récompenser un si grand sacrifice; mais confessez qu'avec des cœurs tels que nous les avons, elles sont ici-bas nos plus parfaites félicités.

Cette fin de mon discours rendit sa bonne humeur à Tiberge. Il convint qu'il y avait quelque chose de raisonnable dans mes pensées. La seule objection qu'il ajouta fut de me demander pourquoi je n'entrais pas du moins dans mes propres principes, en sacrifiant mon amour à l'espérance de cette rémunération[1] dont je me faisais une si grande idée. Ô cher ami! lui répondis-je, c'est ici que je reconnais ma misère et ma faiblesse. Hélas! oui, c'est mon devoir d'agir comme je raisonne! mais l'action est-elle en mon pouvoir? De quels secours n'aurais-je pas besoin pour oublier les charmes de Manon? Dieu me pardonne, reprit Tiberge, je pense que voici encore un de nos jansénistes[2]. Je ne sais ce que je suis, répliquai-je, et je ne vois pas trop clairement ce qu'il faut être; mais je n'éprouve que trop la vérité de ce qu'ils disent.

Cette conversation servit du moins à renouveler la pitié de mon ami. Il comprit qu'il y avait plus de faiblesse que de malignité dans mes désordres. Son amitié en fut plus disposée, dans la suite, à me donner des secours, sans lesquels j'aurais péri infailliblement de misère. Cependant je ne lui fis pas la moindre ouverture du dessein que j'avais de m'échapper de Saint-Lazare. Je le priai seulement de se charger de ma lettre. Je l'avais préparée, avant qu'il fût venu, et je ne manquai point de prétextes pour colorer[3] la nécessité où j'étais d'écrire. Il eut

Notes

1. **rémunération** : récompense.
2. **jansénistes** : adeptes d'une doctrine religieuse, exposée par Jansénius au XVIIe siècle et proposant, à partir d'une interprétation des textes de saint Augustin, une conception très pessimiste de la nature humaine et de ses faiblesses.
3. **colorer** : dissimuler sous de belles apparences.

la fidélité de la porter exactement, et Lescaut reçut, avant la fin du jour, celle qui était pour lui.

Il me vint voir le lendemain, et il passa heureusement sous le nom de mon frère. Ma joie fut extrême en l'apercevant dans ma chambre. J'en fermai la porte avec soin. Ne perdons pas un seul moment, lui dis-je; apprenez-moi d'abord des nouvelles de Manon, et donnez-moi ensuite un bon conseil pour rompre mes fers. Il m'assura qu'il n'avait pas vu sa sœur depuis le jour qui avait précédé mon emprisonnement, qu'il n'avait appris son sort et le mien qu'à force d'informations et de soins; que s'étant présenté deux ou trois fois à l'Hôpital, on lui avait refusé la liberté de lui parler. Malheureux G... M... ! m'écriai-je, que tu me le paieras cher!

Pour ce qui regarde votre délivrance, continua Lescaut, c'est une entreprise moins facile que vous ne pensez. Nous passâmes hier la soirée, deux de mes amis et moi, à observer toutes les parties extérieures de cette maison, et nous jugeâmes que, vos fenêtres étant sur une cour entourée de bâtiments, comme vous nous l'aviez marqué, il y aurait bien de la difficulté à vous tirer de là. Vous êtes d'ailleurs au troisième étage, et nous ne pouvons introduire ici ni cordes ni échelles. Je ne vois donc nulle ressource du côté du dehors. C'est dans la maison même qu'il faudrait imaginer quelque artifice. Non, repris-je; j'ai tout examiné, surtout depuis que ma clôture est un peu moins rigoureuse, par l'indulgence du Supérieur. La porte de ma chambre ne se ferme plus avec la clef; j'ai la liberté de me promener dans les galeries des religieux; mais tous les escaliers sont bouchés par des portes épaisses, qu'on a soin de tenir fermées la nuit et le jour, de sorte qu'il est impossible que la seule adresse puisse me sauver. Attendez, repris-je, après avoir un peu réfléchi sur une idée qui me parut excellente, pourriez-vous m'apporter un pistolet? Aisément, me dit Lescaut; mais voulez-vous tuer quelqu'un? Je l'assurai que j'avais si peu dessein de tuer qu'il n'était pas même nécessaire que le pistolet fût chargé. Apportez-le-moi demain, ajoutai-je, et ne manquez pas de vous trouver le soir, à onze heures, vis-à-vis de la porte de cette maison, avec deux ou trois de nos amis. J'espère que je pourrai vous y rejoindre. Il me pressa en vain de lui en apprendre davantage. Je lui dis qu'une entreprise telle que je la méditais, ne pouvait paraître raisonnable qu'après avoir réussi. Je le priai d'abréger sa visite, afin qu'il trouvât plus de facilité à me revoir le lendemain. Il fut admis avec aussi peu de peine que la première fois. Son air était grave. Il n'y a personne qui ne l'eût pris pour un homme d'honneur.

Lorsque je me trouvai muni de l'instrument de ma liberté, je ne doutai presque plus du succès de mon projet. Il était bizarre et hardi ; mais de quoi n'étais-je pas capable, avec les motifs qui m'animaient ? J'avais remarqué, depuis qu'il m'était permis de sortir de ma chambre et de me promener dans les galeries, que le portier apportait chaque jour au soir les clefs de toutes les portes au Supérieur, et qu'il régnait ensuite un profond silence dans la maison, qui marquait que tout le monde était retiré. Je pouvais aller sans obstacle, par une galerie de communication, de ma chambre à celle de ce Père. Ma résolution était de lui prendre ses clefs, en l'épouvantant avec mon pistolet s'il faisait difficulté de me les donner, et de m'en servir pour gagner la rue. J'en attendis le temps avec impatience. Le portier vint à l'heure ordinaire, c'est-à-dire un peu après neuf heures. J'en laissai passer encore une, pour m'assurer que tous les religieux et les domestiques étaient endormis. Je partis enfin, avec mon arme et une chandelle allumée. Je frappai d'abord doucement à la porte du Père, pour l'éveiller sans bruit. Il m'entendit au second coup ; et s'imaginant sans doute que c'était quelque religieux qui se trouvait mal et qui avait besoin de secours, il se leva pour m'ouvrir. Il eut néanmoins la précaution de demander, au travers de la porte, qui c'était et ce qu'on voulait de lui. Je fus obligé de me nommer ; mais j'affectai un ton plaintif, pour lui faire comprendre que je ne me trouvais pas bien. Ah ! c'est vous, mon cher fils, me dit-il, en ouvrant la porte. Qu'est-ce donc qui vous amène si tard ? J'entrai dans sa chambre, et l'ayant tiré à l'autre bout, opposé à la porte, je lui déclarai qu'il m'était impossible de demeurer plus longtemps à Saint-Lazare ; que la nuit était un temps commode pour sortir sans être aperçu, et que j'attendais de son amitié qu'il consentirait à m'ouvrir les portes, ou à me prêter ses clefs pour les ouvrir moi-même.

Ce compliment[1] devait le surprendre. Il demeura quelque temps à me considérer, sans me répondre. Comme je n'en avais pas à perdre, je repris la parole pour lui dire que j'étais fort touché de toutes ses bontés, mais que la liberté étant le plus cher de tous les biens, surtout pour moi à qui on la ravissait injustement, j'étais résolu de me la procurer cette nuit même, à quelque prix que ce fût ; et de peur qu'il ne lui prît envie d'élever la voix pour appeler du secours, je lui fis voir une honnête raison de silence, que je tenais sous mon juste-au-corps[2]. Un pistolet ! me dit-il. Quoi ! mon fils, vous voulez m'ôter la vie, pour reconnaître la considération que j'ai eue pour vous ? À Dieu ne plaise, lui répondis-je. Vous avez trop d'esprit et de raison pour me mettre dans cette nécessité ; mais je veux être libre, et j'y suis si résolu que, si mon projet manque par votre faute, c'est fait de vous absolument. Mais, mon cher fils ! reprit-il d'un air pâle et effrayé, que vous ai-je fait ? quelle raison avez-vous de vouloir ma mort ? Eh non ! répliquai-je avec impatience. Je n'ai pas dessein de vous tuer. Si vous voulez vivre, ouvrez-moi la porte, et je suis le meilleur de vos amis. J'aperçus les clefs, qui étaient sur la table. Je les pris, et je le priai de me suivre, en faisant le moins de bruit qu'il pourrait. Il fut obligé de s'y résoudre. À mesure que nous avancions et qu'il ouvrait une porte, il me répétait avec un soupir : Ah ! mon fils, ah ! qui l'aurait cru ? Point de bruit,

Notes

1. **compliment** : formule de politesse (ici pris dans un sens ironique).

2. **juste-au-corps** : veste assez cintrée.

mon Père, répétais-je de mon côté à tout moment. Enfin nous arrivâmes à une espèce de barrière, qui est avant la grande porte de la rue. Je me croyais déjà libre, et j'étais derrière le Père, avec ma chandelle dans une main et mon pistolet dans l'autre. Pendant qu'il s'empressait d'ouvrir, un domestique, qui couchait dans une petite chambre voisine, entendant le bruit de quelques verrous, se lève et met la tête à sa porte. Le bon Père le crut apparemment capable de m'arrêter. Il lui ordonna, avec beaucoup d'imprudence, de venir à son secours. C'était un puissant coquin, qui s'élança sur moi sans balancer. Je ne le marchandai[1] point; je lui lâchai le coup au milieu de la poitrine. Voilà de quoi vous êtes cause, mon Père, dis-je assez fièrement à mon guide. Mais que cela ne vous empêche point d'achever, ajoutai-je en le poussant vers la dernière porte. Il n'osa refuser de l'ouvrir. Je sortis heureusement et je trouvai, à quatre pas, Lescaut qui m'attendait avec deux amis, suivant sa promesse.

Nous nous éloignâmes. Lescaut me demanda s'il n'avait pas entendu tirer un pistolet. C'est votre faute, lui dis-je; pourquoi me l'apportiez-vous chargé? Cependant je le remerciai d'avoir eu cette précaution, sans laquelle j'étais sans doute à Saint-Lazare pour longtemps. Nous allâmes passer la nuit chez un traiteur[2], où je me remis un peu de la mauvaise chère[3] que j'avais faite depuis près de trois mois. Je ne pus néanmoins m'y livrer au plaisir. Je souffrais mortellement dans Manon[4]. Il faut la délivrer, dis-je à mes trois amis. Je n'ai souhaité la liberté que dans cette vue. Je vous demande le secours de votre adresse; pour moi, j'y emploierai jusqu'à ma vie. Lescaut, qui ne manquait pas d'esprit et de prudence, me représenta qu'il fallait aller bride en main[5], que mon évasion de Saint-Lazare,

Notes

1. **marchandai** : ménageai.
2. **traiteur** : restaurateur.
3. *Faire mauvaise chère* signifie « être mal nourri ».
4. Cette tournure indique la compassion (« pâtir avec ») de Des Grieux pour Manon.
5. **bride en main** : avec prudence.

et le malheur qui m'était arrivé en sortant, causeraient infailliblement du bruit; que le Lieutenant général de Police me ferait chercher, et qu'il avait les bras longs; enfin, que si je ne voulais pas être exposé à quelque chose de pis que Saint-Lazare, il était à propos de me tenir couvert et renfermé pendant quelques jours pour laisser au premier feu de mes ennemis le temps de s'éteindre. Son conseil était sage, mais il aurait fallu l'être aussi pour le suivre. Tant de lenteur et de ménagement ne s'accordait pas avec ma passion. Toute ma complaisance se réduisit à lui promettre que je passerais le jour suivant à dormir. Il m'enferma dans sa chambre, où je demeurai jusqu'au soir.

J'employai une partie de ce temps à former des projets et des expédients[1] pour secourir Manon. J'étais bien persuadé que sa prison était encore plus impénétrable que n'avait été la mienne. Il n'était pas question de force et de violence, il fallait de l'artifice; mais la déesse même de l'invention n'aurait pas su par où commencer. J'y vis si peu jour[2], que je remis à considérer mieux les choses lorsque j'aurais pris quelques informations sur l'arrangement intérieur de l'Hôpital.

Aussitôt que la nuit m'eut rendu la liberté, je priai Lescaut de m'accompagner. Nous liâmes conversation avec un des portiers, qui nous parut homme de bon sens. Je feignis d'être un étranger qui avait entendu parler avec admiration de l'Hôpital général, et de l'ordre qui s'y observe. Je l'interrogeai sur les plus minces détails, et de circonstance en circonstance, nous tombâmes sur les administrateurs, dont je le priai de m'apprendre les noms et les qualités. Les réponses qu'il me fit sur ce dernier article me firent naître une pensée dont je m'applaudis aussitôt, et que je ne tardai point à mettre en œuvre. Je lui demandai, comme une chose essentielle à mon dessein, si ces messieurs avaient des enfants. Il me dit qu'il ne pouvait pas

Notes
1. **expédients** : moyens ingénieux. 2. **jour** : clair.

m'en rendre un compte certain, mais que pour M. de T…, qui était un des principaux, il lui connaissait un fils en âge d'être marié, qui était venu plusieurs fois à l'Hôpital avec son père. Cette assurance me suffisait. Je rompis presque aussitôt notre entretien, et je fis part à Lescaut, en retournant chez lui, du dessein que j'avais conçu. Je m'imagine, lui dis-je, que M. de T… le fils, qui est riche et de bonne famille, est dans un certain goût de plaisirs, comme la plupart des jeunes gens de son âge. Il ne saurait être ennemi des femmes, ni ridicule au point de refuser ses services pour une affaire d'amour. J'ai formé le dessein de l'intéresser à la liberté de Manon. S'il est honnête homme, et qu'il ait des sentiments, il nous accordera son secours par générosité. S'il n'est point capable d'être conduit par ce motif, il fera du moins quelque chose pour une fille aimable, ne fût-ce que par l'espérance d'avoir part à ses faveurs. Je ne veux pas différer de le voir, ajoutai-je, plus longtemps que jusqu'à demain. Je me sens si consolé par ce projet, que j'en tire un bon augure[1]. Lescaut convint lui-même qu'il y avait de la vraisemblance dans mes idées, et que nous pouvions espérer quelque chose par cette voie. J'en passai la nuit moins tristement.

Le matin étant venu, je m'habillai le plus proprement qu'il me fût possible, dans l'état d'indigence où j'étais, et je me fis conduire dans un fiacre à la maison de M. de T… Il fut surpris de recevoir la visite d'un inconnu. J'augurai bien de sa physionomie et de ses civilités. Je m'expliquai naturellement avec lui, et pour échauffer ses sentiments naturels, je lui parlai de ma passion, et du mérite de ma maîtresse, comme de deux choses qui ne pouvaient être égalées que l'une par l'autre. Il me dit que quoiqu'il n'eût jamais vu Manon, il avait entendu parler d'elle, du moins s'il s'agissait de celle qui avait été la maîtresse du vieux G… M… Je ne doutai point qu'il ne fût informé de

Note

1. **bon augure** : chance de succès.

la part que j'avais eue à cette aventure, et pour le gagner de plus en plus, en me faisant un mérite de ma confiance, je lui racontai le détail de tout ce qui était arrivé à Manon et à moi. Vous voyez, Monsieur, continuai-je, que l'intérêt de ma vie et celui de mon cœur sont maintenant entre vos mains. L'un ne m'est pas plus cher que l'autre. Je n'ai point de réserve avec vous, parce que je suis informé de votre générosité, et que la ressemblance de nos âges me fait espérer qu'il s'en trouvera quelqu'une dans nos inclinations. Il parut fort sensible à cette marque d'ouverture et de candeur. Sa réponse fut celle d'un homme qui a du monde, et des sentiments ; ce que le monde ne donne pas toujours, et qu'il fait perdre souvent. Il me dit qu'il mettait ma visite au rang de ses bonnes fortunes, qu'il regarderait mon amitié comme une de ses plus heureuses acquisitions, et qu'il s'efforcerait de la mériter par l'ardeur de ses services. Il ne promit pas de me rendre Manon, parce qu'il n'avait, me dit-il, qu'un crédit médiocre et mal assuré ; mais il m'offrit de me procurer le plaisir de la voir, et de faire tout ce qui serait en sa puissance pour la remettre entre mes bras. Je fus plus satisfait de cette incertitude de son crédit, que je ne l'aurais été d'une pleine assurance de remplir tous mes désirs. Je trouvai, dans la modération de ses offres, une marque de franchise dont je fus charmé. En un mot, je me promis tout de ses bons offices. La seule promesse de me faire voir Manon m'aurait fait tout entreprendre pour lui. Je lui marquai quelque chose de ces sentiments, d'une manière qui le persuada aussi que je n'étais pas d'un mauvais naturel. Nous nous embrassâmes avec tendresse, et nous devînmes amis, sans autre raison que la bonté de nos cœurs, et une simple disposition qui porte un homme tendre et généreux à aimer un autre homme qui lui ressemble. Il poussa les marques de son estime bien plus loin ; car ayant combiné[1] mes aventures, et jugeant qu'en sor-

Note

1. **combiné** : étudié.

tant de Saint-Lazare je ne devais pas me trouver à mon aise, il m'offrit sa bourse, et il me pressa de l'accepter. Je ne l'acceptai point ; mais je lui dis : C'est trop, mon cher Monsieur. Si avec tant de bonté et d'amitié, vous me faites revoir ma chère Manon, je vous suis attaché pour toute ma vie. Si vous me rendez tout à fait cette chère créature, je ne croirai pas être quitte en versant tout mon sang pour vous servir.

Nous ne nous séparâmes qu'après être convenus du temps et du lieu où nous devions nous retrouver. Il eut la complaisance de ne pas me remettre plus loin que l'après-midi du même jour. Je l'attendis dans un café, où il vint me rejoindre vers les quatre heures, et nous prîmes ensemble le chemin de l'Hôpital. Mes genoux étaient tremblants en traversant les cours. Puissance d'amour ! disais-je, je reverrai donc l'idole de mon cœur, l'objet de tant de pleurs et d'inquiétudes ! Ciel ! conservez-moi assez de vie pour aller jusqu'à elle, et disposez après cela de ma fortune et de mes jours ; je n'ai plus d'autre grâce à vous demander.

M. de T... parla à quelques concierges de la maison, qui s'empressèrent de lui offrir tout ce qui dépendait d'eux pour sa satisfaction. Il se fit montrer le quartier où Manon avait sa chambre, et l'on nous y conduisit avec une clef d'une grandeur effroyable, qui servit à ouvrir sa porte. Je demandai au valet qui nous menait, et qui était celui qu'on avait chargé du soin de la servir, de quelle manière elle avait passé le temps dans cette demeure. Il nous dit que c'était une douceur angélique ; qu'il n'avait jamais reçu d'elle un mot de dureté ; qu'elle avait versé continuellement des larmes pendant les six premières semaines après son arrivée, mais que depuis quelque temps elle paraissait prendre son malheur avec plus de patience ; et qu'elle était occupée à coudre du matin jusqu'au soir, à la réserve de quelques heures qu'elle employait à la lecture. Je lui demandai encore si elle avait été entretenue proprement. Il m'assura que le nécessaire du moins ne lui avait jamais manqué.

Nous approchâmes de sa porte. Mon cœur battait violemment. Je dis à M. de T... : Entrez seul et prévenez-la sur ma visite, car j'appréhende qu'elle ne soit trop saisie en me voyant tout d'un coup. La porte nous fut ouverte. Je demeurai dans la galerie. J'entendis néanmoins leur discours. Il lui dit qu'il venait lui apporter un peu de consolation ; qu'il était de mes amis, et qu'il prenait beaucoup d'intérêt à notre bonheur. Elle lui demanda, avec le plus vif empressement, si elle apprendrait de lui ce que j'étais devenu. Il lui promit de m'amener à ses pieds, aussi tendre, aussi fidèle qu'elle pouvait le désirer. Quand ? reprit-elle. Aujourd'hui même, lui dit-il ; ce bienheureux moment ne tardera point ; il va paraître à l'instant si vous le souhaitez. Elle comprit que j'étais à la porte. J'entrai, lorsqu'elle y accourait avec précipitation. Nous nous embrassâmes avec cette effusion de tendresse qu'une absence de trois mois fait trouver si charmante à de parfaits amants. Nos soupirs, nos exclamations interrompues, mille noms d'amour répétés languissamment de part et d'autre, formèrent, pendant un quart d'heure, une scène qui attendrissait M. de T... Je vous porte envie[1], me dit-il, en nous faisant asseoir ; il n'y a point de sort glorieux auquel je ne préférasse une maîtresse si belle et si passionnée. Aussi mépriserais-je tous les empires du monde, lui répondis-je, pour m'assurer le bonheur d'être aimé d'elle.

Tout le reste d'une conversation si désirée ne pouvait manquer d'être infiniment tendre. La pauvre Manon me raconta ses aventures, et je lui appris les miennes. Nous pleurâmes amèrement en nous entretenant de l'état où elle était, et de celui d'où je ne faisais que sortir. M. de T... nous consola, par de nouvelles promesses, de s'employer ardemment pour finir nos misères. Il nous conseilla de ne pas rendre cette première entrevue trop longue, pour lui donner plus de facilité à nous

Note

1. **Je vous porte envie** : je vous envie.

en procurer d'autres. Il eut beaucoup de peine à nous faire goûter ce conseil ; Manon, surtout, ne pouvait se résoudre à me laisser partir. Elle me fit remettre cent fois sur ma chaise ; elle me retenait par les habits et par les mains. Hélas ! dans quel lieu me laissez-vous ! disait-elle. Qui peut m'assurer de vous revoir ? M. de T... lui promit de la venir voir souvent avec moi. Pour le lieu, ajouta-t-il agréablement, il ne faut plus l'appeler l'Hôpital ; c'est Versailles, depuis qu'une personne qui mérite l'empire de tous les cœurs y est enfermée.

Je fis, en sortant, quelques libéralités au valet qui la servait, pour l'engager à lui rendre ses soins avec zèle. Ce garçon avait l'âme moins basse et moins dure que ses pareils. Il avait été témoin de notre entrevue ; ce tendre spectacle l'avait touché. Un louis d'or, dont je lui fis présent, acheva de me l'attacher. Il me prit à l'écart en descendant dans les cours. Monsieur, me dit-il, si vous me voulez prendre à votre service, ou me donner une honnête récompense pour me dédommager de la perte de l'emploi que j'occupe ici, je crois qu'il me sera facile de délivrer Mademoiselle Manon. J'ouvris l'oreille à cette proposition ; et quoique je fusse dépourvu de tout, je lui fis des promesses fort au-dessus de ses désirs. Je comptais bien qu'il me serait toujours aisé de récompenser un homme de cette étoffe[1]. Sois persuadé, lui dis-je, mon ami, qu'il n'y a rien que je ne fasse pour toi, et que ta fortune est aussi assurée que la mienne. Je voulus savoir quels moyens il avait dessein d'employer. Nul autre, me dit-il, que de lui ouvrir le soir la porte de sa chambre, et de vous la conduire jusqu'à celle de la rue, où il faudra que vous soyez prêt à la recevoir. Je lui demandai s'il n'était point à craindre qu'elle ne fût reconnue en traversant les galeries et les cours. Il confessa qu'il y avait quelque danger, mais il me dit qu'il fallait bien risquer quelque chose. Quoique je fusse ravi de le voir si résolu, j'appelai M. de T...

Note

1. **de cette étoffe** : de cette sorte.

pour lui communiquer ce projet, et la seule raison qui semblait pouvoir le rendre douteux. Il y trouva plus de difficulté que moi. Il convint qu'elle pouvait absolument s'échapper de cette manière ; mais si elle est reconnue, continua-t-il, si elle est arrêtée en fuyant, c'est peut-être fait d'elle pour toujours. D'ailleurs il vous faudrait donc quitter Paris sur-le-champ, car vous ne seriez jamais assez cachés aux recherches. On les redoublerait, autant par rapport à vous qu'à elle. Un homme s'échappe aisément quand il est seul, mais il est presque impossible de demeurer inconnu avec une jolie femme. Quelque solide que me parût ce raisonnement, il ne put l'emporter, dans mon esprit, sur un espoir si proche de mettre Manon en liberté.

Je le dis à M. de T..., et je le priai de pardonner un peu d'imprudence et de témérité à l'amour. J'ajoutai que mon dessein était en effet de quitter Paris, pour m'arrêter, comme j'avais déjà fait, dans quelque village voisin. Nous convînmes donc, avec le valet, de ne pas remettre son entreprise plus loin qu'au jour suivant, et pour la rendre aussi certaine qu'il était en notre pouvoir, nous résolûmes d'apporter des habits d'homme, dans la vue de faciliter notre sortie. Il n'était pas aisé de les faire entrer, mais je ne manquai pas d'invention pour en trouver le moyen. Je priai seulement M. de T... de mettre le lendemain deux vestes légères l'une sur l'autre, et je me chargeai de tout le reste.

Nous retournâmes le matin à l'Hôpital. J'avais avec moi, pour Manon, du linge, des bas, etc., et par-dessus mon juste-au-corps, un surtout[1] qui ne laissait rien voir de trop enflé dans mes poches. Nous ne fûmes qu'un moment dans sa chambre. M. de T... lui laissa une de ses deux vestes ; je lui donnai mon juste-au-corps, le surtout me suffisant pour sortir. Il ne

Note

1. **surtout** : vêtement ample que l'on met par-dessus les autres.

se trouva rien de manque[1] à son ajustement, excepté la culotte[2] que j'avais malheureusement oubliée. L'oubli de cette pièce nécessaire nous eût sans doute apprêtés à rire si l'embarras où il nous mettait eût été moins sérieux. J'étais au désespoir qu'une bagatelle de cette nature fût capable de nous arrêter. Cependant je pris mon parti, qui fut de sortir moi-même sans culotte. Je laissai la mienne à Manon. Mon surtout était long, et je me mis, à l'aide de quelques épingles, en état de passer décemment à la porte. Le reste du jour me parut d'une longueur insupportable. Enfin, la nuit étant venue, nous nous rendîmes un peu au-dessous de la porte de l'Hôpital, dans un carrosse. Nous n'y fûmes pas longtemps sans voir Manon paraître avec son conducteur. Notre portière étant ouverte, ils montèrent tous deux à l'instant. Je reçus ma chère maîtresse dans mes bras. Elle tremblait comme une feuille. Le cocher me demanda où il fallait toucher[3]. Touche au bout du monde, lui dis-je, et mène-moi quelque part où je ne puisse jamais être séparé de Manon.

Ce transport, dont je ne fus pas le maître, faillit de m'attirer un fâcheux embarras. Le cocher fit réflexion à mon langage ; et lorsque je lui dis ensuite le nom de la rue où nous voulions être conduits, il me répondit qu'il craignait que je ne l'engageasse dans une mauvaise affaire, qu'il voyait bien que ce beau jeune homme qui s'appelait Manon, était une fille que j'enlevais de l'Hôpital, et qu'il n'était pas d'humeur à se perdre pour l'amour de moi. La délicatesse de ce coquin n'était qu'une envie de me faire payer la voiture plus cher. Nous étions trop près de l'Hôpital pour ne pas filer doux. Tais-toi, lui dis-je, il y a un louis d'or à gagner pour toi. Il m'aurait aidé, après cela, à brûler l'Hôpital même. Nous gagnâmes la maison où demeurait Lescaut. Comme il était tard, M. de T... nous

Notes

1. **rien de manque** : rien qui manquait.
2. **culotte** : pantalon court serré sous le genou.
3. **toucher** : aller.

quitta en chemin, avec promesse de nous revoir le lendemain. Le valet demeura seul avec nous.

Je tenais Manon si étroitement serrée entre mes bras, que nous n'occupions qu'une place dans le carrosse. Elle pleurait de joie, et je sentais ses larmes qui mouillaient mon visage. Mais lorsqu'il fallut descendre pour entrer chez Lescaut, j'eus avec le cocher un nouveau démêlé[1], dont les suites furent funestes. Je me repentis de lui avoir promis un louis, non seulement parce que le présent était excessif, mais par une autre raison bien plus forte, qui était l'impuissance de le payer. Je fis appeler Lescaut. Il descendit de sa chambre pour venir à la porte. Je lui dis à l'oreille dans quel embarras je me trouvais. Comme il était d'une humeur brusque, et nullement accoutumé à ménager un fiacre, il me répondit que je me moquais. Un louis d'or ! ajouta-t-il. Vingt coups de canne à ce coquin-là ! J'eus beau lui représenter doucement qu'il allait nous perdre, il m'arracha ma canne, avec l'air d'en vouloir maltraiter le cocher. Celui-ci, à qui il était peut-être arrivé de tomber quelquefois sous la main d'un garde du corps ou d'un mousquetaire, s'enfuit de peur, avec son carrosse, en criant que je l'avais trompé, mais que j'aurais de ses nouvelles. Je lui répétai inutilement d'arrêter. Sa fuite me causa une extrême inquiétude. Je ne doutai point qu'il n'avertît le commissaire. Vous me perdez, dis-je à Lescaut. Je ne serais pas en sûreté chez vous ; il faut nous éloigner dans le moment. Je prêtai le bras à Manon pour marcher, et nous sortîmes promptement de cette dangereuse rue. Lescaut nous tint compagnie. C'est quelque chose d'admirable que la manière dont la Providence enchaîne les événements. À peine avions-nous marché cinq ou six minutes, qu'un homme, dont je ne découvris point le visage, reconnut Lescaut. Il le cherchait sans doute aux environs de chez lui, avec le malheureux dessein qu'il exécuta. C'est Lescaut, dit-il, en lui lâchant

Note

1. **démêlé** : dispute.

un coup de pistolet; il ira souper ce soir avec les anges. Il se déroba aussitôt. Lescaut tomba, sans le moindre mouvement de vie. Je pressai Manon de fuir, car nos secours étaient inutiles à un cadavre, et je craignais d'être arrêté par le guet[1], qui ne pouvait tarder à paraître. J'enfilai, avec elle et le valet, la première petite rue qui croisait. Elle était si éperdue, que j'avais de la peine à la soutenir. Enfin j'aperçus un fiacre au bout de la rue. Nous y montâmes, mais lorsque le cocher me demanda où il fallait nous conduire, je fus embarrassé à lui répondre. Je n'avais point d'asile assuré, ni d'ami de confiance à qui j'osasse avoir recours. J'étais sans argent, n'ayant guère plus d'une demi-pistole dans ma bourse. La frayeur et la fatigue avaient tellement incommodé Manon, qu'elle était à demi pâmée[2] près de moi. J'avais d'ailleurs l'imagination remplie du meurtre de Lescaut, et je n'étais pas encore sans appréhension de la part du guet. Quel parti prendre? Je me souvins heureusement de l'auberge de Chaillot, où j'avais passé quelques jours avec Manon, lorsque nous étions allés dans ce village pour y demeurer. J'espérai non seulement d'y être en sûreté, mais d'y pouvoir vivre quelque temps sans être pressé de payer. Mène-nous à Chaillot, dis-je au cocher. Il refusa d'y aller si tard, à moins d'une pistole : autre sujet d'embarras. Enfin nous convînmes de six francs; c'était toute la somme qui restait dans ma bourse.

Je consolais Manon, en avançant; mais au fond, j'avais le désespoir dans le cœur. Je me serais donné mille fois la mort, si je n'eusse pas eu dans mes bras le seul bien qui m'attachait à la vie. Cette seule pensée me remettait. Je la tiens du moins, disais-je; elle m'aime, elle est à moi. Tiberge a beau dire, ce n'est pas là un fantôme de bonheur. Je verrais périr tout l'univers sans y prendre intérêt. Pourquoi? Parce que je n'ai plus d'affection de reste[3]. Ce sentiment était vrai; cependant, dans

Notes

1. **guet** : patrouille surveillant la ville la nuit.

2. **pâmée** : évanouie.

3. **de reste** : en plus.

le temps que je faisais si peu de cas des biens du monde, je sentais que j'aurais eu besoin d'en avoir du moins une petite partie, pour mépriser encore plus souverainement tout le reste. L'amour est plus fort que l'abondance, plus fort que les trésors et les richesses, mais il a besoin de leur secours ; et rien n'est plus désespérant, pour un amant délicat, que de se voir ramené par là, malgré lui, à la grossièreté des âmes les plus basses.

Il était onze heures quand nous arrivâmes à Chaillot. Nous fûmes reçus à l'auberge comme des personnes de connaissance. On ne fut pas surpris de voir Manon en habit d'homme, parce qu'on est accoutumé, à Paris et aux environs, de voir prendre aux femmes toutes sortes de formes. Je la fis servir aussi proprement que si j'eusse été dans la meilleure fortune. Elle ignorait que je fusse mal[1] en argent. Je me gardai bien de lui en rien apprendre, étant résolu de retourner seul à Paris le lendemain, pour chercher quelque remède à cette fâcheuse espèce de maladie.

Elle me parut pâle et maigrie en soupant. Je ne m'en étais point aperçu à l'Hôpital, parce que la chambre où je l'avais vue n'était pas des plus claires. Je lui demandai si ce n'était point encore un effet de la frayeur qu'elle avait eue en voyant assassiner son frère. Elle m'assura que quelque touchée qu'elle fût de cet accident, sa pâleur ne venait que d'avoir essuyé[2] pendant trois mois mon absence. Tu m'aimes donc extrêmement ? lui répondis-je. Mille fois plus que je ne puis dire, reprit-elle. Tu ne me quitteras donc plus jamais ? ajoutai-je. Non, jamais, répliqua-t-elle ; et cette assurance fut confirmée par tant de caresses et de serments, qu'il me parut impossible, en effet, qu'elle pût jamais les oublier. J'ai toujours été persuadé qu'elle était sincère ; quelle raison aurait-elle eue de se contrefaire jusqu'à ce point ? Mais elle était encore plus volage, ou plutôt elle n'était plus rien, et elle ne se reconnaissait pas elle-

Notes

1. **je fusse mal** : je fusse dans une mauvaise situation.

2. **essuyé** : supporté.

même, lorsque ayant devant les yeux des femmes qui vivaient dans l'abondance, elle se trouvait dans la pauvreté et le besoin. J'étais à la veille d'en avoir une dernière preuve qui a surpassé toutes les autres, et qui a produit la plus étrange aventure qui soit jamais arrivée à un homme de ma naissance et de ma fortune.

Comme je la connaissais de cette humeur, je me hâtai le lendemain d'aller à Paris. La mort de son frère et la nécessité d'avoir du linge et des habits pour elle et pour moi, étaient de si bonnes raisons, que je n'eus pas besoin de prétextes. Je sortis de l'auberge avec le dessein, dis-je à Manon et à mon hôte, de prendre un carrosse de louage; mais c'était une gasconnade[1]. La nécessité m'obligeant d'aller à pied, je marchai fort vite jusqu'au Cours-la-Reine, où j'avais dessein de m'arrêter. Il fallait bien prendre un moment de solitude et de tranquillité pour m'arranger et prévoir ce que j'allais faire à Paris.

Je m'assis sur l'herbe. J'entrai dans une mer de raisonnements et de réflexions, qui se réduisirent peu à peu à trois principaux articles. J'avais besoin d'un secours présent, pour un nombre infini de nécessités présentes. J'avais à chercher quelque voie qui pût du moins m'ouvrir des espérances pour l'avenir; et ce qui n'était pas de moindre importance, j'avais des informations et des mesures à prendre, pour la sûreté de Manon et pour la mienne. Après m'être épuisé en projets et en combinaisons sur ces trois chefs[2], je jugeai encore à propos d'en retrancher les deux derniers. Nous n'étions pas mal à couvert, dans une chambre de Chaillot; et pour les besoins futurs, je crus qu'il serait temps d'y penser lorsque j'aurais satisfait aux présents.

Il était donc question de remplir actuellement ma bourse. M. de T... m'avait offert généreusement la sienne; mais j'avais une extrême répugnance à le remettre moi-même sur cette matière. Quel personnage, que d'aller exposer sa misère à un

Notes

1. **gasconnade** : fanfaronnade.

2. **chefs** : chapitres.

étranger, et de le prier de nous faire part de son bien ! Il n'y a qu'une âme lâche qui en soit capable, par une bassesse qui l'empêche d'en sentir l'indignité ; ou un chrétien humble, par un excès de générosité qui le rend supérieur à cette honte. Je n'étais ni un homme lâche, ni un bon chrétien ; j'aurais donné la moitié de mon sang pour éviter cette humiliation. Tiberge, disais-je, le bon Tiberge me refusera-t-il ce qu'il aura le pouvoir de me donner ? Non, il sera touché de ma misère ; mais il m'assassinera par sa morale. Il faudra essuyer ses reproches, ses exhortations, ses menaces ; il me fera acheter ses secours si cher, que je donnerais encore une partie de mon sang plutôt que de m'exposer à cette scène fâcheuse, qui me laissera du trouble et des remords. Bon, reprenais-je ; il faut donc renoncer à tout espoir, puisqu'il ne me reste point d'autre voie, et que je suis si éloigné de m'arrêter à ces deux-là, que je verserais plus volontiers la moitié de mon sang que d'en prendre une, c'est-à-dire tout mon sang plutôt que de les prendre toutes deux ? Oui, mon sang tout entier, ajoutai-je, après une réflexion d'un moment ; je le donnerais plus volontiers, sans doute, que de me réduire à de basses supplications. Mais il s'agit bien ici de mon sang ! Il s'agit de la vie et de l'entretien de Manon, il s'agit de son amour et de sa fidélité. Qu'ai-je à mettre en balance avec elle ? Je n'y ai rien mis jusqu'à présent. Elle me tient lieu de gloire, de bonheur et de fortune. Il y a bien des choses, sans doute, que je donnerais ma vie pour obtenir ou pour éviter ; mais estimer une chose plus que ma vie n'est pas une raison pour l'estimer autant que Manon. Je ne fus pas longtemps à me déterminer, après ce raisonnement. Je continuai mon chemin, résolu d'aller d'abord chez Tiberge, et de là chez M. de T…

En entrant à Paris, je pris un fiacre, quoique je n'eusse pas de quoi le payer ; je comptais sur les secours que j'allais solliciter. Je me fis conduire au Luxembourg, d'où j'envoyai avertir Tiberge que j'étais à l'attendre. Il satisfit mon impatience par sa promptitude. Je lui appris l'extrémité de mes besoins, sans nul détour. Il me demanda si les cent pistoles que je lui avais rendues me suffiraient; et sans m'opposer un seul mot de difficulté, il me les alla chercher dans le moment, avec cet air ouvert, et ce plaisir à donner, qui n'est connu que de l'amour et de la véritable amitié. Quoique je n'eusse pas eu le moindre doute du succès de ma demande, je fus surpris de l'avoir obtenue à si bon marché, c'est-à-dire sans qu'il m'eût querellé sur mon impénitence[1]. Mais je me trompais en me croyant tout à fait quitte de ses reproches; car lorsqu'il eut achevé de me compter son argent et que je me préparais à le quitter, il me pria de faire avec lui un tour d'allée. Je ne lui avais point parlé de Manon. Il ignorait qu'elle fût en liberté; ainsi sa morale ne tomba que sur ma fuite téméraire de Saint-Lazare, et sur la crainte où il était qu'au lieu de profiter des leçons de sagesse que j'y avais reçues, je ne reprisse le train[2] du désordre. Il me dit qu'étant allé pour me visiter à Saint-Lazare, le lendemain de mon évasion, il avait été frappé au-delà de toute expression en apprenant la manière dont j'en étais sorti; qu'il avait eu là-dessus un entretien avec le Supérieur; que ce bon Père n'était pas encore remis de son effroi; qu'il avait eu néanmoins la générosité de déguiser à M. le Lieutenant général de Police les circonstances de mon départ, et qu'il avait empêché que la mort du portier ne fût connue au-dehors; que je n'avais donc, de ce côté-là, nul sujet d'alarme, mais que s'il me restait le moindre sentiment de sagesse, je profiterais de cet heureux tour que le Ciel donnait à mes affaires; que je devais commencer par écrire à mon père et me remettre bien avec lui; et que si je voulais suivre une fois son conseil, il était d'avis que je quittasse Paris, pour retourner dans le sein de ma famille.

J'écoutai son discours jusqu'à la fin. Il y avait là bien des choses satisfaisantes. Je fus ravi, premièrement, de n'avoir rien à craindre du côté de Saint-Lazare. Les rues de Paris me

Notes

1. **impénitence** : endurcissement dans le mal.

2. **train** : manière de vivre.

redevenaient un pays libre. En second lieu, je m'applaudis de ce que Tiberge n'avait pas la moindre idée de la délivrance de Manon, et de son retour avec moi. Je remarquai même qu'il avait évité de me parler d'elle, dans l'opinion apparemment qu'elle me tenait moins au cœur, puisque je paraissais si tranquille sur son sujet. Je résolus, sinon de retourner dans ma famille, du moins d'écrire à mon père, comme il me le conseillait, et de lui témoigner que j'étais disposé à rentrer dans l'ordre de mes devoirs et de ses volontés. Mon espérance était de l'engager à m'envoyer de l'argent, sous prétexte de faire mes exercices[1] à l'Académie; car j'aurais eu peine à lui persuader que je fusse dans la disposition de retourner à l'état ecclésiastique. Et dans le fond, je n'avais nul éloignement pour ce que je voulais lui promettre. J'étais bien aise, au contraire, de m'appliquer à quelque chose d'honnête et de raisonnable, autant que ce dessein pourrait s'accorder avec mon amour. Je faisais mon compte[2] de vivre avec ma maîtresse, et de faire en même temps mes exercices. Cela était fort compatible. Je fus si satisfait de toutes ces idées que je promis à Tiberge de faire partir, le jour même, une lettre pour mon père. J'entrai effectivement dans un bureau d'écriture, en le quittant; et j'écrivis d'une manière si tendre et si soumise, qu'en relisant ma lettre, je me flattai d'obtenir quelque chose du cœur paternel.

Quoique je fusse en état de prendre et de payer un fiacre après avoir quitté Tiberge, je me fis un plaisir de marcher fièrement à pied en allant chez M. de T... Je trouvais de la joie dans cet exercice de ma liberté, pour laquelle mon ami m'avait assuré qu'il ne me restait rien à craindre. Cependant il me revint tout d'un coup à l'esprit que ses assurances ne regardaient que Saint-Lazare, et que j'avais outre cela l'affaire de l'Hôpital sur les bras, sans compter la mort de Lescaut, dans laquelle j'étais mêlé, du moins comme témoin. Ce souvenir

Notes

1. **exercices** : études.

2. **Je faisais mon compte** : j'espérais.

m'effraya si vivement, que je me retirai dans la première allée, d'où je fis appeler un carrosse. J'allai droit chez M. de T..., que je fis rire de ma frayeur. Elle me parut risible à moi-même, lorsqu'il m'eut appris que je n'avais rien à craindre du côté de l'Hôpital, ni de celui de Lescaut. Il me dit que dans la pensée qu'on pourrait le soupçonner d'avoir eu part à l'enlèvement de Manon, il était allé le matin à l'Hôpital, et qu'il avait demandé à la voir en feignant d'ignorer ce qui était arrivé; qu'on était si éloigné de nous accuser, ou lui, ou moi, qu'on s'était empressé au contraire de lui apprendre cette aventure comme une étrange nouvelle, et qu'on admirait qu'une fille aussi jolie que Manon eût pris le parti de fuir avec un valet; et qu'il s'était contenté de répondre froidement qu'il n'en était pas surpris, et qu'on fait tout pour la liberté. Il continua de me raconter qu'il était allé de là chez Lescaut, dans l'espérance de m'y trouver avec ma charmante maîtresse; que l'hôte de la maison, qui était un carrossier[1], lui avait protesté qu'il n'avait vu ni elle ni moi; mais qu'il n'était pas étonnant que nous n'eussions point paru chez lui, si c'était pour Lescaut que nous devions y venir, parce que nous aurions sans doute appris qu'il venait d'être tué, à peu près dans le même temps. Sur quoi, il n'avait pas refusé d'expliquer ce qu'il savait de la cause et des circonstances de cette mort. Environ deux heures auparavant, un garde du corps, des amis de Lescaut, l'était venu voir, et lui avait proposé de jouer. Lescaut avait gagné si rapidement, que l'autre s'était trouvé cent écus de moins en une heure, c'est-à-dire tout son argent. Ce malheureux, qui se voyait sans un sou, avait prié Lescaut de lui prêter la moitié de la somme qu'il avait perdue; et sur quelques difficultés nées à cette occasion, ils s'étaient querellés avec une animosité[2] extrême. Lescaut avait refusé de sortir pour mettre l'épée à la main, et l'autre avait juré, en le quittant, de lui casser la tête; ce qu'il avait exé-

Notes

1. **carrossier** : loueur de carrosses.

2. **animosité** : hostilité.

cuté le soir même. M. de T... eut l'honnêteté d'ajouter qu'il avait été fort inquiet par rapport à nous, et qu'il continuait de m'offrir ses services. Je ne balançai point à lui apprendre le lieu de notre retraite. Il me pria de trouver bon qu'il allât souper avec nous.

Comme il ne me restait qu'à prendre du linge et des habits pour Manon, je lui dis que nous pouvions partir à l'heure même, s'il voulait avoir la complaisance de s'arrêter un moment avec moi chez quelques marchands. Je ne sais s'il crut que je lui faisais cette proposition dans la vue d'intéresser sa générosité, ou si ce fut par le simple mouvement d'une belle âme ; mais ayant consenti à partir aussitôt, il me mena chez les marchands qui fournissaient sa maison ; il me fit choisir plusieurs étoffes d'un prix plus considérable que je ne me l'étais proposé ; et lorsque je me disposais à les payer, il défendit absolument aux marchands de recevoir un sou de moi. Cette galanterie[1] se fit de si bonne grâce, que je crus pouvoir en profiter sans honte. Nous prîmes ensemble le chemin de Chaillot, où j'arrivai avec moins d'inquiétude que je n'en étais parti.

Le Chevalier Des Grieux ayant employé plus d'une heure à ce récit, je le priai de prendre un peu de relâche, et de nous tenir compagnie à souper. Notre attention lui fit juger que nous l'avions écouté avec plaisir. Il nous assura que nous trouverions quelque chose encore de plus intéressant dans la suite de son histoire ; et lorsque nous eûmes fini de souper, il continua dans ces termes.

FIN DE LA PREMIÈRE PARTIE

Note

1. **galanterie** : gentillesse.

Seconde partie

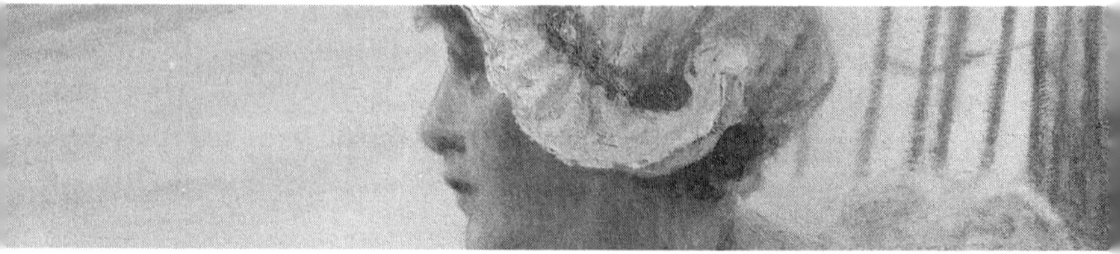

Ma présence et les politesses de M. de T… dissipèrent tout ce qui pouvait rester de chagrin à Manon. Oublions nos terreurs passées, ma chère âme, lui dis-je en arrivant, et recommençons à vivre plus heureux que jamais. Après tout, l'Amour est un bon maître. La Fortune ne saurait nous causer autant de peines qu'il nous fait goûter de plaisirs. Notre souper fut une vraie scène de joie. J'étais plus fier et plus content avec Manon et mes cent pistoles, que le plus riche partisan[1] de Paris avec ses trésors entassés. Il faut compter ses richesses par les moyens qu'on a de satisfaire ses désirs. Je n'en avais pas un seul à remplir; l'avenir même me causait peu d'embarras. J'étais presque sûr que mon père ne ferait pas de difficulté de me donner de quoi vivre honorablement à Paris, parce qu'étant dans ma vingtième année j'entrais en droit d'exiger ma part du bien de ma mère. Je ne cachai point à Manon que le fond de mes richesses n'était que de cent pistoles. C'était assez pour attendre tranquillement une meilleure fortune, qui semblait ne me pouvoir manquer, soit par mes droits naturels, ou par les ressources du jeu.

Ainsi, pendant les premières semaines, je ne pensai qu'à jouir de ma situation; et la force de l'honneur, autant qu'un

Note

1. **partisan** : financier. On désignait ainsi les fermiers généraux.

reste de ménagement[1] pour la police, me faisant remettre de jour en jour à renouer avec les Associés de l'hôtel de T..., je me réduisis à jouer dans quelques assemblées moins décriées, où la faveur du sort m'épargna l'humiliation d'avoir recours à l'industrie[2]. J'allais passer à la ville une partie de l'après-midi, et je revenais souper à Chaillot, accompagné fort souvent de M. de T..., dont l'amitié croissait de jour en jour pour nous. Manon trouva des ressources contre l'ennui. Elle se lia, dans le voisinage, avec quelques jeunes personnes que le printemps y avait ramenées. La promenade et les petits exercices de leur sexe faisaient alternativement leur occupation. Une partie de jeu, dont elles avaient réglé les bornes, fournissait aux frais de la voiture. Elles allaient prendre l'air au bois de Boulogne, et le soir, à mon retour, je retrouvais Manon plus belle, plus contente, et plus passionnée que jamais.

Il s'éleva néanmoins quelques nuages, qui semblèrent menacer l'édifice de mon bonheur. Mais ils furent nettement dissipés ; et l'humeur folâtre de Manon rendit le dénouement si comique, que je trouve encore de la douceur dans un souvenir qui me représente sa tendresse et les agréments de son esprit.

Le seul valet qui composait notre domestique[3] me prit un jour à l'écart pour me dire avec beaucoup d'embarras qu'il avait un secret d'importance à me communiquer. Je l'encourageai à parler librement. Après quelques détours, il me fit entendre qu'un seigneur étranger semblait avoir pris beaucoup d'amour pour Mademoiselle Manon. Le trouble de mon sang se fit sentir dans toutes mes veines. En a-t-elle pour lui ? interrompis-je plus brusquement que la prudence ne permettait pour m'éclaircir. Ma vivacité l'effraya. Il me répondit d'un air inquiet que sa pénétration[4] n'avait pas été si loin ; mais qu'ayant observé, depuis plusieurs jours, que cet étranger venait assidûment au bois de Boulogne, qu'il y descendait de son carrosse,

Notes

1. **ménagement** : précaution.
2. **industrie** : tricherie.
3. **domestique** : ensemble des serviteurs.
4. **pénétration** : perspicacité, attention.

et que s'engageant seul dans les contre-allées, il paraissait chercher l'occasion de voir ou de rencontrer Mademoiselle, il lui était venu à l'esprit de faire quelque liaison avec ses gens, pour apprendre le nom de leur maître ; qu'ils le traitaient de Prince italien, et qu'ils le soupçonnaient eux-mêmes de quelque aventure galante ; qu'il n'avait pu se procurer d'autres lumières, ajouta-t-il en tremblant, parce que le Prince, étant alors sorti du bois, s'était approché familièrement de lui, et lui avait demandé son nom ; après quoi, comme s'il eût deviné qu'il était à notre service, il l'avait félicité d'appartenir à la plus charmante personne du monde.

J'attendais impatiemment la suite de ce récit. Il le finit par des excuses timides, que je n'attribuai qu'à mes imprudentes agitations. Je le pressai en vain de continuer sans déguisement. Il me protesta qu'il ne savait rien de plus, et que ce qu'il venait de me raconter étant arrivé le jour précédent, il n'avait pas revu les gens du Prince. Je le rassurai, non seulement par des éloges, mais par une honnête récompense ; et sans lui marquer la moindre défiance de Manon, je lui recommandai, d'un ton plus tranquille, de veiller sur toutes les démarches de l'étranger.

Au fond, sa frayeur me laissa de cruels doutes. Elle pouvait lui avoir fait supprimer une partie de la vérité. Cependant, après quelques réflexions, je revins de mes alarmes, jusqu'à regretter d'avoir donné cette marque de faiblesse. Je ne pouvais faire un crime à Manon d'être aimée. Il y avait beaucoup d'apparence qu'elle ignorait sa conquête ; et quelle vie allais-je mener si j'étais capable d'ouvrir si facilement l'entrée de mon cœur à la jalousie ? Je retournai à Paris le jour suivant, sans avoir formé d'autre dessein que de hâter le progrès de ma fortune en jouant plus gros jeu, pour me mettre en état de quitter Chaillot, au premier sujet d'inquiétude. Le soir, je n'appris rien de nuisible à mon repos. L'étranger avait reparu au bois de Boulogne, et prenant droit de ce qui s'y était passé la veille pour se rapprocher de mon confident, il lui avait parlé de son amour, mais dans des termes qui ne supposaient aucune intelligence[1] avec Manon. Il l'avait interrogé sur mille détails. Enfin, il avait tenté de le mettre dans ses intérêts par des promesses considérables ; et tirant une lettre qu'il tenait prête, il lui avait offert inutilement quelques louis d'or, pour la rendre à sa maîtresse.

Deux jours se passèrent sans aucun autre incident. Le troisième fut plus orageux. J'appris, en arrivant de la ville assez tard, que Manon, pendant sa promenade, s'était écartée un moment de ses compagnes ; et que l'étranger, qui la suivait à peu de distance, s'étant approché d'elle au signe qu'elle lui en avait fait, elle lui avait remis une lettre, qu'il avait reçue avec des transports de joie. Il n'avait eu le temps de les exprimer qu'en baisant amoureusement les caractères, parce qu'elle s'était aussitôt dérobée. Mais elle avait paru d'une gaieté extraordinaire pendant le reste du jour ; et depuis qu'elle était rentrée au logis, cette humeur ne l'avait pas abandonnée. Je frémis, sans doute à chaque mot. Es-tu bien sûr, dis-je tristement à mon valet, que tes yeux ne t'aient pas trompé ? Il prit le Ciel à témoin de sa bonne foi. Je ne sais à quoi les tourments de mon cœur m'auraient porté, si Manon, qui m'avait entendu rentrer, ne fût venue au-devant de moi, avec un air d'impatience et des plaintes de ma lenteur. Elle n'attendit point ma réponse pour m'accabler[2] de caresses ; et lorsqu'elle se vit seule avec moi, elle me fit des reproches fort vifs de l'habitude que je prenais de revenir si tard. Mon silence lui laissant la liberté de continuer, elle me dit que, depuis trois semaines, je n'avais pas passé une journée entière avec elle ; qu'elle ne pouvait soutenir de si longues absences ; qu'elle me demandait du moins un jour, par intervalles ; et que dès le lendemain, elle voulait me voir près d'elle du matin au soir. J'y serai, n'en doutez

Notes

1. **intelligence** : complicité.

2. **m'accabler** : me couvrir.

pas, lui répondis-je d'un ton assez brusque. Elle marqua peu d'attention pour mon chagrin ; et dans le mouvement de sa joie, qui me parut en effet d'une vivacité singulière, elle me fit mille peintures plaisantes de la manière dont elle avait passé le jour. Étrange fille ! me disais-je à moi-même ; que dois-je attendre de ce prélude ? L'aventure de notre première séparation me revint à l'esprit. Cependant je croyais voir dans le fond de sa joie et de ses caresses, un air de vérité qui s'accordait avec les apparences.

Il ne me fut pas difficile de rejeter la tristesse dont je ne pus me défendre pendant notre souper, sur une perte que je me plaignis d'avoir faite au jeu. J'avais regardé comme un extrême avantage que l'idée de ne pas quitter Chaillot le jour suivant fût venue d'elle-même. C'était gagner du temps pour mes délibérations. Ma présence éloignait toutes sortes de craintes pour le lendemain ; et si je ne remarquais rien qui m'obligeât de faire éclater mes découvertes, j'étais déjà résolu de transporter, le jour d'après, mon établissement à la ville, dans un quartier où je n'eusse rien à démêler[1] avec les Princes. Cet arrangement me fit passer une nuit plus tranquille ; mais il ne m'ôtait pas la douleur d'avoir à trembler pour une nouvelle infidélité.

À mon réveil, Manon me déclara que, pour passer le jour dans notre appartement, elle ne prétendait pas que j'en eusse l'air plus négligé, et qu'elle voulait que mes cheveux fussent accommodés de ses propres mains. Je les avais fort beaux. C'était un amusement qu'elle s'était donné plusieurs fois. Mais elle y apporta plus de soins que je ne lui en avais jamais vu prendre. Je fus obligé, pour la satisfaire, de m'asseoir devant sa toilette, et d'essuyer toutes les petites recherches qu'elle imagina pour ma parure. Dans le cours de son travail, elle me faisait tourner souvent le visage vers elle, et s'appuyant des deux mains

Note

1. **démêler** : avoir affaire.

sur mes épaules, elle me regardait avec une curiosité avide. Ensuite, exprimant sa satisfaction par un ou deux baisers, elle me faisait reprendre ma situation pour continuer son ouvrage. Ce badinage nous occupa jusqu'à l'heure du dîner. Le goût qu'elle y avait pris m'avait paru si naturel, et sa gaieté sentait si peu l'artifice, que ne pouvant concilier des apparences si constantes avec le projet d'une noire trahison, je fus tenté plusieurs fois de lui ouvrir mon cœur, et de me décharger d'un fardeau qui commençait à me peser. Mais je me flattais, à chaque instant, que l'ouverture viendrait d'elle ; et je m'en faisais d'avance un délicieux triomphe.

Nous rentrâmes dans son cabinet. Elle se mit à rajuster mes cheveux, et ma complaisance me faisait céder à toutes ses volontés, lorsqu'on vint l'avertir que le Prince de... demandait à la voir. Ce nom m'échauffa jusqu'au transport. Quoi donc ? m'écriai-je en la repoussant. Qui ? Quel Prince ? Elle ne répondit point à mes questions. Faites-le monter, dit-elle froidement au valet ; et se tournant vers moi : Cher amant, toi que j'adore, reprit-elle d'un ton enchanteur, je te demande un moment de complaisance, un moment, un seul moment. Je t'en aimerai mille fois plus. Je t'en saurai gré toute ma vie.

L'indignation et la surprise me lièrent la langue. Elle répétait ses instances, et je cherchais des expressions pour les rejeter avec mépris. Mais, entendant ouvrir la porte de l'antichambre, elle empoigna d'une main mes cheveux, qui étaient flottants sur mes épaules, elle prit de l'autre son miroir de toilette ; elle employa toute sa force pour me traîner dans cet état jusqu'à la porte du cabinet ; et l'ouvrant du genou, elle offrit à l'étranger, que le bruit semblait avoir arrêté au milieu de la chambre, un spectacle qui ne dut pas lui causer peu d'étonnement. Je vis un homme fort bien mis, mais d'assez mauvaise mine. Dans l'embarras où le jetait cette scène, il ne laissa pas de faire une profonde révérence. Manon ne lui donna pas le temps d'ouvrir la bouche. Elle lui présenta son miroir : Voyez, Monsieur, lui dit-elle, regardez-vous bien, et rendez-moi justice. Vous me demandez de l'amour. Voici l'homme que j'aime, et que j'ai juré d'aimer toute ma vie. Faites la comparaison vous-même. Si vous croyez lui pouvoir disputer mon cœur, apprenez-moi donc sur quel fondement; car je vous déclare qu'aux yeux de votre servante très humble, tous les Princes d'Italie ne valent pas un des cheveux que je tiens.

Pendant cette folle harangue, qu'elle avait apparemment méditée, je faisais des efforts inutiles pour me dégager; et prenant pitié d'un homme de considération, je me sentais porté à réparer ce petit outrage par mes politesses. Mais s'étant remis assez facilement, sa réponse, que je trouvai un peu grossière, me fit perdre cette disposition. Mademoiselle, Mademoiselle, lui dit-il avec un sourire forcé, j'ouvre en effet les yeux, et je vous trouve bien moins novice que je ne me l'étais figuré. Il se retira aussitôt, sans jeter les yeux sur elle, en ajoutant, d'une voix plus basse, que les femmes de France ne valaient pas mieux que celles d'Italie. Rien ne m'invitait, dans cette occasion, à lui faire prendre une meilleure idée du beau sexe.

Manon quitta mes cheveux, se jeta dans un fauteuil, et fit retentir la chambre de longs éclats de rire. Je ne dissimulai pas que je fus touché jusqu'au fond du cœur, d'un sacrifice que je ne pouvais attribuer qu'à l'amour. Cependant la plaisanterie me parut excessive. Je lui en fis des reproches. Elle me raconta que mon rival, après l'avoir obsédée[1] pendant plusieurs jours au bois de Boulogne, et lui avoir fait deviner ses sentiments par des grimaces, avait pris le parti de lui en faire une déclaration ouverte, accompagnée de son nom et de tous ses titres, dans une lettre qu'il lui avait fait remettre par le cocher qui la conduisait avec ses compagnes; qu'il lui promettait, au-delà des monts, une brillante fortune et des adorations éternelles; qu'elle était revenue à Chaillot dans la résolution de me

Note

1. **obsédée** : poursuivie.

communiquer cette aventure; mais qu'ayant conçu que nous en pouvions tirer de l'amusement, elle n'avait pu résister à son imagination; qu'elle avait offert au Prince italien, par une réponse flatteuse, la liberté de la voir chez elle, et qu'elle s'était fait un second plaisir de me faire entrer dans son plan, sans m'en avoir fait naître le moindre soupçon. Je ne lui dis pas un mot des lumières qui m'étaient venues par une autre voie, et l'ivresse de l'amour triomphant me fit tout approuver.

J'ai remarqué, dans toute ma vie, que le Ciel a toujours choisi, pour me frapper de ses plus rudes châtiments, le temps où ma fortune me semblait le mieux établie. Je me croyais si heureux, avec l'amitié de M. de T… et la tendresse de Manon, qu'on n'aurait pu me faire comprendre que j'eusse à craindre quelque nouveau malheur. Cependant, il s'en préparait un si funeste, qu'il m'a réduit à l'état où vous m'avez vu à Pacy, et par degrés à des extrémités si déplorables, que vous aurez peine à croire mon récit fidèle.

Un jour que nous avions M. de T… à souper, nous entendîmes le bruit d'un carrosse qui s'arrêtait à la porte de l'hôtellerie. La curiosité nous fit désirer de savoir qui pouvait arriver à cette heure. On nous dit que c'était le jeune G… M…, c'est-à-dire le fils de notre plus cruel ennemi, de ce vieux débauché qui m'avait mis à Saint-Lazare et Manon à l'Hôpital. Son nom me fit monter la rougeur au visage. C'est le Ciel qui me l'amène, dis-je à M. de T…, pour le punir de la lâcheté de son père. Il ne m'échappera pas que nous n'ayons mesuré nos épées. M. de T…, qui le connaissait et qui était même de ses meilleurs amis, s'efforça de me faire prendre d'autres sentiments pour lui. Il m'assura que c'était un jeune homme très aimable, et si peu capable d'avoir eu part à l'action de son père, que je ne le verrais pas moi-même un moment sans lui accorder mon estime et sans désirer la sienne. Après avoir ajouté mille choses à son avantage, il me pria de consentir qu'il allât lui proposer de venir prendre place avec nous, et de s'accommoder du reste de notre souper. Il prévint l'objection du péril où c'était exposer Manon[1], que de découvrir sa demeure au fils de notre ennemi, en protestant, sur son honneur et sur sa foi, que, lorsqu'il nous connaîtrait, nous n'aurions point de plus zélé défenseur. Je ne fis difficulté de rien, après de telles assurances. M. de T... ne nous l'amena point sans avoir pris un moment pour l'informer qui nous étions. Il entra d'un air qui nous prévint effectivement en sa faveur. Il m'embrassa. Nous nous assîmes. Il admira Manon, moi, tout ce qui nous appartenait, et il mangea d'un appétit qui fit honneur à notre souper. Lorsqu'on eut desservi, la conversation devint plus sérieuse. Il baissa les yeux pour nous parler de l'excès où son père s'était porté contre nous. Il nous fit les excuses les plus soumises. Je les abrège, nous dit-il, pour ne pas renouveler un souvenir qui me cause trop de honte. Si elles étaient sincères dès le commencement, elles le devinrent bien plus dans la suite, car il n'eut pas passé une demi-heure dans cet entretien, que je m'aperçus de l'impression que les charmes de Manon faisaient sur lui. Ses regards et ses manières s'attendrirent par degrés. Il ne laissa rien échapper néanmoins dans ses discours; mais, sans être aidé de la jalousie, j'avais trop d'expérience en amour pour ne pas discerner ce qui venait de cette source. Il nous tint compagnie pendant une partie de la nuit, et il ne nous quitta qu'après s'être félicité de notre connaissance, et nous avoir demandé la permission de venir nous renouveler quelquefois l'offre de ses services. Il partit le matin avec M. de T..., qui se mit avec lui dans son carrosse.

Je ne me sentais, comme j'ai dit, aucun penchant à la jalousie. J'avais plus de crédulité que jamais pour les serments de Manon. Cette charmante créature était si absolument maîtresse de mon âme, que je n'avais pas un seul petit sentiment qui ne fût de l'estime et de l'amour. Loin de lui faire un crime

Note

1. **où c'était exposer Manon** : auquel Manon serait exposée.

d'avoir plu au jeune G… M…, j'étais ravi de l'effet de ses charmes, et je m'applaudissais d'être aimé d'une fille que tout le monde trouvait aimable. Je ne jugeai pas même à propos de lui communiquer mes soupçons. Nous fûmes occupés, pendant quelques jours, du soin de faire ajuster ses habits, et à délibérer si nous pouvions aller à la Comédie sans appréhender d'être reconnus. M. de T… revint nous voir avant la fin de la semaine. Nous le consultâmes là-dessus. Il vit bien qu'il fallait dire oui, pour faire plaisir à Manon. Nous résolûmes d'y aller le même soir avec lui.

Cependant cette résolution ne put s'exécuter, car m'ayant tiré aussitôt en particulier : Je suis, me dit-il, dans le dernier embarras depuis que je vous ai vu, et la visite que je vous fais aujourd'hui en est une suite. G… M… aime votre maîtresse. Il m'en a fait confidence. Je suis son intime ami, et disposé en tout à le servir; mais je ne suis pas moins le vôtre. J'ai considéré que ses intentions sont injustes, et je les ai condamnées. J'aurais gardé son secret, s'il n'avait dessein d'employer, pour plaire, que les voies communes; mais il est bien informé de l'humeur de Manon. Il a su, je ne sais d'où, qu'elle aime l'abondance, et les plaisirs; et comme il jouit déjà d'un bien considérable, il m'a déclaré qu'il veut la tenter d'abord par un très gros présent, et par l'offre de dix mille livres de pension. Toutes choses égales, j'aurais peut-être eu beaucoup plus de violence à me faire pour le trahir, mais la justice s'est jointe en votre faveur à l'amitié; d'autant plus qu'ayant été la cause imprudente de sa passion, en l'introduisant ici, je suis obligé de prévenir les effets du mal que j'ai causé.

Je remerciai M. de T… d'un service de cette importance, et je lui avouai, avec un parfait retour de confiance, que le caractère de Manon était tel que G… M… se le figurait; c'est-à-dire qu'elle ne pouvait supporter le nom de la pauvreté. Cependant, lui dis-je, lorsqu'il n'est question que du plus ou du moins, je ne la crois pas capable de m'abandonner pour un autre. Je suis en état de ne la laisser manquer de rien, et je compte que ma fortune va croître de jour en jour. Je ne crains qu'une chose, ajoutai-je, c'est que G… M… ne se serve de la connaissance qu'il a de notre demeure, pour nous rendre quelque mauvais office[1]. M. de T… m'assura que je devais être sans appréhension de ce côté-là ; que G… M… était capable d'une folie amoureuse, mais qu'il ne l'était point d'une bassesse ; que s'il avait la lâcheté d'en commettre une, il serait le premier, lui qui parlait, à l'en punir, et à réparer par là le malheur qu'il avait eu d'y donner occasion. Je vous suis obligé de ce sentiment, repris-je, mais le mal serait fait, et le remède fort incertain. Ainsi le parti le plus sage est de le prévenir, en quittant Chaillot pour prendre une autre demeure. Oui, reprit M. de T… Mais vous aurez peine à le faire aussi promptement qu'il faudrait ; car G… M… doit être ici à midi ; il me le dit hier, et c'est ce qui m'a porté à venir si matin, pour vous informer de ses vues. Il peut arriver à tout moment.

Un avis si pressant me fit regarder cette affaire d'un œil plus sérieux. Comme il me semblait impossible d'éviter la visite de G… M…, et qu'il me le serait aussi, sans doute, d'empêcher qu'il ne s'ouvrît à Manon, je pris le parti de la prévenir moi-même sur le dessein de ce nouveau rival. Je m'imaginai que me sachant instruit des propositions qu'il lui ferait, et les recevant à mes yeux, elle aurait assez de force pour les rejeter. Je découvris ma pensée à M. de T…, qui me répondit que cela était extrêmement délicat. Je l'avoue, lui dis-je, mais toutes les raisons qu'on peut avoir d'être sûr d'une maîtresse, je les ai de compter sur l'affection de la mienne. Il n'y aurait que la grandeur des offres qui pût l'éblouir, et je vous ai dit qu'elle ne connaît point l'intérêt. Elle aime ses aises, mais elle m'aime aussi ; et dans la situation où sont mes affaires, je ne saurais croire qu'elle me préfère le fils d'un homme qui l'a mise à

Note

1. **nous rendre quelque mauvais office** : nous causer du tort.

l'Hôpital. En un mot, je persistai dans mon dessein ; et m'étant retiré à l'écart avec Manon, je lui déclarai naturellement tout ce que je venais d'apprendre.

Elle me remercia de la bonne opinion que j'avais d'elle, et elle me promit de recevoir les offres de G... M... d'une manière qui lui ôterait l'envie de les renouveler. Non, lui dis-je, il ne faut pas l'irriter par une brusquerie. Il peut nous nuire. Mais tu sais assez, toi, friponne, ajoutai-je en riant, comment te défaire d'un amant désagréable ou incommode. Elle reprit, après avoir un peu rêvé : Il me vient un dessein admirable, s'écria-t-elle, et je suis toute glorieuse de l'invention. G... M... est le fils de notre plus cruel ennemi ; il faut nous venger du père, non pas sur le fils, mais sur sa bourse. Je veux l'écouter, accepter ses présents, et me moquer de lui. Le projet est joli, lui dis-je, mais tu ne songes pas, mon pauvre enfant, que c'est le chemin qui nous a conduits droit à l'Hôpital. J'eus beau lui représenter le péril de cette entreprise, elle me dit qu'il ne s'agissait que de bien prendre nos mesures, et elle répondit à toutes mes objections. Donnez-moi un amant qui n'entre point aveuglément dans tous les caprices d'une maîtresse adorée, et je conviendrai que j'eus tort de céder si facilement. La résolution fut prise de faire une dupe de G... M..., et par un tour bizarre de mon sort, il arriva que je devins la sienne.

Nous vîmes paraître son carrosse vers les onze heures. Il nous fit des compliments fort recherchés sur la liberté qu'il prenait de venir dîner avec nous. Il ne fut pas surpris de trouver M. de T..., qui lui avait promis la veille de s'y rendre aussi, et qui avait feint quelques affaires pour se dispenser de venir dans la même voiture. Quoiqu'il n'y eût pas un seul de nous qui ne portât la trahison dans le cœur, nous nous mîmes à table avec un air de confiance et d'amitié. G... M... trouva aisément l'occasion de déclarer ses sentiments à Manon. Je ne dus pas lui paraître gênant, car je m'absentai exprès, pendant quelques minutes. Je m'aperçus, à mon retour, qu'on ne l'avait pas désespéré par un excès de rigueur. Il était de la meilleure humeur du monde. J'affectai de le paraître aussi ; il riait intérieurement de ma simplicité, et moi de la sienne. Pendant tout l'après-midi, nous fûmes l'un pour l'autre une scène fort agréable. Je lui ménageai encore, avant son départ, un moment d'entretien particulier avec Manon ; de sorte qu'il eut lieu de s'applaudir de ma complaisance autant que de la bonne chère.

Aussitôt qu'il fut monté en carrosse avec M. de T..., Manon accourut à moi les bras ouverts, et m'embrassa en éclatant de rire. Elle me répéta ses discours et ses propositions, sans y changer un mot. Ils se réduisaient à ceci : il l'adorait. Il voulait partager avec elle quarante mille livres de rente dont il jouissait déjà, sans compter ce qu'il attendait après la mort de son père. Elle allait être maîtresse de son cœur et de sa fortune ; et pour gage de ses bienfaits, il était prêt à lui donner un carrosse, un hôtel meublé, une femme de chambre, trois laquais et un cuisinier. Voilà un fils, dis-je à Manon, bien autrement généreux que son père. Parlons de bonne foi, ajoutai-je ; cette offre ne vous tente-t-elle point ? Moi ? répondit-elle, en ajustant à sa pensée deux vers de Racine :

Moi ! vous me soupçonnez de cette perfidie ?
Moi ! je pourrais souffrir un visage odieux,
Qui rappelle toujours l'Hôpital à mes yeux ?

Non, repris-je, en continuant la parodie[1] :

J'aurais peine à penser que l'Hôpital, Madame,
Fût un trait dont l'Amour l'eût gravé dans votre âme.[2]

Mais c'en est un bien séduisant qu'un hôtel meublé avec un carrosse et trois laquais ; et l'Amour en a peu d'aussi forts. Elle me protesta que son cœur était à moi pour toujours, et qu'il

Notes

1. **parodie** : détournement ou reprise d'un texte appliqué à une autre situation.

2. Les vers sont tirés d'*Iphigénie* de Racine : « Ériphile : *Moi ? vous me soupçonnez de cette perfidie ? / Moi, j'aimerais, Madame, un vainqueur furieux, / Qui toujours tout sanglant se présente à mes yeux* [...]. / Iphigénie : [...] *ces cendres, cette flamme / Sont les traits dont l'Amour l'a gravé dans votre âme* [...]. »

ne recevrait jamais d'autres traits que les miens. Les promesses qu'il m'a faites, me dit-elle, sont un aiguillon de vengeance, plutôt qu'un trait d'amour. Je lui demandai si elle était dans le dessein d'accepter l'hôtel et le carrosse. Elle me répondit qu'elle n'en voulait qu'à son argent. La difficulté était d'obtenir l'un sans l'autre. Nous résolûmes d'attendre l'entière explication du projet de G... M..., dans une lettre qu'il avait promis de lui écrire. Elle la reçut en effet le lendemain, par un laquais sans livrée[1], qui se procura fort adroitement l'occasion de lui parler sans témoins. Elle lui dit d'attendre sa réponse, et elle vint m'apporter aussitôt sa lettre. Nous l'ouvrîmes ensemble. Outre les lieux communs de tendresse, elle contenait le détail des promesses de mon rival. Il ne bornait point sa dépense. Il s'engageait à lui compter dix mille francs, en prenant possession de l'hôtel, et à réparer tellement les diminutions[2] de cette somme, qu'elle l'eût toujours devant elle en argent comptant. Le jour de l'inauguration n'était pas reculé trop loin. Il ne lui en demandait que deux pour les préparatifs, et il lui marquait[3] le nom de la rue et de l'hôtel, où il lui promettait de l'attendre l'après-midi du second jour, si elle pouvait se dérober de mes mains. C'était l'unique point sur lequel il la conjurait de le tirer d'inquiétude; il paraissait sûr de tout le reste; mais il ajoutait que si elle prévoyait de la difficulté à m'échapper, il trouverait le moyen de rendre sa fuite aisée.

G... M... était plus fin que son père; il voulait tenir sa proie avant que de compter ses espèces[4]. Nous délibérâmes sur la conduite que Manon avait à tenir. Je fis encore des efforts pour lui ôter cette entreprise de la tête, et je lui en représentai tous les dangers. Rien ne fut capable d'ébranler sa résolution.

Elle fit une courte réponse à G... M..., pour l'assurer qu'elle ne trouverait pas de difficulté à se rendre à Paris le jour mar-

Notes

1. **livrée :** uniforme.
2. **réparer [...] les diminutions :** compenser les dépenses.
3. **marquait :** indiquait, fixait.
4. **espèces :** argent liquide.

qué, et qu'il pouvait l'attendre avec certitude. Nous réglâmes ensuite que je partirais sur-le-champ, pour aller louer un nouveau logement dans quelque village, de l'autre côté de Paris, et que je transporterais avec moi notre petit équipage; que le lendemain après-midi, qui était le temps de son assignation, elle se rendrait de bonne heure à Paris; qu'après avoir reçu les présents de G… M…, elle le prierait instamment de la conduire à la Comédie; qu'elle prendrait avec elle tout ce qu'elle pourrait porter de la somme, et qu'elle chargerait du reste mon valet, qu'elle voulait mener avec elle. C'était toujours le même qui l'avait délivrée de l'Hôpital, et qui nous était infiniment attaché. Je devais me trouver, avec un fiacre, à l'entrée de la rue Saint-André-des-Arcs[1], et l'y laisser vers les sept heures, pour m'avancer dans l'obscurité à la porte de la Comédie. Manon me promettait d'inventer des prétextes pour sortir un instant de sa loge, et de l'employer à descendre pour me rejoindre. L'exécution du reste était facile. Nous aurions regagné mon fiacre en un moment, et nous serions sortis de Paris par le faubourg Saint-Antoine, qui était le chemin de notre nouvelle demeure.

Ce dessein, tout extravagant qu'il était, nous parut assez bien arrangé. Mais il y avait, dans le fond, une folle imprudence à s'imaginer que, quand il eût réussi le plus heureusement du monde, nous eussions jamais pu nous mettre à couvert des suites[2]. Cependant nous nous exposâmes avec la plus téméraire confiance. Manon partit avec Marcel : c'est ainsi que se nommait notre valet. Je la vis partir avec douleur. Je lui dis en l'embrassant : Manon, ne me trompez point; me serez-vous fidèle? Elle se plaignit tendrement de ma défiance, et elle me renouvela tous ses serments.

Notes

1. **Saint-André-des-Arcs** : aujourd'hui, Saint-André-des-Arts.

2. **nous mettre à couvert des suites** : nous protéger des conséquences.

Son compte était d'arriver à Paris sur les trois heures. Je partis après elle. J'allai me morfondre[1], le reste de l'après-midi, dans le café de Féré au pont Saint-Michel; j'y demeurai jusqu'à la nuit. J'en sortis alors pour prendre un fiacre, que je postai, suivant notre projet, à l'entrée de la rue Saint-André-des-Arcs; ensuite je gagnai à pied la porte de la Comédie. Je fus surpris de n'y pas trouver Marcel, qui devait être à m'attendre. Je pris patience pendant une heure, confondu dans une foule de laquais, et l'œil ouvert sur tous les passants. Enfin, sept heures étant sonnées, sans que j'eusse rien aperçu qui eût rapport à nos desseins, je pris un billet de parterre[2], pour aller voir si je découvrirais Manon et G… M… dans les loges. Ils n'y étaient ni l'un ni l'autre. Je retournai à la porte, où je passai encore un quart d'heure, transporté d'impatience et d'inquiétude. N'ayant rien vu paraître, je rejoignis mon fiacre, sans pouvoir m'arrêter à la moindre résolution. Le cocher, m'ayant aperçu, vint quelques pas au-devant de moi pour me dire, d'un air mystérieux, qu'une jolie demoiselle m'attendait depuis une heure dans le carrosse; qu'elle m'avait demandé, à des signes qu'il avait bien reconnus, et qu'ayant appris que je devais revenir, elle avait dit qu'elle ne s'impatienterait point à m'attendre. Je me figurai aussitôt que c'était Manon. J'approchai. Mais je vis un joli petit visage qui n'était pas le sien. C'était une étrangère, qui me demanda d'abord si elle n'avait pas l'honneur de parler à M. le Chevalier Des Grieux. Je lui dis que c'était mon nom. J'ai une lettre à vous rendre, reprit-elle, qui vous instruira du sujet qui m'amène, et par quel rapport j'ai l'avantage de connaître votre nom. Je la priai de me donner le temps de la lire dans un cabaret voisin. Elle voulut me suivre, et elle me

Notes

1. **me morfondre** : m'ennuyer.
2. **parterre** : partie d'une salle de théâtre située au-dessous du niveau de la scène, entourée des loges du rez-de-chaussée et où le public se tenait debout; les places y étaient très bon marché.

conseilla de demander une chambre à part. De qui vient cette lettre ? lui dis-je en montant : elle me remit à la lecture[1]. Je reconnus la main[2] de Manon. Voici à peu près ce qu'elle me marquait : G... M... l'avait reçue avec une politesse et une magnificence au-delà de toutes ses idées. Il l'avait comblée de présents. Il lui faisait envisager un sort de reine. Elle m'assurait néanmoins qu'elle ne m'oubliait pas, dans cette nouvelle splendeur ; mais que n'ayant pu faire consentir G... M... à la mener ce soir à la Comédie, elle remettait à un autre jour le plaisir de me voir ; et que pour me consoler un peu de la peine qu'elle prévoyait que cette nouvelle pouvait me causer, elle avait trouvé le moyen de me procurer une des plus jolies filles de Paris, qui serait la porteuse de son billet. *Signé*, votre fidèle amante, MANON LESCAUT.

Il y avait quelque chose de si cruel et de si insultant pour moi dans cette lettre, que demeurant suspendu quelque temps entre la colère et la douleur, j'entrepris de faire un effort pour oublier éternellement mon ingrate et parjure maîtresse. Je jetai les yeux sur la fille qui était devant moi : elle était extrêmement jolie, et j'aurais souhaité qu'elle l'eût été assez pour me rendre parjure[3] et infidèle à mon tour. Mais je n'y trouvai point ces yeux fins et languissants, ce port divin, ce teint de la composition de l'Amour, enfin ce fonds inépuisable de charmes que la nature avait prodigués à la perfide Manon. Non, non, lui dis-je en cessant de la regarder, l'ingrate qui vous envoie savait fort bien qu'elle vous faisait faire une démarche inutile. Retournez à elle, et dites-lui de ma part qu'elle jouisse de son crime, et qu'elle en jouisse, s'il se peut, sans remords. Je l'abandonne sans retour, et je renonce en même temps à toutes les femmes, qui ne sauraient être aussi aimables qu'elle, et qui sont, sans doute, aussi lâches et d'aussi mauvaise foi. Je fus alors sur le point de descendre et de me retirer, sans prétendre

Notes

1. **me remit à la lecture** : me renvoya à la lecture de la lettre.
2. **la main** : l'écriture.
3. **parjure** : qui viole un serment.

davantage à Manon ; et la jalousie mortelle qui me déchirait le cœur se déguisant en une morne et sombre tranquillité, je me crus d'autant plus proche de ma guérison, que je ne sentais nul de ces mouvements violents dont j'avais été agité dans les mêmes occasions. Hélas ! j'étais la dupe de l'amour autant que je croyais l'être de G… M… et de Manon.

Cette fille qui m'avait apporté la lettre, me voyant prêt à descendre l'escalier, me demanda ce que je voulais donc qu'elle rapportât à M. de G… M… et à la dame qui était avec lui. Je rentrai dans la chambre à cette question ; et par un changement incroyable à ceux qui n'ont jamais senti de passions violentes, je me trouvai, tout d'un coup, de la tranquillité où je croyais être, dans un transport terrible de fureur. Va, lui dis-je, rapporte au traître G… M… et à sa perfide maîtresse le désespoir où ta maudite lettre m'a jeté ; mais apprends-leur qu'ils n'en riront pas longtemps, et que je les poignarderai tous deux de ma propre main. Je me jetai sur une chaise. Mon chapeau tomba d'un côté, et ma canne de l'autre. Deux ruisseaux de larmes amères commencèrent à couler de mes yeux. L'accès de rage que je venais de sentir se changea dans une profonde douleur. Je ne fis plus que pleurer, en poussant des gémissements et des soupirs. Approche, mon enfant, approche, m'écriai-je en parlant à la jeune fille ; approche, puisque c'est toi qu'on envoie pour me consoler. Dis-moi si tu sais des consolations contre la rage et le désespoir, contre l'envie de se donner la mort à soi-même, après avoir tué deux perfides qui ne méritent pas de vivre. Oui, approche, continuai-je, en voyant qu'elle faisait vers moi quelques pas timides et incertains. Viens essuyer mes larmes, viens rendre la paix à mon cœur, viens me dire que tu m'aimes, afin que je m'accoutume à l'être d'une autre que de mon infidèle. Tu es jolie, je pourrai peut-être t'aimer à mon tour. Cette pauvre enfant, qui n'avait pas seize ou dix-sept ans, et qui paraissait avoir plus de pudeur que ses pareilles, était extraordinairement surprise d'une si étrange scène. Elle s'approcha néanmoins pour me faire quelques caresses ; mais je l'écartai aussitôt, en la repoussant de mes mains. Que veux-tu de moi ? lui dis-je. Ah ! tu es une femme, tu es d'un sexe que je déteste et que je ne puis plus souffrir. La douceur de ton visage me menace encore de quelque trahison. Va-t'en et laisse-moi seul ici. Elle me fit une révérence, sans oser rien dire, et elle se tourna pour sortir. Je lui criai de s'arrêter. Mais apprends-moi du moins, repris-je, pourquoi, comment, à quel dessein tu as été envoyée ici. Comment as-tu découvert mon nom et le lieu où tu pouvais me trouver ?

Elle me dit qu'elle connaissait de longue main M. de G… M… ; qu'il l'avait envoyé chercher à cinq heures, et qu'ayant suivi le laquais qui l'avait avertie, elle était allée dans une grande maison, où elle l'avait trouvé qui jouait au piquet[1] avec une jolie dame, et qu'ils l'avaient chargée tous deux de me rendre la lettre qu'elle m'avait apportée, après lui avoir appris qu'elle me trouverait dans un carrosse au bout de la rue Saint-André. Je lui demandai s'ils ne lui avaient rien dit de plus. Elle me répondit, en rougissant, qu'ils lui avaient fait espérer que je la prendrais pour me tenir compagnie. On t'a trompée, lui dis-je ; ma pauvre fille, on t'a trompée. Tu es une femme, il te faut un homme ; mais il t'en faut un qui soit riche et heureux, et ce n'est pas ici que tu le peux trouver. Retourne, retourne à M. de G… M… Il a tout ce qu'il faut pour être aimé des belles ; il a des hôtels meublés et des équipages à donner. Pour moi, qui n'ai que de l'amour et de la constance à offrir, les femmes méprisent ma misère et font leur jouet de ma simplicité.

J'ajoutai mille choses, ou tristes ou violentes, suivant que les passions qui m'agitaient tour à tour cédaient ou emportaient le dessus. Cependant, à force de me tourmenter, mes transports diminuèrent assez pour faire place à quelques réflexions. Je

Note

1. **piquet** : jeu de cartes.

comparai cette dernière infortune à celles que j'avais déjà essuyées dans le même genre, et je ne trouvai pas qu'il y eût plus à désespérer que dans les premières. Je connaissais Manon; pourquoi m'affliger tant d'un malheur que j'avais dû[1] prévoir? Pourquoi ne pas m'employer plutôt à chercher du remède? Il était encore temps. Je devais du moins n'y pas épargner mes soins, si je ne voulais avoir à me reprocher d'avoir contribué, par ma négligence, à mes propres peines. Je me mis là-dessus à considérer tous les moyens qui pouvaient m'ouvrir un chemin à l'espérance.

Entreprendre de l'arracher avec violence des mains de G... M..., c'était un parti désespéré, qui n'était propre qu'à me perdre, et qui n'avait pas la moindre apparence[2] de succès. Mais il me semblait que si j'eusse pu me procurer le moindre entretien avec elle, j'aurais gagné infailliblement quelque chose sur son cœur. J'en connaissais si bien tous les endroits sensibles! J'étais si sûr d'être aimé d'elle! Cette bizarrerie même, de m'avoir envoyé une jolie fille pour me consoler, j'aurais parié qu'elle venait de son invention, et que c'était un effet de sa compassion pour mes peines. Je résolus d'employer toute mon industrie pour la voir. Parmi quantité de voies que j'examinai l'une après l'autre, je m'arrêtai à celle-ci. M. de T... avait commencé à me rendre service avec trop d'affection, pour me laisser le moindre doute de sa sincérité et de son zèle. Je me proposai d'aller chez lui sur-le-champ, et de l'engager à faire appeler G... M... sous le prétexte d'une affaire importante. Il ne me fallait qu'une demi-heure pour parler à Manon. Mon dessein était de me faire introduire dans sa chambre même, et je crus que cela me serait aisé dans l'absence de G... M... Cette résolution m'ayant rendu plus tranquille, je payai libéralement la jeune fille, qui était encore avec moi; et pour lui ôter l'envie de retourner chez ceux qui me l'avaient envoyée,

Notes

1. **j'avais dû** : j'aurais dû.

2. **apparence** : chance.

je pris son adresse, en lui faisant espérer que j'irais passer la nuit avec elle. Je montai dans mon fiacre, et je me fis conduire à grand train[1] chez M. de T… Je fus assez heureux pour l'y trouver. J'avais eu là-dessus de l'inquiétude en chemin. Un mot le mit au fait de mes peines, et du service que je venais lui demander. Il fut si étonné d'apprendre que G… M… avait pu séduire Manon, qu'ignorant que j'avais eu part moi-même à mon malheur, il m'offrit généreusement de rassembler tous ses amis, pour employer leurs bras et leurs épées à la délivrance de ma maîtresse. Je lui fis comprendre que cet éclat pouvait être pernicieux[2] à Manon et à moi. Réservons notre sang, lui dis-je, pour l'extrémité. Je médite une voie plus douce, et dont je n'espère pas moins de succès. Il s'engagea, sans exception, à faire tout ce que je demanderais de lui ; et lui ayant répété qu'il ne s'agissait que de faire avertir G… M… qu'il avait à lui parler, et de le tenir dehors une heure ou deux, il partit aussitôt avec moi pour me satisfaire.

Nous cherchâmes de quel expédient il pourrait se servir, pour l'arrêter si longtemps. Je lui conseillai de lui écrire d'abord un billet simple, daté d'un cabaret, par lequel il le prierait de s'y rendre aussitôt, pour une affaire si importante qu'elle ne pouvait souffrir de délai. J'observerai, ajoutai-je, le moment de sa sortie, et je m'introduirai sans peine dans la maison, n'y étant connu que de Manon et de Marcel, qui est mon valet. Pour vous, qui serez pendant ce temps-là avec G… M…, vous pourrez lui dire que cette affaire importante, pour laquelle vous souhaitez lui parler, est un besoin d'argent ; que vous venez de perdre le vôtre au jeu, et que vous avez joué beaucoup plus sur votre parole, avec le même malheur. Il lui faudra du temps pour vous mener à son coffre-fort, et j'en aurai suffisamment pour exécuter mon dessein.

Notes

1. **à grand train** : très rapidement.

2. **pernicieux** : néfaste.

M. de T… suivit cet arrangement de point en point. Je le laissai dans un cabaret, où il écrivit promptement sa lettre. J'allai me placer à quelques pas de la maison de Manon. Je vis arriver le porteur du message, et G… M… sortir à pied, un moment après, suivi d'un laquais. Lui ayant laissé le temps de s'éloigner de la rue, je m'avançai à la porte de mon infidèle ; et malgré toute ma colère, je frappai avec le respect qu'on a pour un temple. Heureusement, ce fut Marcel qui vint m'ouvrir. Je lui fis signe de se taire. Quoique je n'eusse rien à craindre des autres domestiques, je lui demandai tout bas s'il pouvait me conduire dans la chambre où était Manon, sans que je fusse aperçu. Il me dit que cela était aisé en montant doucement par le grand escalier. Allons donc promptement, lui dis-je, et tâche d'empêcher, pendant que j'y serai, qu'il n'y monte personne. Je pénétrai sans obstacle jusqu'à l'appartement.

Manon était occupée à lire. Ce fut là que j'eus lieu d'admirer le caractère[1] de cette étrange fille. Loin d'être effrayée et de paraître timide en m'apercevant, elle ne donna que ces marques légères de surprise dont on n'est pas le maître à la vue d'une personne qu'on croit éloignée. Ah ! c'est vous, mon amour, me dit-elle en venant m'embrasser avec sa tendresse ordinaire. Bon Dieu ! que vous êtes hardi ! Qui vous aurait attendu aujourd'hui en ce lieu ? Je me dégageai de ses bras, et loin de répondre à ses caresses, je la repoussai avec dédain, et je fis deux ou trois pas en arrière pour m'éloigner d'elle. Ce mouvement ne laissa pas de la déconcerter. Elle demeura dans la situation où elle était, et elle jeta les yeux sur moi, en changeant de couleur. J'étais dans le fond si charmé de la revoir, qu'avec tant de justes sujets de colère, j'avais à peine la force d'ouvrir la bouche pour la quereller. Cependant mon cœur saignait du cruel outrage qu'elle m'avait fait. Je le rappelais vivement à ma mémoire, pour exciter mon dépit, et je

Note

1. **d'admirer le caractère** : de m'étonner du caractère.

tâchais de faire briller dans mes yeux un autre feu que celui de l'amour. Comme je demeurai quelque temps en silence, et qu'elle remarqua mon agitation, je la vis trembler, apparemment par un effet de sa crainte.

Je ne pus soutenir ce spectacle. Ah! Manon, lui dis-je d'un ton tendre, infidèle et parjure Manon! par où commencerai-je à me plaindre? Je vous vois pâle et tremblante, et je suis encore si sensible à vos moindres peines, que je crains de vous affliger trop par mes reproches. Mais, Manon, je vous le dis, j'ai le cœur percé de la douleur de votre trahison. Ce sont là des coups qu'on ne porte point à un amant, quand on n'a pas résolu sa mort. Voici la troisième fois, Manon; je les ai bien comptées; il est impossible que cela s'oublie. C'est à vous de considérer à l'heure même quel parti vous voulez prendre; car mon triste cœur n'est plus à l'épreuve d'un si cruel traitement. Je sens qu'il succombe et qu'il est prêt à se fendre de douleur. Je n'en puis plus, ajoutai-je en m'asseyant sur une chaise; j'ai à peine la force de parler et de me soutenir.

Elle ne répondit point; mais lorsque je fus assis, elle se laissa tomber à genoux, et elle appuya sa tête sur les miens, en cachant son visage de mes mains. Je sentis en un instant qu'elle les mouillait de larmes. Dieux! de quels mouvements n'étais-je point agité! Ah! Manon, Manon, repris-je avec un soupir, il est bien tard de me donner des larmes, lorsque vous avez causé ma mort. Vous affectez une tristesse que vous ne sauriez sentir. Le plus grand de vos maux est sans doute ma présence, qui a toujours été importune à vos plaisirs. Ouvrez les yeux, voyez qui je suis; on ne verse pas des pleurs si tendres pour un malheureux qu'on a trahi, et qu'on abandonne cruellement. Elle baisait mes mains sans changer de posture. Inconstante Manon, repris-je encore, fille ingrate et sans foi, où sont vos promesses et vos serments? Amante mille fois volage et cruelle, qu'as-tu fait de cet amour que tu me jurais encore aujourd'hui? Juste Ciel, ajoutai-je, est-ce ainsi qu'une infidèle se rit de vous, après vous avoir attesté si saintement ? C'est donc le parjure qui est récompensé ! Le désespoir et l'abandon sont pour la constance et la fidélité.

Ces paroles furent accompagnées d'une réflexion si amère, que j'en laissai échapper malgré moi quelques larmes. Manon s'en aperçut au changement de ma voix. Elle rompit enfin le silence. Il faut bien que je sois coupable, me dit-elle tristement, puisque j'ai pu vous causer tant de douleur et d'émotion ; mais que le Ciel me punisse si j'ai cru l'être, ou si j'ai eu la pensée de le devenir ! Ce discours me parut si dépourvu de sens et de bonne foi, que je ne pus me défendre d'un vif mouvement de colère. Horrible dissimulation ! m'écriai-je. Je vois mieux que jamais que tu n'es qu'une coquine et une perfide. C'est à présent que je connais ton misérable caractère. Adieu, lâche créature, continuai-je en me levant ; j'aime mieux mourir mille fois que d'avoir désormais le moindre commerce avec toi. Que le Ciel me punisse moi-même si je t'honore jamais du moindre regard ! Demeure avec ton nouvel amant, aime-le, déteste-moi, renonce à l'honneur, au bon sens ; je m'en ris, tout m'est égal.

Elle fut si épouvantée de ce transport, que demeurant à genoux près de la chaise d'où je m'étais levé, elle me regardait en tremblant et sans oser respirer. Je fis encore quelques pas vers la porte, en tournant la tête, et tenant les yeux fixés sur elle. Mais il aurait fallu que j'eusse perdu tous sentiments d'humanité, pour m'endurcir contre tant de charmes. J'étais si éloigné d'avoir cette force barbare que, passant tout d'un coup à l'extrémité opposée, je retournai vers elle, ou plutôt je m'y précipitai sans réflexion. Je la pris entre mes bras, je lui donnai mille tendres baisers. Je lui demandai pardon de mon emportement. Je confessai que j'étais un brutal, et que je ne méritais pas le bonheur d'être aimé d'une fille comme elle. Je la fis asseoir, et m'étant mis à genoux à mon tour, je la conjurai de m'écouter en cet état. Là, tout ce qu'un amant soumis et passionné peut imaginer de plus respectueux et de plus tendre, je le renfermai en peu de mots dans mes excuses. Je lui demandai en grâce de prononcer qu'elle me pardonnait. Elle laissa tomber ses bras sur mon cou, en disant que c'était elle-même qui avait besoin de ma bonté, pour me faire oublier les chagrins qu'elle me causait, et qu'elle commençait à craindre avec raison que je ne goûtasse point ce qu'elle avait à me dire pour se justifier. Moi ! interrompis-je aussitôt, ah ! je ne vous demande point de justification. J'approuve tout ce que vous avez fait. Ce n'est point à moi d'exiger des raisons de votre conduite ; trop content, trop heureux, si ma chère Manon ne m'ôte point la tendresse de son cœur ! Mais, continuai-je, en réfléchissant sur l'état de mon sort, toute-puissante Manon ! vous qui faites à votre gré mes joies et mes douleurs, après vous avoir satisfaite par mes humiliations et par les marques de mon repentir, ne me sera-t-il point permis de vous parler de ma tristesse et de mes peines ? Apprendrai-je de vous ce qu'il faut que je devienne aujourd'hui, et si c'est sans retour que vous allez signer ma mort, en passant la nuit avec mon rival ?

Elle fut quelque temps à méditer sa réponse : Mon Chevalier, me dit-elle, en reprenant un air tranquille, si vous vous étiez d'abord expliqué si nettement, vous vous seriez épargné bien du trouble et à moi une scène bien affligeante. Puisque votre peine ne vient que de votre jalousie, je l'aurais guérie en m'offrant à vous suivre sur-le-champ au bout du monde. Mais je me suis figuré que c'était la lettre que je vous ai écrite sous les yeux de M. de G… M… et la fille que nous vous avons envoyée, qui causaient votre chagrin. J'ai cru que vous auriez pu regarder ma lettre comme une raillerie, et cette fille, en vous imaginant qu'elle était allée vous trouver de ma part, comme une déclaration que je renonçais à vous pour m'attacher à G… M… C'est cette pensée qui m'a jetée tout d'un coup dans la consternation ; car, quelque innocente que je fusse, je trouvais, en y pensant, que les apparences ne m'étaient pas favorables.

Cependant, continua-t-elle, je veux que vous soyez mon juge, après que je vous aurai expliqué la vérité du fait.

Elle m'apprit alors tout ce qui lui était arrivé, depuis qu'elle avait trouvé G… M…, qui l'attendait dans le lieu où nous étions. Il l'avait reçue effectivement comme la première Princesse du monde. Il lui avait montré tous les appartements, qui étaient d'un goût et d'une propreté admirables. Il lui avait compté dix mille livres dans son cabinet, et il y avait ajouté quelques bijoux, parmi lesquels étaient le collier et les bracelets de perles qu'elle avait déjà eus de son père. Il l'avait menée de là dans un salon qu'elle n'avait pas encore vu, où elle avait trouvé une collation exquise. Il l'avait fait servir par les nouveaux domestiques qu'il avait pris pour elle, en leur ordonnant de la regarder désormais comme leur maîtresse ; enfin il lui avait fait voir le carrosse, les chevaux et tout le reste de ses présents ; après quoi il lui avait proposé une partie de jeu, pour attendre le souper. Je vous avoue, continua-t-elle, que j'ai été frappée de cette magnificence. J'ai fait réflexion que ce serait dommage de nous priver tout d'un coup de tant de biens, en me contentant d'emporter les dix mille francs et les bijoux ; que c'était une fortune toute faite pour vous et pour moi, et que nous pourrions vivre agréablement aux dépens de G… M… Au lieu de lui proposer la Comédie, je me suis mis dans la tête de le sonder sur votre sujet, pour pressentir quelles facilités nous aurions à nous voir, en supposant l'exécution de mon système. Je l'ai trouvé d'un caractère fort traitable[1]. Il m'a demandé ce que je pensais de vous, et si je n'avais pas eu quelque regret à vous quitter. Je lui ai dit que vous étiez si aimable et que vous en aviez toujours usé si honnêtement avec moi, qu'il n'était pas naturel que je pusse vous haïr. Il a confessé que vous aviez du mérite, et qu'il s'était senti porté à désirer votre amitié. Il

Note

1. **traitable** : conciliant.

a voulu savoir de quelle manière je croyais que vous prendriez mon départ, surtout lorsque vous viendriez à savoir que j'étais entre ses mains. Je lui ai répondu que la date de notre amour était déjà si ancienne, qu'il avait eu le temps de se refroidir un peu ; que vous n'étiez pas d'ailleurs fort à votre aise[1], et que vous ne regarderiez peut-être pas ma perte comme un grand malheur, parce qu'elle vous déchargerait d'un fardeau qui vous pesait sur les bras. J'ai ajouté qu'étant tout à fait convaincue que vous agiriez pacifiquement, je n'avais pas fait difficulté de vous dire que je venais à Paris pour quelques affaires ; que vous y aviez consenti, et qu'y étant venu vous-même, vous n'aviez pas paru extrêmement inquiet, lorsque je vous avais quitté. Si je croyais, m'a-t-il dit, qu'il fût d'humeur à bien vivre avec moi, je serais le premier à lui offrir mes services et mes civilités. Je l'ai assuré que du caractère dont je vous connaissais, je ne doutais point que vous n'y répondissiez honnêtement ; surtout, lui ai-je dit, s'il pouvait vous servir dans vos affaires, qui étaient fort dérangées depuis que vous étiez mal avec votre famille. Il m'a interrompue, pour me protester qu'il vous rendrait tous les services qui dépendraient de lui ; et que si vous vouliez même vous embarquer dans un autre amour, il vous procurerait une jolie maîtresse, qu'il avait quittée pour s'attacher à moi. J'ai applaudi à son idée, ajouta-t-elle, pour prévenir plus parfaitement tous ses soupçons ; et me confirmant de plus en plus dans mon projet, je ne souhaitais que de pouvoir trouver le moyen de vous en informer, de peur que vous ne fussiez trop alarmé lorsque vous me verriez manquer à notre assignation. C'est dans cette vue que je lui ai proposé de vous envoyer cette nouvelle maîtresse dès le soir même, afin d'avoir une occasion de vous écrire ; j'étais obligée d'avoir recours à cette adresse[2], parce que je ne pouvais espérer qu'il me laissât

Notes

1. **à votre aise** : riche.

2. **adresse** : manœuvre.

libre un moment. Il a ri de ma proposition. Il a appelé son laquais, et lui ayant demandé s'il pourrait retrouver sur-le-champ son ancienne maîtresse, il l'a envoyé de côté et d'autre pour la chercher. Il s'imaginait que c'était à Chaillot qu'il fallait qu'elle allât vous trouver ; mais je lui ai appris qu'en vous quittant, je vous avais promis de vous rejoindre à la Comédie ; ou que si quelque raison m'empêchait d'y aller, vous vous étiez engagé à m'attendre dans un carrosse au bout de la rue Saint-André ; qu'il valait mieux par conséquent vous envoyer là votre nouvelle amante, ne fût-ce que pour vous empêcher de vous y morfondre pendant toute la nuit. Je lui ai dit encore qu'il était à propos de vous écrire un mot, pour vous avertir de cet échange, que vous auriez peine à comprendre sans cela. Il y a consenti ; mais j'ai été obligée d'écrire en sa présence, et je me suis bien gardée de m'expliquer trop ouvertement dans ma lettre. Voilà, ajouta Manon, de quelle manière les choses se sont passées. Je ne vous déguise rien, ni de ma conduite, ni de mes desseins. La jeune fille est venue, je l'ai trouvée jolie ; et comme je ne doutais point que mon absence ne vous causât de la peine, c'était sincèrement que je souhaitais qu'elle pût servir à vous désennuyer quelques moments, car la fidélité que je souhaite de vous est celle du cœur. J'aurais été ravie de pouvoir vous envoyer Marcel ; mais je n'ai pu me procurer un moment pour l'instruire de ce que j'avais à vous faire savoir. Elle conclut enfin son récit, en m'apprenant l'embarras où G… M… s'était trouvé en recevant le billet de M. de T… Il a balancé, me dit-elle, s'il devait me quitter, et il m'a assuré que son retour ne tarderait point. C'est ce qui fait que je ne vous vois point ici sans inquiétude, et que j'ai marqué de la surprise à votre arrivée.

J'écoutai ce discours avec beaucoup de patience. J'y trouvais assurément quantité de traits cruels et mortifiants pour moi, car le dessein de son infidélité était si clair, qu'elle n'avait pas même eu le soin de me le déguiser. Elle ne pouvait espérer que G… M… la laissât, toute la nuit, comme une vestale[1]. C'était donc avec lui qu'elle comptait de la passer. Quel aveu pour un amant! Cependant je considérai que j'étais cause en partie de sa faute, par la connaissance que je lui avais donnée d'abord des sentiments que G… M… avait pour elle, et par la complaisance que j'avais eue d'entrer aveuglément dans le plan téméraire de son aventure. D'ailleurs, par un tour naturel de génie qui m'est particulier, je fus touché de l'ingénuité de son récit, et de cette manière bonne et ouverte avec laquelle elle me racontait jusqu'aux circonstances dont j'étais le plus offensé. Elle pèche sans malice[2], disais-je en moi-même. Elle est légère et imprudente ; mais elle est droite et sincère. Ajoutez que l'amour suffisait seul pour me fermer les yeux sur toutes ses fautes. J'étais trop satisfait de l'espérance de l'enlever le soir même à mon rival. Je lui dis néanmoins : Et la nuit, avec qui l'auriez-vous passée ? Cette question, que je lui fis tristement, l'embarrassa. Elle ne me répondit que par des mais et des si interrompus. J'eus pitié de sa peine ; et rompant ce discours, je lui déclarai naturellement que j'attendais d'elle qu'elle me suivît à l'heure même. Je le veux bien, me dit-elle ; mais vous n'approuvez donc pas mon projet ? Ah ! n'est-ce pas assez, repartis-je, que j'approuve tout ce que vous avez fait jusqu'à présent ? Quoi ! nous n'emporterons pas même les dix mille francs ? répliqua-t-elle. Il me les a donnés. Ils sont à moi. Je lui conseillai d'abandonner tout, et de ne penser qu'à nous éloigner promptement ; car quoiqu'il y eût à peine une demi-heure que j'étais avec elle, je craignais le retour de G… M… Cependant elle me fit de si pressantes instances, pour me faire consentir à ne pas sortir les mains vides, que je crus lui devoir accorder quelque chose, après avoir tant obtenu d'elle.

Dans le temps que nous nous préparions au départ, j'entendis frapper à la porte de la rue. Je ne doutai nullement que ce ne

Notes

1. **vestale :** prêtresse romaine qui faisait vœu de chasteté.

2. **sans malice :** sans penser à mal.

fût G… M… ; et dans le trouble où cette pensée me jeta, je dis à Manon que c'était un homme mort s'il paraissait. Effectivement je n'étais pas assez revenu de mes transports, pour me modérer à sa vue. Marcel finit ma peine, en m'apportant un billet qu'il avait reçu pour moi à la porte. Il était de M. de T… Il me marquait que G… M… étant allé lui chercher de l'argent à sa maison, il profitait de son absence pour me communiquer une pensée fort plaisante : qu'il lui semblait que je ne pouvais me venger plus agréablement de mon rival, qu'en mangeant son souper et en couchant, cette nuit même, dans le lit qu'il espérait d'occuper avec ma maîtresse ; que cela lui paraissait assez facile, si je pouvais m'assurer de trois ou quatre hommes qui eussent assez de résolution pour l'arrêter dans la rue, et de fidélité pour le garder à vue jusqu'au lendemain ; que pour lui, il promettait de l'amuser[1] encore une heure pour le moins, par des raisons qu'il tenait prêtes pour son retour. Je montrai ce billet à Manon, et je lui appris de quelle ruse je m'étais servi pour m'introduire librement chez elle. Mon invention et celle de M. de T… lui parurent admirables. Nous en rîmes à notre aise pendant quelques moments. Mais lorsque je lui parlai de la dernière comme d'un badinage[2], je fus surpris qu'elle insistât sérieusement à me la proposer comme une chose dont l'idée la ravissait. En vain lui demandai-je où elle voulait que je trouvasse, tout d'un coup, des gens propres à arrêter G… M… et à le garder fidèlement. Elle me dit qu'il fallait du moins tenter, puisque M. de T… nous garantissait encore une heure ; et pour réponse à mes autres objections, elle me dit que je faisais le tyran et que je n'avais pas de complaisance pour elle. Elle ne trouvait rien de si joli que ce projet. Vous aurez son couvert à souper, me répétait-elle, vous coucherez dans ses draps, et demain de grand matin vous enlèverez sa maîtresse et son argent. Vous serez bien vengé du père et du fils.

Notes

1. **l'amuser** : la distraire.

2. **badinage** : plaisanterie.

Je cédai à ses instances, malgré les mouvements secrets de mon cœur, qui semblaient me présager une catastrophe malheureuse. Je sortis, dans le dessein de prier deux ou trois gardes du corps avec lesquels Lescaut m'avait mis en liaison, de se charger du soin d'arrêter G… M… Je n'en trouvai qu'un au logis; mais c'était un homme entreprenant, qui n'eut pas plus tôt su de quoi il était question, qu'il m'assura du succès; il me demanda seulement dix pistoles, pour récompenser trois soldats aux gardes, qu'il prit la résolution d'employer, en se mettant à leur tête. Je le priai de ne pas perdre de temps. Il les assembla en moins d'un quart d'heure. Je l'attendais à sa maison; et lorsqu'il fut de retour avec ses associés, je le conduisis moi-même au coin d'une rue par laquelle G… M… devait nécessairement rentrer dans celle de Manon. Je lui recommandai de ne le pas maltraiter, mais de le garder si étroitement jusqu'à sept heures du matin, que je pusse être assuré qu'il ne lui échapperait pas. Il me dit que son dessein était de le conduire à sa chambre et de l'obliger à se déshabiller, ou même à se coucher dans son lit, tandis que lui et ses trois braves passeraient la nuit à boire et à jouer. Je demeurai avec eux jusqu'au moment où je vis paraître G… M…; et je me retirai alors quelques pas au-dessous, dans un endroit obscur, pour être témoin d'une scène si extraordinaire. Le garde du corps l'aborda, le pistolet au poing, et lui expliqua civilement qu'il n'en voulait ni à sa vie ni à son argent; mais que s'il faisait la moindre difficulté de le suivre, ou s'il jetait le moindre cri, il allait lui brûler la cervelle. G… M…, le voyant soutenu par trois soldats, et craignant sans doute la bourre[1] du pistolet, ne fit pas de résistance. Je le vis emmener comme un mouton. Je retournai aussitôt chez Manon; et pour ôter tout soupçon aux domestiques, je lui dis, en entrant, qu'il ne fallait pas attendre M. de G… M… pour souper; qu'il lui était survenu des affaires qui le

Note

1. **bourre** : matière dont on bourrait les armes à feu qui se chargeaient par le canon, pour retenir la poudre.

retenaient malgré lui, et qu'il m'avait prié de venir lui en faire ses excuses et souper avec elle, ce que je regardais comme une grande faveur, auprès d'une si belle dame. Elle seconda fort adroitement mon dessein. Nous nous mîmes à table. Nous y prîmes un air grave, pendant que les laquais demeurèrent à nous servir. Enfin, les ayant congédiés, nous passâmes une des plus charmantes soirées de notre vie. J'ordonnai en secret à Marcel de chercher un fiacre, et de l'avertir de se trouver le lendemain à la porte, avant six heures du matin. Je feignis de quitter Manon vers minuit ; mais étant rentré doucement, par le secours de Marcel, je me préparai à occuper le lit de G… M…, comme j'avais rempli sa place à table. Pendant ce temps-là, notre mauvais génie travaillait à nous perdre. Nous étions dans le délire du plaisir, et le glaive était suspendu sur nos têtes. Le fil qui le soutenait allait se rompre. Mais pour faire mieux entendre toutes les circonstances de notre ruine, il faut en éclaircir la cause.

G… M… était suivi d'un laquais, lorsqu'il avait été arrêté par le garde du corps. Ce garçon, effrayé de l'aventure de son maître, retourna en fuyant sur ses pas ; et la première démarche qu'il fit pour le secourir, fut d'aller avertir le vieux G… M… de ce qui venait d'arriver. Une si fâcheuse nouvelle ne pouvait manquer de l'alarmer beaucoup. Il n'avait que ce fils, et sa vivacité était extrême pour son âge. Il voulut savoir d'abord du laquais tout ce que son fils avait fait l'après-midi ; s'il s'était querellé avec quelqu'un, s'il avait pris part au démêlé d'un autre, s'il s'était trouvé dans quelque maison suspecte. Celui-ci, qui croyait son maître dans le dernier danger, et qui s'imaginait ne devoir plus rien ménager pour lui procurer du secours, découvrit tout ce qu'il savait de son amour pour Manon et de la dépense qu'il avait faite pour elle ; la manière dont il avait passé l'après-midi dans sa maison jusqu'aux environs de neuf heures, sa sortie et le malheur de son retour. C'en fut assez pour faire soupçonner au vieillard que l'affaire de son fils était une querelle d'amour. Quoiqu'il fût au moins dix heures et demie du soir, il ne balança point à se rendre aussitôt chez M. le Lieutenant de Police. Il le pria de faire donner des ordres particuliers à toutes les escouades du guet[1]; et lui en ayant demandé une pour se faire accompagner, il courut lui-même vers la rue où son fils avait été arrêté ; il visita tous les endroits de la ville où il espérait de le pouvoir trouver; et n'ayant pu découvrir ses traces, il se fit conduire enfin à la maison de sa maîtresse, où il se figura qu'il pouvait être retourné.

J'allais me mettre au lit, lorsqu'il arriva. La porte de la chambre étant fermée, je n'entendis point frapper à celle de la rue ; mais il entra, suivi de deux archers, et s'étant informé inutilement de ce qu'était devenu son fils, il lui prit envie de voir sa maîtresse, pour tirer d'elle quelque lumière. Il monte à l'appartement, toujours accompagné de ses archers. Nous étions prêts à nous mettre au lit; il ouvre la porte, et il nous glace le sang par sa vue. Ô Dieu! c'est le vieux G... M..., dis-je à Manon. Je saute sur mon épée ; elle était malheureusement embarrassée dans mon ceinturon. Les archers, qui virent mon mouvement, s'approchèrent aussitôt pour me la saisir. Un homme en chemise est sans résistance. Ils m'ôtèrent tous les moyens de me défendre.

G... M..., quoique troublé par ce spectacle, ne tarda point à me reconnaître. Il remit encore plus aisément Manon. Est-ce une illusion? nous dit-il gravement; ne vois-je point le Chevalier Des Grieux et Manon Lescaut? J'étais si enragé de honte et de douleur, que je ne lui fis pas de réponse. Il parut rouler, pendant quelque temps, diverses pensées dans sa tête ; et comme si elles eussent allumé tout d'un coup sa colère, il s'écria en s'adressant à moi : Ah! malheureux, je suis sûr que tu as tué mon fils! Cette injure me piqua vivement. Vieux scélérat, lui répondis-je avec fierté, si j'avais eu à tuer quelqu'un

Note

1. **escouades du guet** : patrouilles de police.

de ta famille, c'est par toi que j'aurais commencé. Tenez-le bien, dit-il aux archers. Il faut qu'il me dise des nouvelles de mon fils ; je le ferai pendre demain, s'il ne m'apprend tout à l'heure[1] ce qu'il en a fait. Tu me feras pendre ? repris-je. Infâme ! ce sont tes pareils qu'il faut chercher au gibet. Apprends que je suis d'un sang plus noble et plus pur que le tien[2]. Oui, ajoutai-je, je sais ce qui est arrivé à ton fils ; et si tu m'irrites davantage, je le ferai étrangler avant qu'il soit demain, et je te promets le même sort après lui.

Je commis une imprudence, en lui confessant que je savais où était son fils ; mais l'excès de ma colère me fit faire cette indiscrétion. Il appela aussitôt cinq ou six autres archers, qui l'attendaient à la porte, et il leur ordonna de s'assurer de tous les domestiques de la maison. Ah ! Monsieur le Chevalier, reprit-il d'un ton railleur, vous savez où est mon fils et vous le ferez étrangler, dites-vous ? Comptez que nous y mettrons bon ordre. Je sentis aussitôt la faute que j'avais commise. Il s'approcha de Manon, qui était assise sur le lit en pleurant ; il lui dit quelques galanteries ironiques sur l'empire qu'elle avait sur le père et sur le fils, et sur le bon usage qu'elle en faisait. Ce vieux monstre d'incontinence voulut prendre quelques familiarités avec elle. Garde-toi de la toucher ! m'écriai-je, il n'y aurait rien de sacré qui te pût sauver de mes mains. Il sortit en laissant trois archers dans la chambre, auxquels il ordonna de nous faire prendre promptement nos habits.

Je ne sais quels étaient alors ses desseins sur nous. Peut-être eussions-nous obtenu la liberté en lui apprenant où était son fils. Je méditais, en m'habillant, si ce n'était pas le meilleur parti. Mais s'il était dans cette disposition en quittant notre chambre, elle était bien changée lorsqu'il y revint. Il était allé interroger les domestiques de Manon, que les archers avaient

Notes

1. **tout à l'heure** : tout de suite.
2. Des Grieux veut dire qu'en cas de condamnation à mort, il serait décapité en tant que gentilhomme, alors que G... M... serait pendu en tant que roturier.

arrêtés. Il ne put rien apprendre de ceux qu'elle avait reçus de son fils; mais lorsqu'il sut que Marcel nous avait servis auparavant, il résolut de le faire parler, en l'intimidant par des menaces.

C'était un garçon fidèle, mais simple et grossier[1]. Le souvenir de ce qu'il avait fait à l'Hôpital pour délivrer Manon, joint à la terreur que G... M... lui inspirait, fit tant d'impression sur son esprit faible, qu'il s'imagina qu'on allait le conduire à la potence ou sur la roue[2]. Il promit de découvrir tout ce qui était venu à sa connaissance, si l'on voulait lui sauver la vie. G... M... se persuada là-dessus qu'il y avait quelque chose, dans nos affaires, de plus sérieux et de plus criminel qu'il n'avait eu lieu jusque-là de se le figurer. Il offrit à Marcel, non seulement la vie, mais des récompenses pour sa confession. Ce malheureux lui apprit une partie de notre dessein, sur lequel nous n'avions pas fait difficulté de nous entretenir devant lui, parce qu'il devait y entrer pour quelque chose. Il est vrai qu'il ignorait entièrement les changements que nous y avions faits à Paris; mais il avait été informé, en partant de Chaillot, du plan de l'entreprise et du rôle qu'il y devait jouer. Il lui déclara donc que notre vue était de duper son fils et que Manon devait recevoir ou avait déjà reçu dix mille francs, qui selon notre projet ne retourneraient jamais aux héritiers de la maison de G... M...

Après cette découverte, le vieillard emporté remonta brusquement dans notre chambre. Il passa, sans parler, dans le cabinet, où il n'eut pas de peine à trouver la somme et les bijoux. Il revint à nous avec un visage enflammé; et nous montrant ce qu'il lui plut de nommer notre larcin, il nous accabla de reproches outrageants. Il fit voir de près, à Manon, le collier de perles et les bracelets : Les reconnaissez-vous? lui dit-il avec

Notes

1. **grossier** : ignorant.

2. **roue** : instrument de supplice sur lequel le condamné était attaché et roué de coups.

un sourire moqueur. Ce n'était pas la première fois que vous les eussiez vus. Les mêmes, sur ma foi. Ils étaient de votre goût, ma belle ; je me le persuade aisément. Les pauvres enfants ! ajouta-t-il. Ils sont bien aimables en effet l'un et l'autre ; mais ils sont un peu fripons. Mon cœur crevait de rage, à ce discours insultant. J'aurais donné, pour être libre un moment… Juste Ciel ! que n'aurais-je pas donné ! Enfin, je me fis violence pour lui dire, avec une modération qui n'était qu'un raffinement de fureur : Finissons, Monsieur, ces insolentes railleries. De quoi est-il question ? Voyons, que prétendez-vous faire de nous ? Il est question, Monsieur le Chevalier, me répondit-il, d'aller de ce pas au Châtelet[1]. Il fera jour demain ; nous verrons plus clair dans nos affaires, et j'espère que vous me ferez la grâce, à la fin, de m'apprendre où est mon fils.

Je compris, sans beaucoup de réflexions, que c'était une chose d'une terrible conséquence pour nous d'être une fois renfermés au Châtelet. J'en prévis, en tremblant, tous les dangers. Malgré toute ma fierté, je reconnus qu'il fallait plier sous le poids de ma fortune, et flatter mon plus cruel ennemi pour en obtenir quelque chose par la soumission. Je le priai, d'un ton honnête, de m'écouter un moment. Je me rends justice, Monsieur, lui dis-je. Je confesse que la jeunesse m'a fait commettre de grandes fautes, et que vous en êtes assez blessé pour vous plaindre. Mais, si vous connaissez la force de l'amour, si vous pouvez juger de ce que souffre un malheureux jeune homme à qui l'on enlève tout ce qu'il aime, vous me trouverez peut-être pardonnable d'avoir cherché le plaisir d'une petite vengeance, ou du moins vous me croirez assez puni par l'affront que je viens de recevoir. Il n'est besoin, ni de prison, ni de supplice pour me forcer de vous découvrir où est Monsieur votre fils. Il est en sûreté. Mon dessein n'a pas été de lui nuire, ni de vous offenser. Je suis prêt à vous nommer

Note

1. Le Châtelet était une des plus importantes prisons de Paris ; il existait le Grand et le Petit Châtelet, de part et d'autre de l'île de la Cité.

le lieu où il passe tranquillement la nuit, si vous me faites la grâce de nous accorder la liberté. Ce vieux tigre, loin d'être touché de ma prière, me tourna le dos en riant. Il lâcha seulement quelques mots, pour me faire comprendre qu'il savait notre dessein jusqu'à l'origine. Pour ce qui regardait son fils, il ajouta brutalement qu'il se retrouverait assez, puisque je ne l'avais pas assassiné. Conduisez-les au Petit-Châtelet, dit-il aux archers, et prenez garde que le Chevalier ne vous échappe. C'est un rusé, qui s'est déjà sauvé de Saint-Lazare.

Il sortit, et me laissa dans l'état que vous pouvez vous imaginer. Ô Ciel! m'écriai-je, je recevrai avec soumission tous les coups qui viennent de ta main; mais qu'un malheureux coquin ait le pouvoir de me traiter avec cette tyrannie, c'est ce qui me réduit au dernier désespoir. Les archers nous prièrent de ne pas les faire attendre plus longtemps. Ils avaient un carrosse à la porte. Je tendis la main à Manon pour descendre. Venez, ma chère reine, lui dis-je, venez vous soumettre à toute la rigueur de notre sort. Il plaira peut-être au Ciel de nous rendre quelque jour plus heureux.

Nous partîmes dans le même carrosse. Elle se mit dans mes bras. Je ne lui avais pas entendu prononcer un mot depuis le premier moment de l'arrivée de G… M…; mais se trouvant seule alors avec moi, elle me dit mille tendresses en se reprochant d'être la cause de mon malheur. Je l'assurai que je ne me plaindrais jamais de mon sort, tant qu'elle ne cesserait pas de m'aimer. Ce n'est pas moi qui suis à plaindre, continuai-je. Quelques mois de prison ne m'effraient nullement, et je préférerai toujours le Châtelet à Saint-Lazare. Mais c'est pour toi, ma chère âme, que mon cœur s'intéresse. Quel sort pour une créature si charmante! Ciel, comment traitez-vous avec tant de rigueur le plus parfait de vos ouvrages? Pourquoi ne sommes-nous pas nés l'un et l'autre avec des qualités conformes à notre misère? Nous avons reçu de l'esprit, du goût, des sentiments. Hélas! quel triste usage en faisons-nous, tandis que tant d'âmes basses et dignes de notre sort jouissent de toutes les faveurs de la fortune ! Ces réflexions me pénétraient de douleur ; mais ce n'était rien en comparaison de celles qui regardaient l'avenir ; car je séchais[1] de crainte pour Manon. Elle avait déjà été à l'Hôpital ; et quand elle en fût sortie[2] par la bonne porte, je savais que les rechutes[3] en ce genre étaient d'une conséquence extrêmement dangereuse. J'aurais voulu lui exprimer mes frayeurs. J'appréhendais de lui en causer trop. Je tremblais pour elle, sans oser l'avertir du danger, et je l'embrassais en soupirant, pour l'assurer du moins de mon amour, qui était presque le seul sentiment que j'osasse exprimer. Manon, lui dis-je, parlez sincèrement ; m'aimerez-vous toujours ? Elle me répondit qu'elle était bien malheureuse que j'en pusse douter. Hé bien, repris-je, je n'en doute point, et je veux braver tous nos ennemis avec cette assurance. J'emploierai ma famille pour sortir du Châtelet ; et tout mon sang ne sera utile à rien, si je ne vous en tire pas aussitôt que je serai libre.

Nous arrivâmes à la prison. On nous mit chacun dans un lieu séparé. Ce coup me fut moins rude, parce que je l'avais prévu. Je recommandai Manon au concierge, en lui apprenant que j'étais un homme de quelque distinction, et lui promettant une récompense considérable. J'embrassai ma chère maîtresse, avant que de la quitter. Je la conjurai de ne pas s'affliger excessivement, et de ne rien craindre tant que je serais au monde. Je n'étais pas sans argent ; je lui en donnai une partie, et je payai au concierge, sur ce qui me restait, un mois de grosse pension d'avance pour elle et pour moi.

Mon argent eut un fort bon effet. On me mit dans une chambre proprement meublée, et l'on m'assura que Manon en avait une pareille. Je m'occupai aussitôt des moyens de hâter

Notes

1. **séchais** : dépérissais.

2. **quand elle en fût sortie** : même si elle en était sortie.

3. **rechutes** : récidives.

ma liberté. Il était clair qu'il n'y avait rien d'absolument criminel dans mon affaire ; et supposant même que le dessein de notre vol fût prouvé par la déposition de Marcel, je savais fort bien qu'on ne punit point les simples volontés[1]. Je résolus d'écrire promptement à mon père, pour le prier de venir en personne à Paris. J'avais bien moins de honte, comme je l'ai dit, d'être au Châtelet qu'à Saint-Lazare. D'ailleurs, quoique je conservasse tout le respect dû à l'autorité paternelle, l'âge et l'expérience avaient diminué beaucoup ma timidité. J'écrivis donc, et l'on ne fit pas difficulté au Châtelet de laisser sortir ma lettre. Mais c'était une peine que j'aurais pu m'épargner, si j'avais su que mon père devait arriver le lendemain à Paris.

Il avait reçu celle que je lui avais écrite huit jours auparavant. Il en avait ressenti une joie extrême ; mais de quelque espérance que je l'eusse flatté au sujet de ma conversion, il n'avait pas cru devoir s'arrêter tout à fait à mes promesses. Il avait pris le parti de venir s'assurer de mon changement par ses yeux, et de régler sa conduite sur la sincérité de mon repentir. Il arriva le lendemain de mon emprisonnement. Sa première visite fut celle qu'il rendit à Tiberge, à qui je l'avais prié d'adresser sa réponse. Il ne put savoir de lui ni ma demeure, ni ma condition présente ; il en apprit seulement mes principales aventures, depuis que je m'étais échappé de Saint-Sulpice. Tiberge lui parla fort avantageusement des dispositions que je lui avais marquées pour le bien, dans notre dernière entrevue. Il ajouta qu'il me croyait entièrement dégagé de Manon ; mais qu'il était surpris, néanmoins, que je ne lui eusse pas donné de mes nouvelles depuis huit jours. Mon père n'était pas dupe. Il comprit qu'il y avait quelque chose qui échappait à la pénétration de Tiberge, dans le silence dont il se plaignait, et il employa tant de soins pour découvrir mes traces, que deux jours après son arrivée, il apprit que j'étais au Châtelet.

Note

1. **volontés :** intentions.

Avant que de recevoir sa visite, à laquelle j'étais fort éloigné de m'attendre si tôt, je reçus celle de M. le Lieutenant général de Police ; ou, pour expliquer les choses par leur nom, je subis l'interrogatoire. Il me fit quelques reproches ; mais ils n'étaient ni durs ni désobligeants. Il me dit, avec douceur, qu'il plaignait ma mauvaise conduite ; que j'avais manqué de sagesse en me faisant un ennemi tel que M. de G... M... ; qu'à la vérité il était aisé de remarquer qu'il y avait dans mon affaire plus d'imprudence et de légèreté que de malice ; mais que c'était néanmoins la seconde fois que je me trouvais sujet à son tribunal, et qu'il avait espéré que je fusse devenu plus sage, après avoir pris deux ou trois mois de leçons à Saint-Lazare. Charmé d'avoir affaire à un juge raisonnable, je m'expliquai avec lui d'une manière si respectueuse et si modérée, qu'il parut extrêmement satisfait de mes réponses. Il me dit que je ne devais pas me livrer trop au chagrin, et qu'il se sentait disposé à me rendre service, en faveur de ma naissance et de ma jeunesse. Je me hasardai à lui recommander Manon, et à lui faire l'éloge de sa douceur et de son bon naturel. Il me répondit, en riant, qu'il ne l'avait point encore vue ; mais qu'on la représentait comme une dangereuse personne. Ce mot excita tellement ma tendresse, que je lui dis mille choses passionnées pour la défense de ma pauvre maîtresse ; et je ne pus m'empêcher de répandre quelques larmes. Il ordonna qu'on me reconduisît à ma chambre. Amour, Amour ! s'écria ce grave magistrat en me voyant sortir, ne te réconcilieras-tu jamais avec la sagesse ?

J'étais à m'entretenir tristement de mes idées, et à réfléchir sur la conversation que j'avais eue avec M. le Lieutenant général de Police, lorsque j'entendis ouvrir la porte de ma chambre : c'était mon père. Quoique je dusse être à demi préparé à cette vue, puisque je m'y attendais quelques jours plus tard, je ne laissai pas d'en être frappé si vivement, que je me serais précipité au fond de la terre, si elle s'était entrouverte à mes pieds. J'allai l'embrasser, avec toutes les marques d'une extrême confusion. Il s'assit sans que ni lui ni moi eussions encore ouvert la bouche.

Comme je demeurais debout, les yeux baissés et la tête découverte : Asseyez-vous, Monsieur, me dit-il gravement, asseyez-vous. Grâce au scandale de votre libertinage et de vos friponneries, j'ai découvert le lieu de votre demeure. C'est l'avantage d'un mérite tel que le vôtre, de ne pouvoir demeurer caché. Vous allez à la renommée par un chemin infaillible. J'espère que le terme en sera bientôt la Grève[1], et que vous aurez effectivement la gloire d'y être exposé à l'admiration de tout le monde.

Je ne répondis rien. Il continua : Qu'un père est malheureux, lorsqu'après avoir aimé tendrement un fils, et n'avoir rien épargné pour en faire un honnête homme, il n'y trouve à la fin qu'un fripon qui le déshonore ! On se console d'un malheur de fortune ; le temps l'efface et le chagrin diminue ; mais quel remède contre un mal qui augmente tous les jours, tel que les désordres d'un fils vicieux, qui a perdu tous sentiments d'honneur ? Tu ne dis rien, malheureux, ajouta-t-il ; voyez cette modestie contrefaite et cet air de douceur hypocrite : ne le prendrait-on pas pour le plus honnête homme de sa race[2] ?

Quoique je fusse obligé de reconnaître que je méritais une partie de ces outrages, il me parut néanmoins que c'était les porter à l'excès. Je crus qu'il m'était permis d'expliquer naturellement ma pensée. Je vous assure, Monsieur, lui dis-je, que la modestie où vous me voyez devant vous, n'est nullement affectée : c'est la situation naturelle d'un fils bien né, qui respecte infiniment son père, et surtout un père irrité. Je ne prétends pas non plus passer pour l'homme le plus réglé[3]

Notes

1. **la Grève** : place de Grève, où avaient lieu les exécutions ; actuelle place de l'Hôtel-de-Ville.

2. **race** : lignée, famille.

3. **réglé** : qui mène une vie sage.

de notre race. Je me connais digne de vos reproches ; mais je vous conjure d'y mettre un peu plus de bonté, et de ne pas me traiter comme le plus infâme de tous les hommes. Je ne mérite pas des noms si durs. C'est l'amour, vous le savez, qui a causé toutes mes fautes. Fatale passion ! Hélas ! n'en connaissez-vous pas la force, et se peut-il que votre sang, qui est la source du mien, n'ait jamais ressenti les mêmes ardeurs ? L'amour m'a rendu trop tendre, trop passionné, trop fidèle, et peut-être trop complaisant pour les désirs d'une maîtresse toute charmante ; voilà mes crimes. En voyez-vous là quelqu'un qui vous déshonore ? Allons, mon cher père, ajoutai-je tendrement, un peu de pitié pour un fils qui a toujours été plein de respect et d'affection pour vous, qui n'a pas renoncé comme vous pensez à l'honneur et au devoir, et qui est mille fois plus à plaindre que vous ne sauriez vous l'imaginer. Je laissai tomber quelques larmes en finissant ces paroles.

Un cœur de père est le chef-d'œuvre de la nature ; elle y règne, pour ainsi parler, avec complaisance, et elle en règle elle-même tous les ressorts. Le mien, qui était avec cela homme d'esprit et de goût, fut si touché du tour que j'avais donné à mes excuses, qu'il ne fut pas le maître de me cacher ce changement. Viens, mon pauvre Chevalier, me dit-il, viens m'embrasser ; tu me fais pitié. Je l'embrassai. Il me serra d'une manière qui me fit juger de ce qui se passait dans son cœur. Mais quel moyen prendrons-nous donc, reprit-il, pour te tirer d'ici ? Explique-moi toutes tes affaires sans déguisement. Comme il n'y avait rien, après tout, dans le gros de ma conduite, qui pût me déshonorer absolument, du moins en la mesurant sur celle des jeunes gens d'un certain monde, et qu'une maîtresse ne passe point pour une infamie dans le siècle où nous sommes, non plus qu'un peu d'adresse à s'attirer la fortune du jeu, je fis sincèrement à mon père le détail de la vie que j'avais menée. À chaque faute dont je lui faisais l'aveu, j'avais soin de joindre des exemples célèbres, pour en diminuer la honte. Je vis avec une maîtresse[1], lui disais-je, sans être lié par les cérémonies du mariage : M. le Duc de… en entretient deux, aux yeux de tout Paris ; M. de… en a une depuis dix ans, qu'il aime avec une fidélité qu'il n'a jamais eue pour sa femme. Les deux tiers des honnêtes gens de France se font honneur d'en avoir. J'ai usé de quelque supercherie au jeu : M. le Marquis de… et le Comte de… n'ont point d'autres revenus ; M. le Prince de… et M. le Duc de… sont les chefs d'une bande de chevaliers du même Ordre. Pour ce qui regardait mes desseins sur la bourse des deux G… M…, j'aurais pu prouver aussi facilement que je n'étais pas sans modèles ; mais il me restait trop d'honneur pour ne pas me condamner moi-même, avec tous ceux dont j'aurais pu me proposer l'exemple, de sorte que je priai mon père de pardonner cette faiblesse aux deux violentes passions qui m'avaient agité, la vengeance et l'amour. Il me demanda si je pouvais lui donner quelques ouvertures sur les plus courts moyens d'obtenir ma liberté, et d'une manière qui pût lui faire éviter l'éclat[2]. Je lui appris les sentiments de bonté que le Lieutenant général de Police avait pour moi. Si vous trouvez quelques difficultés, lui dis-je, elles ne peuvent venir que de la part des G… M… ; ainsi je crois qu'il serait à propos que vous prissiez la peine de les voir. Il me le promit. Je n'osai le prier de solliciter pour Manon. Ce ne fut point un défaut de hardiesse, mais un effet de la crainte où j'étais de le révolter par cette proposition, et de lui faire naître quelque dessein funeste à elle et à moi. Je suis encore à savoir si cette crainte n'a pas causé mes plus grandes infortunes, en m'empêchant de tenter les dispositions de mon père, et de faire des efforts pour lui en inspirer de favorables à ma malheureuse maîtresse. J'aurais peut-être excité encore une fois sa pitié. Je l'aurais mis en garde contre les impressions qu'il allait recevoir

Notes

1. Ici au sens moderne de « femme qui n'est pas l'épouse ».

2. **l'éclat** : la notoriété publique.

trop facilement du vieux G… M… Que sais-je ? Ma mauvaise destinée l'aurait peut-être emporté sur tous mes efforts ; mais je n'aurais eu qu'elle du moins et la cruauté de mes ennemis à accuser de mon malheur.

En me quittant, mon père alla faire une visite à M. de G… M… Il le trouva avec son fils, à qui le garde du corps avait honnêtement rendu la liberté. Je n'ai jamais su les particularités de leur conversation ; mais il ne m'a été que trop facile d'en juger par ses mortels effets. Ils allèrent ensemble, je dis les deux pères, chez M. le Lieutenant général de Police, auquel ils demandèrent deux grâces : l'une, de me faire sortir sur-le-champ du Châtelet, l'autre, d'enfermer Manon pour le reste de ses jours, ou de l'envoyer en Amérique. On commençait, dans le même temps, à embarquer quantité de gens sans aveu[1], pour le Mississippi. M. le Lieutenant général de Police leur donna sa parole de faire partir Manon par le premier vaisseau. M. de G… M… et mon père vinrent aussitôt m'apporter ensemble la nouvelle de ma liberté. M. de G… M… me fit un compliment civil sur le passé, et m'ayant félicité sur le bonheur que j'avais d'avoir un tel père, il m'exhorta à profiter désormais de ses leçons et de ses exemples. Mon père m'ordonna de lui faire des excuses de l'injure prétendue que j'avais faite à sa famille, et de le remercier de s'être employé avec lui pour mon élargissement. Nous sortîmes ensemble, sans avoir dit un mot de ma maîtresse. Je n'osai même parler d'elle aux guichetiers en leur présence. Hélas ! mes tristes recommandations eussent été bien inutiles ! L'ordre cruel était venu, en même temps que celui de ma délivrance. Cette fille infortunée fut conduite une heure après à l'Hôpital, pour y être associée à quelques malheureuses qui étaient condamnées à subir le même sort. Mon père m'ayant obligé de le suivre à la maison où il avait pris sa demeure, il était presque six heures du soir lorsque je trouvai

Note

1. sans aveu : sans foi ni loi.

le moment de me dérober de ses yeux pour retourner au Châtelet. Je n'avais dessein que de faire tenir quelques rafraîchissements à Manon, et de la recommander au concierge ; car je ne me promettais pas que la liberté de la voir me fût accordée. Je n'avais point encore eu le temps, non plus, de réfléchir aux moyens de la délivrer.

Je demandai à parler au concierge. Il avait été content de ma libéralité et de ma douceur ; de sorte qu'ayant quelque disposition à me rendre service, il me parla du sort de Manon comme d'un malheur dont il avait beaucoup de regret, parce qu'il pouvait m'affliger. Je ne compris point ce langage. Nous nous entretînmes quelques moments sans nous entendre. À la fin, s'apercevant que j'avais besoin d'une explication, il me la donna, telle que j'ai déjà eu horreur de vous la dire, et que j'ai encore de la répéter. Jamais apoplexie[1] violente ne causa d'effet plus subit et plus terrible. Je tombai avec une palpitation de cœur si douloureuse, qu'à l'instant que je perdis la connaissance, je me crus délivré de la vie pour toujours. Il me resta même quelque chose de cette pensée, lorsque je revins à moi. Je tournai mes regards vers toutes les parties de la chambre et sur moi-même, pour m'assurer si je portais encore la malheureuse qualité d'homme vivant. Il est certain qu'en ne suivant que le mouvement naturel qui fait chercher à se délivrer de ses peines, rien ne pouvait me paraître plus doux que la mort, dans ce moment de désespoir et de consternation. La religion même ne pouvait me faire envisager rien de plus insupportable après la vie, que les convulsions cruelles dont j'étais tourmenté. Cependant, par un miracle propre à l'amour, je retrouvai bientôt assez de force pour remercier le Ciel de m'avoir rendu la connaissance et la raison. Ma mort n'eût été utile qu'à moi. Manon avait besoin de ma vie pour la délivrer, pour la secourir, pour la venger. Je jurai de m'y employer sans ménagement.

Note

1. **apoplexie** : attaque cérébrale.

Le concierge me donna toute l'assistance que j'eusse pu attendre du meilleur de mes amis. Je reçus ses services avec une vive reconnaissance. Hélas! lui dis-je, vous êtes donc touché de mes peines? Tout le monde m'abandonne. Mon père même est sans doute un de mes plus cruels persécuteurs. Personne n'a pitié de moi. Vous seul, dans le séjour de la dureté et de la barbarie, vous marquez de la compassion pour le plus misérable de tous les hommes! Il me conseillait de ne point paraître dans la rue sans être un peu remis du trouble où j'étais. Laissez, laissez, répondis-je en sortant; je vous reverrai plus tôt que vous ne pensez. Préparez-moi le plus noir de vos cachots; je vais travailler à le mériter. En effet, mes premières résolutions n'allaient à rien moins qu'à me défaire des deux G... M... et du Lieutenant général de Police, et fondre ensuite à main armée sur l'Hôpital, avec tous ceux que je pourrais engager dans ma querelle. Mon père lui-même eût à peine été respecté, dans une vengeance qui me paraissait si juste; car le concierge ne m'avait pas caché que lui et G... M... étaient les auteurs de ma perte. Mais lorsque j'eus fait quelques pas dans les rues, et que l'air eut un peu rafraîchi mon sang et mes humeurs, ma fureur fit place peu à peu à des sentiments plus raisonnables. La mort de nos ennemis eût été d'une faible utilité pour Manon, et elle m'eût exposé sans doute à me voir ôter tous les moyens de la secourir. D'ailleurs aurais-je eu recours à un lâche assassinat? Quelle autre voie pouvais-je m'ouvrir à la vengeance? Je recueillis toutes mes forces et tous mes esprits pour travailler d'abord à la délivrance de Manon, remettant tout le reste après le succès de cette importante entreprise. Il me restait peu d'argent. C'était néanmoins un fondement nécessaire par lequel il fallait commencer. Je ne voyais que trois personnes de qui j'en pusse attendre : M. de T..., mon père et Tiberge. Il y avait peu d'apparence d'obtenir quelque chose des deux derniers, et j'avais honte de fatiguer l'autre par mes importunités. Mais ce n'est point dans le désespoir qu'on garde des ménagements. J'allai sur-le-champ au Séminaire de Saint-Sulpice, sans m'embarrasser si j'y serais reconnu. Je fis appeler Tiberge. Ses premières paroles me firent comprendre qu'il ignorait encore mes dernières aventures. Cette idée me fit changer le dessein que j'avais, de l'attendrir par la compassion. Je lui parlai, en général, du plaisir que j'avais eu de revoir mon père ; et je le priai ensuite de me prêter quelque argent, sous prétexte de payer, avant mon départ de Paris, quelques dettes que je souhaitais de tenir inconnues. Il me présenta aussitôt sa bourse. Je pris cinq cents francs, sur six cents que j'y trouvai. Je lui offris mon billet ; il était trop généreux pour l'accepter.

Je tournai de là chez M. de T... Je n'eus point de réserve avec lui. Je lui fis l'exposition de mes malheurs et de mes peines : il en savait déjà jusqu'aux moindres circonstances, par le soin qu'il avait eu de suivre l'aventure du jeune G... M... Il m'écouta néanmoins, et il me plaignit beaucoup. Lorsque je lui demandai ses conseils sur les moyens de délivrer Manon, il me répondit tristement qu'il y voyait si peu de jour, qu'à moins d'un secours extraordinaire du Ciel, il fallait renoncer à l'espérance ; qu'il avait passé exprès à l'Hôpital, depuis qu'elle y était renfermée ; qu'il n'avait pu obtenir lui-même la liberté de la voir ; que les ordres du Lieutenant général de Police étaient de la dernière rigueur, et que pour comble d'infortune, la malheureuse bande où elle devait entrer, était destinée à partir le surlendemain du jour où nous étions. J'étais si consterné de son discours, qu'il eût pu parler une heure sans que j'eusse pensé à l'interrompre. Il continua de me dire qu'il ne m'était point allé voir au Châtelet, pour se donner plus de facilité à me servir, lorsqu'on le croirait sans liaison avec moi ; que depuis quelques heures que j'en étais sorti, il avait eu le chagrin d'ignorer où je m'étais retiré, et qu'il avait souhaité de me voir promptement, pour me donner le seul conseil dont il semblait que je pusse espérer du changement dans le sort de Manon ; mais un conseil dangereux, auquel il me priait de cacher éternellement qu'il eût part : c'était de choisir quelques braves, qui eussent le courage d'attaquer les gardes de Manon, lorsqu'ils seraient sortis de Paris avec elle. Il n'attendit point que je lui parlasse de mon indigence. Voilà cent pistoles, me dit-il, en me présentant une bourse, qui pourront vous être de quelque usage. Vous me les remettrez, lorsque la fortune aura rétabli vos affaires. Il ajouta que si le soin de sa réputation lui eût permis d'entreprendre lui-même la délivrance de ma maîtresse, il m'eût offert son bras et son épée.

Cette excessive générosité me toucha jusqu'aux larmes. J'employai, pour lui marquer ma reconnaissance, toute la vivacité que mon affliction me laissait de reste. Je lui demandai s'il n'y avait rien à espérer par la voie des intercessions, auprès du Lieutenant général de Police. Il me dit qu'il y avait pensé ; mais qu'il croyait cette ressource inutile, parce qu'une grâce de cette nature ne pouvait se demander sans motif, et qu'il ne voyait pas bien quel motif on pouvait employer pour se faire un intercesseur d'une personne grave et puissante ; que si l'on pouvait se flatter de quelque chose de ce côté-là, ce ne pouvait être qu'en faisant changer de sentiment à M. de G... M... et à mon père, et en les engageant à prier eux-mêmes M. le Lieutenant général de Police de révoquer sa sentence. Il m'offrit de faire tous ses efforts pour gagner le jeune G... M..., quoiqu'il le crût un peu refroidi à son égard par quelques soupçons qu'il avait conçus de lui à l'occasion de notre affaire ; et il m'exhorta à ne rien omettre de mon côté, pour fléchir l'esprit de mon père.

Ce n'était pas une légère entreprise pour moi ; je ne dis pas seulement par la difficulté que je devais naturellement trouver à le vaincre, mais par une autre raison, qui me faisait même redouter ses approches : je m'étais dérobé de son logement contre ses ordres, et j'étais fort résolu de n'y pas retourner, depuis que j'avais appris la triste destinée de Manon. J'appréhendais avec sujet[1] qu'il ne me fît retenir malgré moi, et qu'il ne me reconduisît de même en province. Mon frère aîné avait usé autrefois de cette méthode. Il est vrai que j'étais devenu plus âgé ; mais l'âge était une faible raison contre la force. Cependant je trouvai une voie qui me sauvait du danger ; c'était de le faire appeler dans un endroit public, et de m'annoncer à lui sous un autre nom. Je pris aussitôt ce parti. M. de T... s'en alla chez G... M... et moi au Luxembourg, d'où j'envoyai avertir mon père qu'un gentilhomme de ses serviteurs était à l'attendre. Je craignais qu'il n'eût quelque peine à venir, parce que la nuit approchait. Il parut néanmoins peu après, suivi de son laquais. Je le priai de prendre une allée où nous puissions être seuls. Nous fîmes cent pas, pour le moins, sans parler. Il s'imaginait bien, sans doute, que tant de préparations ne s'étaient pas faites sans un dessein d'importance. Il attendait ma harangue, et je la méditais.

Enfin j'ouvris la bouche. Monsieur, lui dis-je en tremblant, vous êtes un bon père. Vous m'avez comblé de grâces, et vous m'avez pardonné un nombre infini de fautes. Aussi le Ciel m'est-il témoin que j'ai pour vous tous les sentiments du fils le plus tendre et le plus respectueux. Mais il me semble... que votre rigueur... Hé bien, ma rigueur ? interrompit mon père, qui trouvait sans doute que je parlais lentement pour son impatience. Ah ! Monsieur, repris-je, il me semble que votre rigueur est extrême, dans le traitement que vous avez fait à la malheureuse Manon. Vous vous en êtes rapporté à M. de G... M... Sa haine vous l'a représentée sous les plus noires couleurs. Vous vous êtes formé d'elle une affreuse idée. Cependant c'est la plus douce et la plus aimable créature qui fût jamais. Que n'a-t-il plu au Ciel de vous inspirer l'envie de la voir un moment ! Je ne suis pas plus sûr qu'elle est charmante, que je le suis qu'elle vous l'aurait paru. Vous auriez pris

Note

1. **avec sujet** : avec raison.

parti pour elle ; vous auriez détesté les noirs artifices de G... M... ; vous auriez eu compassion d'elle et de moi. Hélas ! J'en suis sûr. Votre cœur n'est pas insensible ; vous vous seriez laissé attendrir. Il m'interrompit encore, voyant que je parlais avec une ardeur qui ne m'aurait pas permis de finir sitôt. Il voulut savoir à quoi j'avais dessein d'en venir, par un discours si passionné. À vous demander la vie, répondis-je, que je ne puis conserver un moment, si Manon part une fois[1] pour l'Amérique. Non, non, me dit-il d'un ton sévère ; j'aime mieux te voir sans vie que sans sagesse et sans honneur. N'allons donc pas plus loin ! m'écriai-je en l'arrêtant par le bras. Ôtez-la-moi, cette vie odieuse et insupportable ; car dans le désespoir où vous me jetez, la mort sera une faveur pour moi. C'est un présent digne de la main d'un père.

Je ne te donnerais que ce que tu mérites, répliqua-t-il. Je connais bien des pères qui n'auraient pas attendu si longtemps pour être eux-mêmes tes bourreaux ; mais c'est ma bonté excessive qui t'a perdu.

Je me jetai à ses genoux : Ah ! s'il vous en reste encore, lui dis-je en les embrassant, ne vous endurcissez donc pas contre mes pleurs. Songez que je suis votre fils... Hélas ! souvenez-vous de ma mère. Vous l'aimiez si tendrement ! Auriez-vous souffert qu'on l'eût arrachée de vos bras ? Vous l'auriez défendue jusqu'à la mort. Les autres n'ont-ils pas un cœur comme vous ? Peut-on être barbare, après avoir une fois éprouvé ce que c'est que la tendresse et la douleur ?

Ne me parle pas davantage de ta mère, reprit-il d'une voix irritée ; ce souvenir échauffe mon indignation. Tes désordres la feraient mourir de douleur, si elle eût assez vécu pour les voir. Finissons cet entretien, ajouta-t-il ; il m'importune, et ne me fera point changer de résolution. Je retourne au logis ; je t'ordonne de me suivre. Le ton sec et dur avec lequel il

Note

1. **si [...] une fois** : si jamais.

m'intima cet ordre, me fit trop comprendre que son cœur était inflexible. Je m'éloignai de quelques pas, dans la crainte qu'il ne lui prît envie de m'arrêter de ses propres mains. N'augmentez pas mon désespoir, lui dis-je, en me forçant de vous désobéir. Il est impossible que je vous suive. Il ne l'est pas moins que je vive, après la dureté avec laquelle vous me traitez. Ainsi je vous dis un éternel adieu. Ma mort, que vous apprendrez bientôt, ajoutai-je tristement, vous fera peut-être reprendre pour moi des sentiments de père. Comme je me tournais pour le quitter : Tu refuses donc de me suivre ? s'écria-t-il avec une vive colère. Va, cours à ta perte. Adieu, fils ingrat et rebelle. Adieu, lui dis-je dans mon transport, adieu, père barbare et dénaturé.

Je sortis aussitôt du Luxembourg. Je marchai dans les rues comme un furieux jusqu'à la maison de M. de T... Je levais, en marchant, les yeux et les mains pour invoquer toutes les puissances célestes. Ô Ciel ! disais-je, serez-vous aussi impitoyable que les hommes ? Je n'ai plus de secours à attendre que de vous. M. de T... n'était point encore retourné chez lui ; mais il revint, après que je l'y eus attendu quelques moments. Sa négociation n'avait pas réussi mieux que la mienne. Il me le dit d'un visage abattu. Le jeune G... M..., quoique moins irrité que son père contre Manon et contre moi, n'avait pas voulu entreprendre de le solliciter en notre faveur. Il s'en était défendu par la crainte qu'il avait lui-même de ce vieillard vindicatif[1], qui s'était déjà fort emporté contre lui, en lui reprochant ses desseins de commerce avec Manon. Il ne me restait donc que la voie de la violence, telle que M. de T... m'en avait tracé le plan ; j'y réduisis toutes mes espérances. Elles sont bien incertaines, lui dis-je ; mais la plus solide et la plus consolante pour moi est celle de périr du moins dans l'entreprise. Je le quittai en le priant de me secourir par ses vœux ; et je ne

Note

1. **vindicatif** : rancunier.

pensai plus qu'à m'associer des camarades à qui je pusse communiquer une étincelle de mon courage et de ma résolution.

Le premier qui s'offrit à mon esprit, fut le même garde du corps que j'avais employé pour arrêter G… M… J'avais dessein aussi d'aller passer la nuit dans sa chambre, n'ayant pas eu l'esprit assez libre, pendant l'après-midi, pour me procurer un logement. Je le trouvai seul. Il eut de la joie de me voir sorti du Châtelet. Il m'offrit affectueusement ses services. Je lui expliquai ceux qu'il pouvait me rendre. Il avait assez de bon sens pour en apercevoir toutes les difficultés ; mais il fut assez généreux pour entreprendre de les surmonter. Nous employâmes une partie de la nuit à raisonner sur mon dessein. Il me parla des trois soldats aux gardes dont il s'était servi dans la dernière occasion, comme de trois braves à l'épreuve[1]. M. de T… m'avait informé exactement du nombre des archers qui devaient conduire Manon : ils n'étaient que six. Cinq hommes hardis et résolus suffisaient pour donner l'épouvante à ces misérables, qui ne sont point capables de se défendre honorablement, lorsqu'ils peuvent éviter le péril du combat par une lâcheté. Comme je ne manquais point d'argent, le garde du corps me conseilla de ne rien épargner pour assurer le succès de notre attaque. Il nous faut des chevaux, me dit-il, avec des pistolets, et chacun notre mousqueton[2]. Je me charge de prendre demain le soin de ces préparatifs. Il faudra aussi trois habits communs pour nos soldats, qui n'oseraient paraître dans une affaire de cette nature avec l'uniforme du régiment. Je lui mis entre les mains les cent pistoles que j'avais reçues de M. de T… Elles furent employées, le lendemain, jusqu'au dernier sol. Les trois soldats passèrent en revue devant moi. Je les animai par de grandes promesses, et pour leur ôter toute défiance, je commençai par leur faire présent, à chacun, de dix pistoles. Le jour de l'exécution[3] étant venu, j'en

Notes

1. **braves à l'épreuve** : hommes de main prêts à tout.

2. **mousqueton** : fusil léger.

3. L'exécution du plan de Des Grieux.

envoyai un de grand matin à l'Hôpital, pour s'instruire par ses propres yeux, du moment auquel les archers partiraient avec leur proie. Quoique je n'eusse pris cette précaution que par un excès d'inquiétude et de prévoyance, il se trouva qu'elle avait été absolument nécessaire. J'avais compté sur quelques fausses informations qu'on m'avait données de leur route, et m'étant persuadé que c'était à La Rochelle que cette déplorable troupe devait être embarquée, j'aurais perdu mes peines à l'attendre sur le chemin d'Orléans. Cependant je fus informé, par le rapport du soldat aux gardes, qu'elle prenait le chemin de Normandie, et que c'était du Havre-de-Grâce qu'elle devait partir pour l'Amérique.

Nous nous rendîmes aussitôt à la porte Saint-Honoré, observant de marcher par des rues différentes. Nous nous réunîmes au bout du faubourg. Nos chevaux étaient frais. Nous ne tardâmes point à découvrir les six gardes, et les deux misérables voitures que vous vîtes à Pacy, il y a deux ans. Ce spectacle faillit de m'ôter la force et la connaissance. Ô Fortune, m'écriai-je, Fortune cruelle ! accorde-moi ici du moins, la mort ou la victoire. Nous tînmes conseil un moment sur la manière dont nous ferions notre attaque. Les archers n'étaient guère plus de quatre cents pas devant nous, et nous pouvions les couper en passant au travers d'un petit champ, autour duquel le grand chemin tournait. Le garde du corps fut d'avis de prendre cette voie, pour les surprendre en fondant tout d'un coup sur eux. J'approuvai sa pensée et je fus le premier à piquer mon cheval. Mais la Fortune avait rejeté impitoyablement mes vœux. Les archers, voyant cinq cavaliers accourir vers eux, ne doutèrent point que ce ne fût pour les attaquer. Ils se mirent en défense, en préparant leurs baïonnettes et leurs fusils, d'un air assez résolu. Cette vue, qui ne fit que nous animer, le garde du corps et moi, ôta tout d'un coup le courage à nos trois lâches compagnons. Ils s'arrêtèrent comme de concert, et, s'étant dit entre eux quelques mots que je n'entendis point, ils tournèrent la tête de leurs chevaux, pour reprendre le chemin de Paris à bride abattue. Dieux! me dit le garde du corps, qui paraissait aussi éperdu que moi de cette infâme désertion, qu'allons-nous faire? Nous ne sommes que deux. J'avais perdu la voix, de fureur et d'étonnement. Je m'arrêtai, incertain si ma première vengeance ne devait pas s'employer à la poursuite et au châtiment des lâches qui m'abandonnaient. Je les regardais fuir, et je jetais les yeux de l'autre côté sur les archers. S'il m'eût été possible de me partager, j'aurais fondu tout à la fois sur ces deux objets de ma rage; je les dévorais tous ensemble. Le garde du corps, qui jugeait de mon incertitude par le mouvement égaré de mes yeux, me pria d'écouter son conseil. N'étant que deux, me dit-il, il y aurait de la folie à attaquer six hommes aussi bien armés que nous, et qui paraissent nous attendre de pied ferme. Il faut retourner à Paris et tâcher de réussir mieux dans le choix de nos braves. Les archers ne sauraient faire de grandes journées avec deux pesantes voitures; nous les rejoindrons demain sans peine.

Je fis un moment de réflexion sur ce parti; mais ne voyant de tous côtés que des sujets de désespoir, je pris une résolution véritablement désespérée. Ce fut de remercier mon compagnon de ses services; et loin d'attaquer les archers, je résolus d'aller, avec soumission, les prier de me recevoir dans leur troupe, pour accompagner Manon avec eux jusqu'au Havre-de-Grâce, et passer ensuite au-delà des mers avec elle. Tout le monde me persécute ou me trahit, dis-je au garde du corps. Je n'ai plus de fond à faire sur personne[1]. Je n'attends plus rien, ni de la Fortune, ni du secours des hommes. Mes malheurs sont au comble; il ne me reste plus que de m'y soumettre. Ainsi je ferme les yeux à toute espérance. Puisse le Ciel récompenser votre générosité! Adieu, je vais aider mon mauvais sort à consommer ma ruine, en y courant moi-même volontaire-

Note

1. **Je n'ai plus de fond à faire sur personne :** je ne peux plus compter sur personne.

ment. Il fit inutilement ses efforts pour m'engager à retourner à Paris. Je le priai de me laisser suivre mes résolutions et de me quitter sur-le-champ, de peur que les archers ne continuassent de croire que notre dessein était de les attaquer.

J'allai seul vers eux d'un pas lent, et le visage si consterné, qu'ils ne durent rien trouver d'effrayant dans mes approches. Ils se tenaient néanmoins en défense. Rassurez-vous, Messieurs, leur dis-je, en les abordant ; je ne vous apporte point la guerre, je viens vous demander des grâces. Je les priai de continuer leur chemin sans défiance et je leur appris, en marchant, les faveurs que j'attendais d'eux. Ils consultèrent ensemble de quelle manière ils devaient recevoir cette ouverture. Le chef de la bande prit la parole pour les autres. Il me répondit que les ordres qu'ils avaient de veiller sur leurs captives étaient d'une extrême rigueur ; que je lui paraissais néanmoins si joli[1] homme, que lui et ses compagnons se relâcheraient un peu de leur devoir ; mais que je devais comprendre qu'il fallait qu'il m'en coûtât quelque chose. Il me restait environ quinze pistoles ; je leur dis naturellement en quoi consistait le fond de ma bourse. Hé bien ! me dit l'archer, nous en userons généreusement. Il ne vous coûtera qu'un écu par heure pour entretenir celle de nos filles qui vous plaira le plus ; c'est le prix courant de Paris. Je ne leur avais pas parlé de Manon en particulier, parce que je n'avais pas dessein qu'ils connussent ma passion. Ils s'imaginèrent d'abord que ce n'était qu'une fantaisie de jeune homme, qui me faisait chercher un peu de passe-temps avec ces créatures ; mais lorsqu'ils crurent s'être aperçus que j'étais amoureux, ils augmentèrent tellement le tribut, que ma bourse se trouva épuisée en partant de Mantes, où nous avions couché, le jour que nous arrivâmes à Pacy.

Vous dirai-je quel fut le déplorable sujet de mes entretiens avec Manon pendant cette route, ou quelle impression sa vue

Note

1. **joli** : aimable.

Jean-Paul Sinibaldi, *Manon Lescaut* (1891).

fit sur moi, lorsque j'eus obtenu des gardes la liberté d'approcher de son chariot? Ah! les expressions ne rendent jamais qu'à demi les sentiments du cœur; mais figurez-vous ma pauvre maîtresse enchaînée par le milieu du corps, assise sur quelques poignées de paille, la tête appuyée languissamment sur un côté de la voiture, le visage pâle et mouillé d'un ruisseau de larmes qui se faisaient un passage au travers de ses paupières, quoiqu'elle eût continuellement les yeux fermés. Elle n'avait pas même eu la curiosité de les ouvrir, lorsqu'elle avait entendu le bruit de ses gardes, qui craignaient d'être attaqués. Son linge était sale et dérangé, ses mains délicates exposées à l'injure de l'air; enfin, tout ce composé charmant, cette figure capable de ramener l'univers à l'idolâtrie, paraissait dans un désordre et un abattement inexprimables. J'employai quelque temps à la considérer, en allant à cheval à côté du chariot. J'étais si peu à moi-même que je fus sur le point plusieurs fois de tomber dangereusement. Mes soupirs et mes exclamations fréquentes m'attirèrent d'elle quelques regards. Elle me reconnut, et je remarquai que, dans le premier mouvement, elle tenta de se précipiter hors de la voiture pour venir à moi; mais, étant retenue par sa chaîne, elle retomba dans sa première attitude. Je priai les archers d'arrêter un moment par compassion; ils y consentirent par avarice. Je quittai mon cheval pour m'asseoir auprès d'elle. Elle était si languissante et si affaiblie, qu'elle fut longtemps sans pouvoir se servir de sa langue, ni remuer ses mains. Je les mouillais pendant ce temps-là de mes pleurs; et ne pouvant proférer moi-même une seule parole, nous étions l'un et l'autre dans une des plus tristes situations dont il y ait jamais eu d'exemple. Nos expressions ne le furent pas moins, lorsque nous eûmes retrouvé la liberté de parler. Manon parla peu; il semblait que la honte et la douleur eussent altéré les organes de sa voix; le son en était faible et tremblant. Elle me remercia de ne l'avoir pas oubliée, et de la satisfaction que je lui accordais, dit-elle en soupirant, de me voir du moins encore une fois, et de me dire le dernier adieu. Mais lorsque je l'eus assurée que rien n'était capable de me séparer d'elle, et que j'étais disposé à la suivre jusqu'à l'extrémité du monde, pour prendre soin d'elle, pour la servir, pour l'aimer et pour attacher inséparablement ma misérable destinée à la sienne, cette pauvre fille se livra à des sentiments si tendres et si douloureux, que j'appréhendai quelque chose pour sa vie, d'une si violente émotion. Tous les mouvements de son âme semblaient se réunir dans ses yeux. Elle les tenait fixés sur moi. Quelquefois elle ouvrait la bouche, sans avoir la force d'achever quelques mots qu'elle commençait. Il lui en échappait néanmoins quelques-uns. C'était des marques d'admiration sur mon amour, de tendres plaintes de son excès, des doutes qu'elle pût être assez heureuse pour m'avoir inspiré une passion si parfaite, des instances pour me faire renoncer au dessein de la suivre, et chercher ailleurs un bonheur digne de moi, qu'elle me disait que je ne pouvais espérer avec elle.

En dépit du plus cruel de tous les sorts, je trouvais ma félicité dans ses regards et dans la certitude que j'avais de son affection. J'avais perdu, à la vérité, tout ce que le reste des hommes estime ; mais j'étais maître du cœur de Manon, le seul bien que j'estimais. Vivre en Europe, vivre en Amérique, que m'importait-il en quel endroit vivre, si j'étais sûr d'y être heureux en y vivant avec ma maîtresse ? Tout l'univers n'est-il pas la patrie de deux amants fidèles ? Ne trouvent-ils pas l'un dans l'autre, père, mère, parents, amis, richesses et félicité ? Si quelque chose me causait de l'inquiétude, c'était la crainte de voir Manon exposée aux besoins de l'indigence. Je me supposais déjà, avec elle, dans une région inculte et habitée par des sauvages. Je suis bien sûr, disais-je, qu'il ne saurait y en avoir d'aussi cruels que G… M… et mon père. Ils nous laisseront du moins vivre en paix. Si les relations qu'on en fait sont fidèles, ils suivent les lois de la nature. Ils ne connaissent ni les fureurs de l'avarice, qui possèdent G… M…, ni les idées fantastiques[1] de l'honneur, qui m'ont fait un ennemi de mon père. Ils ne troubleront point deux amants qu'ils verront vivre avec autant de simplicité qu'eux. J'étais donc tranquille de ce côté-là. Mais je ne me formais point des idées romanesques par rapport aux besoins communs de la vie. J'avais éprouvé trop souvent qu'il y a des nécessités insupportables, surtout pour une fille délicate qui est accoutumée à une vie commode et abondante. J'étais au désespoir d'avoir épuisé inutilement ma bourse, et que le peu d'argent qui me restait, fût encore sur le point de m'être ravi par la friponnerie des archers. Je concevais qu'avec une petite somme j'aurais pu espérer, non seulement de me soutenir quelque temps contre la misère en Amérique, où l'argent était rare, mais d'y former même quelque entreprise pour un établissement durable. Cette considération me fit naître la pensée d'écrire à Tiberge, que j'avais toujours trouvé si prompt à m'offrir les secours de l'amitié. J'écrivis dès la première ville où nous passâmes. Je ne lui apportai point d'autre motif que le pressant besoin dans lequel je prévoyais que je me trouverais au Havre-de-Grâce, où je lui confessais que j'étais allé conduire Manon. Je lui demandais cent pistoles. Faites-les-moi tenir au Havre, lui disais-je, par le maître de la poste. Vous voyez bien que c'est la dernière fois que j'importune votre affection, et que ma malheureuse maîtresse m'étant enlevée pour toujours, je ne puis la laisser partir sans quelques soulagements qui adoucissent son sort et mes mortels regrets.

Les archers devinrent si intraitables, lorsqu'ils eurent découvert la violence de ma passion, que redoublant continuellement le prix de leurs moindres faveurs, ils me réduisirent bientôt à la dernière indigence. L'amour, d'ailleurs, ne me permettait guère de ménager ma bourse. Je m'oubliais[2] du matin au soir près de Manon ; et ce n'était plus par heure que le temps m'était mesuré, c'était par la longueur entière des jours. Enfin,

Notes

1. **fantastiques** : sans fondement réel.

2. **Je m'oubliais** : je ne pensais plus à moi.

ma bourse étant tout à fait vide, je me trouvai exposé aux caprices et à la brutalité de six misérables, qui me traitaient avec une hauteur insupportable. Vous en fûtes témoin à Pacy. Votre rencontre fut un heureux moment de relâche, qui me fut accordé par la Fortune. Votre pitié, à la vue de mes peines, fut ma seule recommandation auprès de votre cœur généreux. Le secours que vous m'accordâtes libéralement, servit à me faire gagner Le Havre, et les archers tinrent leur promesse avec plus de fidélité que je ne l'espérais.

Nous arrivâmes au Havre. J'allai d'abord à la poste. Tiberge n'avait point encore eu le temps de me répondre. Je m'informai exactement quel jour je pouvais attendre sa lettre. Elle ne pouvait arriver que deux jours après ; et par une étrange disposition de mon mauvais sort, il se trouva que notre vaisseau devait partir le matin de celui auquel j'attendais l'ordinaire. Je ne puis vous représenter mon désespoir. Quoi ! m'écriai-je, dans le malheur même, il faudra toujours que je sois distingué par des excès ! Manon répondit : Hélas ! une vie si malheureuse mérite-t-elle le soin que nous en prenons ? Mourons au Havre, mon cher Chevalier. Que la mort finisse tout d'un coup nos misères ! Irons-nous les traîner dans un pays inconnu, où nous devons nous attendre sans doute à d'horribles extrémités, puisqu'on a voulu m'en faire un supplice[1] ? Mourons, me répéta-t-elle ; ou du moins, donne-moi la mort, et va chercher un autre sort dans les bras d'une amante plus heureuse. Non, non, lui dis-je, c'est pour moi un sort digne d'envie, que d'être malheureux avec vous. Son discours me fit trembler. Je jugeai qu'elle était accablée de ses maux. Je m'efforçai de prendre un air plus tranquille, pour lui ôter ces funestes pensées de mort et de désespoir. Je résolus de tenir la même conduite à l'avenir ; et j'ai éprouvé, dans la suite, que rien n'est plus capable d'ins-

Note

1. **supplice** : châtiment.

pirer du courage à une femme, que l'intrépidité d'un homme qu'elle aime.

Lorsque j'eus perdu l'espérance de recevoir du secours de Tiberge, je vendis mon cheval. L'argent que j'en tirai, joint à ce qui me restait encore de vos libéralités, me composa la petite somme de dix-sept pistoles. J'en employai sept à l'achat de quelques soulagements nécessaires à Manon ; et je serrai[1] les dix autres avec soin, comme le fondement de notre fortune et de nos espérances en Amérique. Je n'eus point de peine à me faire recevoir dans le vaisseau. On cherchait alors des jeunes gens qui fussent disposés à se joindre volontairement à la colonie. Le passage et la nourriture me furent accordés gratis. La poste de Paris[2] devant partir le lendemain, j'y laissai une lettre pour Tiberge. Elle était touchante, et capable de l'attendrir sans doute au dernier point, puisqu'elle lui fit prendre une résolution qui ne pouvait venir que d'un fonds infini de tendresse et de générosité pour un ami malheureux.

Nous mîmes à la voile. Le vent ne cessa point de nous être favorable. J'obtins du capitaine un lieu à part pour Manon et pour moi. Il eut la bonté de nous regarder d'un autre œil que le commun de nos misérables associés. Je l'avais pris en particulier dès le premier jour ; et pour m'attirer de lui quelque considération, je lui avais découvert une partie de mes infortunes. Je ne crus pas me rendre coupable d'un mensonge honteux, en lui disant que j'étais marié à Manon. Il feignit de le croire, et il m'accorda sa protection. Nous en reçûmes des marques pendant toute la navigation. Il eut soin de nous faire nourrir honnêtement ; et les égards qu'il eut pour nous, servirent à nous faire respecter des compagnons de notre misère. J'avais une attention continuelle à ne pas laisser souffrir la moindre incommodité à Manon. Elle le remarquait bien ; et

Notes

1. **serrai** : gardai.

2. **La poste de Paris** : la voiture de poste pour Paris.

cette vue, jointe au vif ressentiment[1] de l'étrange extrémité où je m'étais réduit pour elle, la rendait si tendre et si passionnée, si attentive aussi à mes plus légers besoins, que c'était entre elle et moi une perpétuelle émulation[2] de services et d'amour. Je ne regrettais point l'Europe. Au contraire, plus nous avancions vers l'Amérique, plus je sentais mon cœur s'élargir et devenir tranquille. Si j'eusse pu m'assurer de n'y pas manquer des nécessités absolues de la vie, j'aurais remercié la Fortune d'avoir donné un tour si favorable à nos malheurs.

Après une navigation de deux mois, nous abordâmes enfin au rivage désiré. Le pays ne nous offrit rien d'agréable à la première vue. C'étaient des campagnes stériles et inhabitées, où l'on voyait à peine quelques roseaux et quelques arbres dépouillés par le vent. Nulle trace d'hommes, ni d'animaux. Cependant, le capitaine ayant fait tirer quelques pièces de notre artillerie, nous ne fûmes pas longtemps sans apercevoir une troupe de citoyens du Nouvel Orléans[3], qui s'approchèrent de nous avec de vives marques de joie. Nous n'avions pas découvert la ville. Elle est cachée, de ce côté-là, par une petite colline. Nous fûmes reçus comme des gens descendus du ciel. Ces pauvres habitants s'empressaient pour nous faire mille questions sur l'état de la France et sur les différentes provinces où ils étaient nés. Ils nous embrassaient comme leurs frères, et comme de chers compagnons qui venaient partager leur misère et leur solitude. Nous prîmes le chemin de la ville avec eux; mais nous fûmes surpris de découvrir, en avançant, que ce qu'on nous avait vanté jusqu'alors comme

Notes

1. **ressentiment** : sentiment de reconnaissance.

2. **émulation** : désir de surpasser l'autre.

3. Le nom est passé au féminin et avec un trait d'union. Cette capitale de la Louisiane, alors colonie française, fut fondée en 1717. La colonie fut peuplée par des contingents de femmes souvent pauvres ou orphelines, qui partaient volontairement, dotées par le roi (on les appelaient « filles du roi » ou « filles à la cassette »). Mais il y eut aussi les femmes enfermées à la Salpêtrière et déportées de force, comme Manon.

une bonne ville, n'était qu'un assemblage de quelques pauvres cabanes. Elles étaient habitées par cinq ou six cents personnes. La maison du Gouverneur nous parut un peu distinguée par sa hauteur et par sa situation. Elle est défendue par quelques ouvrages de terre, autour desquels règne un large fossé.

Nous fûmes d'abord présentés à lui. Il s'entretint longtemps en secret avec le capitaine ; et revenant ensuite à nous, il considéra, l'une après l'autre, toutes les filles qui étaient arrivées par le vaisseau. Elles étaient au nombre de trente, car nous en avions trouvé au Havre une autre bande, qui s'était jointe à la nôtre. Le Gouverneur, les ayant longtemps examinées, fit appeler divers jeunes gens de la ville, qui languissaient dans l'attente d'une épouse. Il donna les plus jolies aux principaux, et le reste fut tiré au sort. Il n'avait point encore parlé à Manon ; mais lorsqu'il eut ordonné aux autres de se retirer, il nous fit demeurer, elle et moi. J'apprends du capitaine, nous dit-il, que vous êtes mariés, et qu'il vous a reconnus sur la route pour deux personnes d'esprit et de mérite. Je n'entre point dans les raisons qui ont causé votre malheur ; mais s'il est vrai que vous ayez autant de savoir-vivre que votre figure me le promet, je n'épargnerai rien pour adoucir votre sort, et vous contribuerez vous-mêmes à me faire trouver quelque agrément dans ce lieu sauvage et désert. Je lui répondis de la manière que je crus la plus propre à confirmer l'idée qu'il avait de nous. Il donna quelques ordres pour nous faire préparer un logement dans la ville, et il nous retint à souper avec lui. Je lui trouvai beaucoup de politesse, pour un chef de malheureux bannis. Il ne nous fit point de questions en public, sur le fond de nos aventures. La conversation fut générale ; et malgré notre tristesse, nous nous efforçâmes, Manon et moi, de contribuer à la rendre agréable.

Le soir, il nous fit conduire au logement qu'on nous avait préparé. Nous trouvâmes une misérable cabane, composée de planches et de boue, qui consistait en deux ou trois chambres de plain-pied, avec un grenier au-dessus. Il y avait fait mettre cinq ou six chaises, et quelques commodités nécessaires à la vie. Manon parut effrayée à la vue d'une si triste demeure. C'était pour moi qu'elle s'affligeait, beaucoup plus que pour elle-même. Elle s'assit, lorsque nous fûmes seuls, et elle se mit à pleurer amèrement. J'entrepris d'abord de la consoler. Mais lorsqu'elle m'eut fait entendre que c'était moi seul qu'elle plaignait, et qu'elle ne considérait dans nos malheurs communs que ce que j'avais à souffrir, j'affectai de montrer assez de courage, et même assez de joie pour lui en inspirer. De quoi me plaindrais-je ? lui dis-je. Je possède tout ce que je désire. Vous m'aimez, n'est-ce pas ? Quel autre bonheur me suis-je jamais proposé ? Laissons au Ciel le soin de notre fortune. Je ne la trouve pas si désespérée. Le Gouverneur est un homme civil : il nous a marqué de la considération ; il ne permettra pas que nous manquions du nécessaire. Pour ce qui regarde la pauvreté de notre cabane et la grossièreté de nos meubles, vous avez pu remarquer qu'il y a eu peu de personnes ici qui paraissaient mieux logées et mieux meublées que nous ; et puis tu es une chimiste[1] admirable, ajoutai-je en l'embrassant, tu transformes tout en or.

Vous serez donc la plus riche personne de l'univers, me répondit-elle ; car s'il n'y eut jamais d'amour tel que le vôtre, il est impossible aussi d'être aimé plus tendrement que vous l'êtes. Je me rends justice, continua-t-elle. Je sens bien que je n'ai jamais mérité ce prodigieux attachement que vous avez pour moi. Je vous ai causé des chagrins, que vous n'avez pu me pardonner sans une bonté extrême. J'ai été légère et volage ; et même en vous aimant éperdument, comme j'ai toujours fait, je n'étais qu'une ingrate. Mais vous ne sauriez croire combien je suis changée. Mes larmes, que vous avez vues couler si souvent depuis notre départ de France, n'ont pas eu une seule fois mes malheurs pour objet. J'ai cessé de les sentir, aussitôt

Note

1. **chimiste** : au sens d'« alchimiste ».

que vous avez commencé à les partager. Je n'ai pleuré que de tendresse et de compassion pour vous. Je ne me console point d'avoir pu vous chagriner un moment dans ma vie. Je ne cesse point de me reprocher mes inconstances, et de m'attendrir, en admirant de quoi l'amour vous a rendu capable, pour une malheureuse qui n'en était pas digne, et qui ne payerait pas bien de tout son sang, ajouta-t-elle avec une abondance de larmes, la moitié des peines qu'elle vous a causées.

Ses pleurs, son discours, et le ton dont elle le prononça firent sur moi une impression si étonnante, que je crus sentir une espèce de division dans mon âme. Prends garde, lui dis-je, prends garde ma chère Manon. Je n'ai point assez de force pour supporter des marques si vives de ton affection ; je ne suis point accoutumé à ces excès de joie. Ô Dieu ! m'écriai-je, je ne vous demande plus rien. Je suis assuré du cœur de Manon ; il est tel que je l'ai souhaité pour être heureux ; je ne puis plus cesser de l'être à présent : voilà ma félicité bien établie. Elle l'est, reprit-elle, si vous la faites dépendre de moi, et je sais où je puis compter aussi de trouver toujours la mienne. Je me couchai avec ces charmantes idées, qui changèrent ma cabane en un palais digne du premier roi du monde. L'Amérique me parut un lieu de délices après cela. C'est au Nouvel Orléans qu'il faut venir, disais-je souvent à Manon, quand on veut goûter les vraies douceurs de l'amour. C'est ici qu'on s'aime sans intérêt, sans jalousie, sans inconstance. Nos compatriotes y viennent chercher de l'or ; ils ne s'imaginent pas que nous y avons trouvé des trésors bien plus estimables.

Nous cultivâmes soigneusement l'amitié du Gouverneur. Il eut la bonté, quelques semaines après notre arrivée, de me donner un petit emploi qui vint à vaquer[1] dans le fort. Quoiqu'il ne fût pas bien distingué, je l'acceptai comme une faveur du Ciel. Il me mettait en état de vivre sans être à charge à per-

Note

1. **vaquer** : être vacant.

sonne. Je pris un valet pour moi, et une servante pour Manon. Notre petite fortune s'arrangea. J'étais réglé dans ma conduite. Manon ne l'était pas moins. Nous ne laissions point échapper l'occasion de rendre service et de faire du bien à nos voisins. Cette disposition officieuse[1] et la douceur de nos manières nous attirèrent la confiance et l'affection de toute la colonie. Nous fûmes en peu de temps si considérés, que nous passions pour les premières personnes de la ville après le Gouverneur.

L'innocence de nos occupations, et la tranquillité où nous étions continuellement, servirent à nous faire rappeler insensiblement des idées de religion. Manon n'avait jamais été une fille impie[2]. Je n'étais pas non plus de ces libertins outrés[3], qui font gloire d'ajouter l'irréligion à la dépravation des mœurs. L'amour et la jeunesse avaient causé tous nos désordres. L'expérience commençait à nous tenir lieu d'âge ; elle fit sur nous le même effet que les années. Nos conversations, qui étaient toujours réfléchies, nous mirent insensiblement dans le goût d'un amour vertueux. Je fus le premier qui proposai ce changement à Manon. Je connaissais les principes de son cœur. Elle était droite, et naturelle dans tous ses sentiments, qualité qui dispose toujours à la vertu. Je lui fis comprendre qu'il manquait une chose à notre bonheur : C'est, lui dis-je, de le faire approuver du Ciel. Nous avons l'âme trop belle, et le cœur trop bien fait l'un et l'autre, pour vivre volontairement dans l'oubli du devoir. Passe d'y avoir vécu en France, où il nous était également impossible de cesser de nous aimer, et de nous satisfaire par une voie légitime[4] ; mais en Amérique, où nous ne dépendons que de nous-mêmes, où nous n'avons plus à ménager les lois arbitraires du rang et de la bienséance, où l'on nous croit même mariés, qui empêche que nous ne le soyons bientôt effectivement, et que nous n'anoblissions notre

Notes

1. **officieuse** : serviable.
2. **impie** : qui ne respecte pas la religion.
3. **outrés** : excessifs.
4. Il leur avait été impossible de se marier en France, puisque Des Grieux ne pouvait obtenir le consentement de son père.

amour par des serments que la religion autorise ? Pour moi, ajoutai-je, je ne vous offre rien de nouveau en vous offrant mon cœur et ma main ; mais je suis prêt à vous en renouveler le don au pied d'un autel. Il me parut que ce discours la pénétrait de joie. Croiriez-vous, me répondit-elle, que j'y ai pensé mille fois, depuis que nous sommes en Amérique ? La crainte de vous déplaire m'a fait renfermer ce désir dans mon cœur. Je n'ai point la présomption[1] d'aspirer à la qualité de votre épouse. Ah ! Manon, répliquai-je, tu serais bientôt celle d'un roi, si le Ciel m'avait fait naître avec une couronne. Ne balançons plus. Nous n'avons nul obstacle à redouter. J'en veux parler dès aujourd'hui au Gouverneur, et lui avouer que nous l'avons trompé jusqu'à ce jour. Laissons craindre aux amants vulgaires, ajoutai-je, les chaînes indissolubles du mariage. Ils ne les craindraient pas s'ils étaient sûrs, comme nous, de porter toujours celles de l'Amour. Je laissai Manon au comble de la joie, après cette résolution.

Je suis persuadé qu'il n'y a point d'honnête homme au monde qui n'eût approuvé mes vues dans les circonstances où j'étais ; c'est-à-dire asservi fatalement à une passion que je ne pouvais vaincre, et combattu par des remords que je ne devais point étouffer. Mais se trouvera-t-il quelqu'un qui accuse mes plaintes d'injustice, si je gémis de la rigueur du Ciel à rejeter un dessein que je n'avais formé que pour lui plaire ? Hélas ! que dis-je, à le rejeter ? Il l'a puni comme un crime. Il m'avait souffert avec patience, tandis que je marchais aveuglément dans la route du vice ; et ses plus rudes châtiments m'étaient réservés, lorsque je commençais à retourner à la vertu. Je crains de manquer de force, pour achever le récit du plus funeste événement qui fût jamais.

J'allai chez le Gouverneur, comme j'en étais convenu avec Manon, pour le prier de consentir à la cérémonie de notre

Note

1. **présomption** : prétention.

mariage. Je me serais bien gardé d'en parler, à lui ni à personne, si j'eusse pu me promettre que son aumônier, qui était alors le seul prêtre de la ville, m'eût rendu ce service sans sa participation ; mais, n'osant espérer qu'il voulût s'engager au silence, j'avais pris le parti d'agir ouvertement. Le Gouverneur avait un neveu, nommé Synnelet, qui lui était extrêmement cher. C'était un homme de trente ans, brave, mais emporté et violent. Il n'était point marié. La beauté de Manon l'avait touché, dès le jour de notre arrivée ; et les occasions sans nombre qu'il avait eues de la voir, pendant neuf ou dix mois, avaient tellement enflammé sa passion, qu'il se consumait en secret pour elle. Cependant, comme il était persuadé, avec son oncle et toute la ville, que j'étais réellement marié, il s'était rendu maître de son amour jusqu'au point de n'en laisser rien éclater[1] ; et son zèle s'était même déclaré pour moi, dans plusieurs occasions de me rendre service. Je le trouvai avec son oncle, lorsque j'arrivai au fort. Je n'avais nulle raison qui m'obligeât de lui faire un secret de mon dessein ; de sorte que je ne fis point difficulté de m'expliquer en sa présence. Le Gouverneur m'écouta avec sa bonté ordinaire. Je lui racontai une partie de mon histoire, qu'il entendit avec plaisir ; et lorsque je le priai d'assister à la cérémonie que je méditais, il eut la générosité de s'engager à faire toute la dépense de la fête. Je me retirai fort content.

Une heure après, je vis entrer l'aumônier chez moi. Je m'imaginai qu'il venait me donner quelques instructions sur mon mariage ; mais, après m'avoir salué froidement, il me déclara, en deux mots, que M. le Gouverneur me défendait d'y penser, et qu'il avait d'autres vues sur Manon. D'autres vues sur Manon ! lui dis-je avec un mortel saisissement de cœur ; et quelles vues donc, Monsieur l'aumônier ? Il me répondit que je n'ignorais pas que M. le Gouverneur était le maître ; que Ma-

Note

1. **éclater** : paraître au jour.

non ayant été envoyée de France pour la colonie, c'était à lui à disposer d'elle ; qu'il ne l'avait pas fait jusqu'alors, parce qu'il la croyait mariée ; mais qu'ayant appris de moi-même qu'elle ne l'était point, il jugeait à propos de la donner à M. Synnelet, qui en était amoureux. Ma vivacité l'emporta sur ma prudence. J'ordonnai fièrement à l'aumônier de sortir de ma maison, en jurant que le Gouverneur, Synnelet et toute la ville ensemble n'oseraient porter la main sur ma femme, ou ma maîtresse, comme ils voudraient l'appeler.

Je fis part aussitôt à Manon du funeste message que je venais de recevoir. Nous jugeâmes que Synnelet avait séduit l'esprit de son oncle, depuis mon retour, et que c'était l'effet de quelque dessein médité depuis longtemps. Ils étaient les plus forts. Nous nous trouvions dans le Nouvel Orléans comme au milieu de la mer ; c'est-à-dire séparés du reste du monde par des espaces immenses. Où fuir ? dans un pays inconnu, désert, ou habité par des bêtes féroces, et par des sauvages aussi barbares qu'elles ? J'étais estimé dans la ville ; mais je ne pouvais espérer d'émouvoir assez le peuple en ma faveur, pour en espérer un secours proportionné au mal. Il eût fallu de l'argent ; j'étais pauvre. D'ailleurs le succès d'une émotion[1] populaire était incertain ; et si la fortune nous eût manqué, notre malheur serait devenu sans remède. Je roulais toutes ces pensées dans ma tête. J'en communiquais une partie à Manon. J'en formais de nouvelles, sans écouter sa réponse. Je prenais un parti ; je le rejetais pour en prendre un autre. Je parlais seul, je répondais tout haut à mes pensées ; enfin j'étais dans une agitation que je ne saurais comparer à rien, parce qu'il n'y en eut jamais d'égale. Manon avait les yeux sur moi. Elle jugeait, par mon trouble, de la grandeur du péril ; et tremblant pour moi plus que pour elle-même, cette tendre fille n'osait pas même ouvrir la bouche pour m'exprimer ses craintes. Après

Note

1. **émotion :** mouvement.

une infinité de réflexions, je m'arrêtai à la résolution d'aller trouver le Gouverneur, pour m'efforcer de le toucher par des considérations d'honneur, et par le souvenir de mon respect et de son affection. Manon voulut s'opposer à ma sortie. Elle me disait, les larmes aux yeux : Vous allez à la mort. Ils vont vous tuer. Je ne vous reverrai plus. Je veux mourir avant vous. Il fallut beaucoup d'efforts pour la persuader de la nécessité où j'étais de sortir, et de celle qu'il y avait pour elle de demeurer au logis. Je lui promis qu'elle me reverrait dans un instant. Elle ignorait, et moi aussi, que c'était sur elle-même que devaient tomber toute la colère du Ciel, et la rage de nos ennemis.

Je me rendis au fort. Le Gouverneur était avec son aumônier. Je m'abaissai, pour le toucher, à des soumissions qui m'auraient fait mourir de honte, si je les eusse faites pour toute autre cause. Je le pris par tous les motifs qui doivent faire une impression certaine sur un cœur qui n'est pas celui d'un tigre féroce et cruel. Ce barbare ne fit à mes plaintes que deux réponses, qu'il répéta cent fois : Manon, me dit-il, dépendait de lui. Il avait donné sa parole à son neveu. J'étais résolu de me modérer jusqu'à l'extrémité. Je me contentai de lui dire que je le croyais trop de mes amis pour vouloir ma mort, à laquelle je consentirais plutôt qu'à la perte de ma maîtresse.

Je fus trop persuadé, en sortant, que je n'avais rien à espérer de cet opiniâtre[1] vieillard, qui se serait damné mille fois pour son neveu. Cependant je persistai dans le dessein de conserver jusqu'à la fin un air de modération, résolu, si l'on en venait aux excès d'injustice, de donner à l'Amérique une des plus sanglantes et des plus horribles scènes que l'amour ait jamais produites. Je retournais chez moi, en méditant sur ce projet, lorsque le sort, qui voulait hâter ma ruine, me fit rencontrer Synnelet. Il lut dans mes yeux une partie de mes pensées. J'ai dit qu'il était brave ; il vint à moi. Ne me cherchez-vous pas ?

Note

1. **opiniâtre** : têtu.

me dit-il. Je connais que mes desseins vous offensent, et j'ai bien prévu qu'il faudrait se couper la gorge[1] avec vous. Allons voir qui sera le plus heureux. Je lui répondis qu'il avait raison, et qu'il n'y avait que ma mort qui pût finir nos différends. Nous nous écartâmes d'une centaine de pas hors de la ville. Nos épées se croisèrent; je le blessai, et je le désarmai presque en même temps. Il fut si enragé de son malheur, qu'il refusa de me demander la vie et de renoncer à Manon. J'avais peut-être le droit de lui ôter tout d'un coup l'un et l'autre; mais un sang généreux ne se dément jamais. Je lui jetai son épée. Recommençons, lui dis-je, et songez que c'est sans quartier[2]. Il m'attaqua avec une furie inexprimable. Je dois confesser que je n'étais pas fort dans les armes, n'ayant eu que trois mois de salle[3] à Paris. L'Amour conduisait mon épée. Synnelet ne laissa pas de me percer le bras d'outre en outre; mais je le pris sur le temps[4], et je lui fournis un coup si vigoureux, qu'il tomba à mes pieds sans mouvement.

Malgré la joie que donne la victoire après un combat mortel, je réfléchis aussitôt sur les conséquences de cette mort. Il n'y avait pour moi, ni grâce ni délai de supplice à espérer. Connaissant, comme je faisais, la passion du Gouverneur pour son neveu, j'étais certain que ma mort ne serait pas différée d'une heure après la connaissance de la sienne. Quelque pressante que fût cette crainte, elle n'était pas la plus forte cause de mon inquiétude. Manon, l'intérêt de Manon, son péril et la nécessité de la perdre, me troublaient jusqu'à répandre de l'obscurité sur mes yeux, et à m'empêcher de reconnaître le lieu où j'étais. Je regrettai le sort de Synnelet. Une prompte mort me semblait le seul remède de mes peines. Cependant

Notes

1. **se couper la gorge** : se battre en duel.
2. **sans quartier** : jusqu'à la mort.
3. **salle** : salle d'armes, où l'on s'entraîne à l'escrime.
4. **sur le temps** : par surprise.

ce fut cette pensée même qui me fit rappeler vivement mes esprits, et qui me rendit capable de prendre une résolution. Quoi ! je veux mourir, m'écriai-je, pour finir mes peines ? Il y en a donc que j'appréhende plus que la perte de ce que j'aime ? Ah ! souffrons jusqu'aux plus cruelles extrémités pour secourir ma maîtresse ; et remettons à mourir après les avoir souffertes inutilement. Je repris le chemin de la ville. J'entrai chez moi. J'y trouvai Manon à demi morte de frayeur et d'inquiétude. Ma présence la ranima. Je ne pouvais lui déguiser le terrible accident qui venait de m'arriver. Elle tomba sans connaissance entre mes bras, au récit de la mort de Synnelet et de ma blessure. J'employai plus d'un quart d'heure à lui faire retrouver le sentiment.

J'étais à demi mort moi-même. Je ne voyais pas le moindre jour à sa sûreté, ni à la mienne. Manon, que ferons-nous ? lui dis-je, lorsqu'elle eut repris un peu de force. Hélas ! qu'allons-nous faire ? Il faut nécessairement que je m'éloigne. Voulez-vous demeurer dans la ville ? Oui, demeurez-y. Vous pouvez encore y être heureuse ; et moi, je vais, loin de vous, chercher la mort parmi les sauvages, ou entre les griffes des bêtes féroces. Elle se leva malgré sa faiblesse ; elle me prit par la main pour me conduire vers la porte. Fuyons ensemble, me dit-elle ; ne perdons pas un instant. Le corps de Synnelet peut avoir été trouvé par hasard, et nous n'aurions pas le temps de nous éloigner. Mais, chère Manon ! repris-je tout éperdu, dites-moi donc où nous pouvons aller. Voyez-vous quelque ressource ? Ne vaut-il pas mieux que vous tâchiez de vivre ici sans moi, et que je porte volontairement ma tête au Gouverneur ? Cette proposition ne fit qu'augmenter son ardeur à partir. Il fallut la suivre. J'eus encore assez de présence d'esprit, en sortant, pour prendre quelques liqueurs fortes que j'avais dans ma chambre, et toutes les provisions que je pus faire entrer dans mes poches. Nous dîmes à nos domestiques, qui étaient dans la chambre voisine, que nous partions pour la promenade du soir ; nous avions cette coutume tous les jours, et nous nous éloignâmes de la ville, plus promptement que la délicatesse[1] de Manon ne semblait le permettre.

Quoique je ne fusse pas sorti de mon irrésolution sur le lieu de notre retraite, je ne laissais pas d'avoir deux espérances, sans lesquelles j'aurais préféré la mort à l'incertitude de ce qui pouvait arriver à Manon. J'avais acquis assez de connaissance du pays, depuis près de dix mois que j'étais en Amérique, pour ne pas ignorer de quelle manière on apprivoisait les sauvages. On pouvait se mettre entre leurs mains, sans courir à une mort certaine. J'avais même appris quelques mots de leur langue, et quelques-unes de leurs coutumes, dans les diverses occasions que j'avais eues de les voir. Avec cette triste ressource, j'en avais une autre du côté des Anglais qui ont, comme nous, des établissements dans cette partie du Nouveau Monde. Mais j'étais effrayé de l'éloignement. Nous avions à traverser, jusqu'à leurs colonies, de stériles campagnes de plusieurs journées de largeur, et quelques montagnes si hautes et si escarpées, que le chemin en paraissait difficile aux hommes les plus grossiers et les plus vigoureux. Je me flattais néanmoins que nous pourrions tirer parti de ces deux ressources : des sauvages pour aider à nous conduire, et des Anglais pour nous recevoir dans leurs habitations.

Nous marchâmes aussi longtemps que le courage de Manon put la soutenir, c'est-à-dire environ deux lieues[2] ; car cette amante incomparable refusa constamment de s'arrêter plus tôt. Accablée enfin de lassitude, elle me confessa qu'il lui était impossible d'avancer davantage. Il était déjà nuit. Nous nous assîmes au milieu d'une vaste plaine, sans avoir pu trouver un arbre pour nous mettre à couvert. Son premier soin fut de changer le linge de ma blessure, qu'elle avait pansée elle-même avant notre départ. Je m'opposai en vain à ses volon-

Notes

1. **délicatesse** : fragilité.

2. **deux lieues** : environ 8 km.

tés. J'aurais achevé de l'accabler mortellement, si je lui eusse refusé la satisfaction de me croire à mon aise et sans danger, avant que de penser à sa propre conservation[1]. Je me soumis durant quelques moments à ses désirs. Je reçus ses soins en silence et avec honte. Mais lorsqu'elle eut satisfait sa tendresse, avec quelle ardeur la mienne ne prit-elle pas son tour ! Je me dépouillai de tous mes habits, pour lui faire trouver la terre moins dure, en les étendant sous elle. Je la fis consentir, malgré elle, à me voir employer à son usage tout ce que je pus imaginer de moins incommode. J'échauffai ses mains par mes baisers ardents, et par la chaleur de mes soupirs. Je passai la nuit entière à veiller près d'elle, et à prier le Ciel de lui accorder un sommeil doux et paisible. Ô Dieu ! que mes vœux étaient vifs et sincères ! et par quel rigoureux jugement aviez-vous résolu de ne les pas exaucer ?

Pardonnez, si j'achève en peu de mots un récit qui me tue. Je vous raconte un malheur qui n'eut jamais d'exemple. Toute ma vie est destinée à le pleurer. Mais quoique je le porte sans cesse dans ma mémoire, mon âme semble reculer d'horreur, chaque fois que j'entreprends de l'exprimer.

Nous avions passé tranquillement une partie de la nuit. Je croyais ma chère maîtresse endormie, et je n'osais pousser le moindre souffle, dans la crainte de troubler son sommeil. Je m'aperçus dès le point du jour, en touchant ses mains, qu'elle les avait froides et tremblantes. Je les approchai de mon sein, pour les échauffer. Elle sentit ce mouvement ; et faisant un effort pour saisir les miennes, elle me dit, d'une voix faible, qu'elle se croyait à sa dernière heure. Je ne pris d'abord ce discours que pour un langage ordinaire dans l'infortune, et je n'y répondis que par les tendres consolations de l'amour. Mais ses soupirs fréquents, son silence à mes interrogations, le serrement de ses mains, dans lesquelles elle continuait de tenir

Note

1. **conservation** : sauvegarde.

les miennes, me firent connaître que la fin de ses malheurs approchait. N'exigez point de moi que je vous décrive mes sentiments, ni que je vous rapporte ses dernières expressions. Je la perdis ; je reçus d'elle des marques d'amour, au moment même qu'elle expirait ; c'est tout ce que j'ai la force de vous apprendre, de ce fatal et déplorable événement.

Mon âme ne suivit pas la sienne. Le Ciel ne me trouva point sans doute assez rigoureusement puni. Il a voulu que j'aie traîné, depuis, une vie languissante et misérable. Je renonce volontairement à la mener jamais plus heureuse.

Je demeurai, plus de vingt-quatre heures, la bouche attachée sur le visage et sur les mains de ma chère Manon. Mon dessein était d'y mourir ; mais je fis réflexion, au commencement du second jour, que son corps serait exposé, après mon trépas, à devenir la pâture des bêtes sauvages. Je formai la résolution de l'enterrer et d'attendre la mort sur sa fosse. J'étais déjà si proche de ma fin, par l'affaiblissement que le jeûne et la douleur m'avaient causé, que j'eus besoin de quantité d'efforts pour me tenir debout. Je fus obligé de recourir aux liqueurs que j'avais apportées. Elles me rendirent autant de force qu'il en fallait pour le triste office que j'allais exécuter. Il ne m'était pas difficile d'ouvrir la terre, dans le lieu où je me trouvais. C'était une campagne couverte de sable. Je rompis mon épée, pour m'en servir à creuser ; mais j'en tirai moins de secours que de mes mains. J'ouvris une large fosse. J'y plaçai l'idole de mon cœur, après avoir pris soin de l'envelopper de tous mes habits, pour empêcher le sable de la toucher. Je ne la mis dans cet état qu'après l'avoir embrassée mille fois, avec toute l'ardeur du plus parfait amour. Je m'assis encore près d'elle. Je la considérai longtemps. Je ne pouvais me résoudre à fermer la fosse. Enfin, mes forces recommençant à s'affaiblir, et craignant d'en manquer tout à fait avant la fin de mon entreprise, j'ensevelis pour toujours dans le sein de la terre, ce qu'elle avait porté de plus parfait et de plus aimable. Je me couchai ensuite sur la fosse, le visage tourné vers le sable; et fermant les yeux, avec le dessein de ne les ouvrir jamais, j'invoquai le secours du Ciel, et j'attendis la mort avec impatience. Ce qui vous paraîtra difficile à croire, c'est que pendant tout l'exercice de ce lugubre ministère, il ne sortit point une larme de mes yeux ni un soupir de ma bouche. La consternation profonde où j'étais, et le dessein déterminé de mourir, avaient coupé le cours à toutes les expressions du désespoir et de la douleur. Aussi, ne demeurai-je pas longtemps dans la posture où j'étais sur la fosse, sans perdre le peu de connaissance et de sentiment qui me restait.

Après ce que vous venez d'entendre, la conclusion de mon histoire est de si peu d'importance, qu'elle ne mérite pas la peine que vous voulez bien prendre à l'écouter. Le corps de Synnelet ayant été rapporté à la ville, et ses plaies visitées avec soin, il se trouva, non seulement qu'il n'était pas mort, mais qu'il n'avait pas même reçu de blessure dangereuse. Il apprit à son oncle de quelle manière les choses s'étaient passées entre nous, et sa générosité le porta sur-le-champ à publier[1] les effets de la mienne. On me fit chercher; et mon absence, avec Manon, me fit soupçonner d'avoir pris le parti de la fuite. Il était trop tard pour envoyer sur mes traces; mais le lendemain et le jour suivant furent employés à me poursuivre. On me trouva, sans apparence de vie, sur la fosse de Manon; et ceux qui me découvrirent en cet état, me voyant presque nu et sanglant de ma blessure, ne doutèrent point que je n'eusse été volé et assassiné. Ils me portèrent à la ville. Le mouvement du transport réveilla mes sens. Les soupirs que je poussai, en ouvrant les yeux et en gémissant de me retrouver parmi les vivants, firent connaître que j'étais encore en état de recevoir du secours. On m'en donna de trop heureux[2]. Je ne laissai pas d'être renfermé dans une étroite prison. Mon procès fut instruit; et comme

Notes

1. **publier** : faire connaître.

2. **de trop heureux** : des secours qui réussirent à me sauver la vie.

Manon ne paraissait point, on m'accusa de m'être défait d'elle par un mouvement de rage et de jalousie. Je racontai naturellement ma pitoyable aventure. Synnelet, malgré les transports de douleur où ce récit le jeta, eut la générosité de solliciter ma grâce. Il l'obtint. J'étais si faible qu'on fut obligé de me transporter de la prison dans mon lit, où je fus retenu pendant trois mois par une violente maladie. Ma haine pour la vie ne diminuait point. J'invoquais continuellement la mort, et je m'obstinai longtemps à rejeter tous les remèdes. Mais le Ciel, après m'avoir puni avec tant de rigueur, avait dessein de me rendre utiles mes malheurs et ses châtiments. Il m'éclaira de ses lumières, qui me firent rappeler des idées dignes de ma naissance et de mon éducation. La tranquillité ayant commencé à renaître un peu dans mon âme, ce changement fut suivi de près par ma guérison. Je me livrai entièrement aux inspirations de l'honneur, et je continuai de remplir mon petit emploi, en attendant les vaisseaux de France, qui vont une fois chaque année dans cette partie de l'Amérique. J'étais résolu de retourner dans ma patrie, pour y réparer, par une vie sage et réglée, le scandale de ma conduite. Synnelet avait pris soin de faire transporter le corps de ma chère maîtresse dans un lieu honorable.

Ce fut environ six semaines après mon rétablissement, que me promenant seul un jour sur le rivage, je vis arriver un vaisseau, que des affaires de commerce amenaient au Nouvel Orléans. J'étais attentif au débarquement de l'équipage. Je fus frappé d'une surprise extrême, en reconnaissant Tiberge parmi ceux qui s'avançaient vers la ville. Ce fidèle ami me remit de loin, malgré les changements que la tristesse avait faits sur mon visage. Il m'apprit que l'unique motif de son voyage avait été le désir de me voir, et de m'engager à retourner en France ; qu'ayant reçu la lettre que je lui avais écrite au Havre, il s'y était rendu en personne pour me porter les secours que je lui demandais ; qu'il avait ressenti la plus vive douleur en apprenant mon départ, et qu'il serait parti sur-le-champ pour me suivre, s'il eût trouvé un vaisseau prêt à faire voile ; qu'il en avait cherché pendant plusieurs mois dans divers ports, et qu'en ayant enfin rencontré un à Saint-Malo, qui levait l'ancre pour la Martinique, il s'y était embarqué, dans l'espérance de se procurer de là un passage facile au Nouvel Orléans ; que le vaisseau malouin ayant été pris en chemin par des corsaires espagnols, et conduit dans une de leurs îles, il s'était échappé par adresse ; et qu'après diverses courses, il avait trouvé l'occasion du petit bâtiment qui venait d'arriver, pour se rendre heureusement près de moi.

Je ne pouvais marquer trop de reconnaissance pour un ami si généreux et si constant. Je le conduisis chez moi. Je le rendis le maître de tout ce que je possédais. Je lui appris tout ce qui m'était arrivé depuis mon départ de France ; et pour lui causer une joie à laquelle il ne s'attendait pas, je lui déclarai que les semences de vertu qu'il avait jetées autrefois dans mon cœur commençaient à produire des fruits dont il allait être satisfait. Il me protesta[1] qu'une si douce assurance le dédommageait de toutes les fatigues de son voyage.

Nous avons passé deux mois ensemble au Nouvel Orléans, pour attendre l'arrivée des vaisseaux de France ; et nous étant enfin mis en mer, nous prîmes terre[2], il y a quinze jours, au Havre-de-Grâce. J'écrivis à ma famille en arrivant. J'ai appris, par la réponse de mon frère aîné, la triste nouvelle de la mort de mon père, à laquelle je tremble, avec trop de raison, que mes égarements n'aient contribué. Le vent étant favorable pour Calais, je me suis embarqué aussitôt, dans le dessein de me rendre, à quelques lieues de cette ville, chez un gentilhomme de mes parents, où mon frère m'écrit qu'il doit attendre mon arrivée.

FIN DE LA SECONDE PARTIE

Notes

1. **protesta** : répondit.

2. **prîmes terre** : abordâmes.

Voir Méthode, p. 251.

Se préparer à l'oral du Bac

Analyse de la mort de Manon (l. 2318 à 2349, pp. 195-196)

Conseils pour la lecture à haute voix

› Distinguez, par le ton, les adresses aux destinataires et le récit de la mort de Manon.

› Marquez une légère pause avant de lire le dernier paragraphe.

Explication linéaire

Introduction

La mort d'un héros est toujours un moment clé, comme on le voit dans *Manon Lescaut* de l'abbé Prévost, roman paru en 1731. La fin de l'héroïne, qui demeurera inexpliquée, intervient comme l'issue d'une rédemption des deux amants, mais constitue aussi une sorte d'ironie du sort, puisque le châtiment intervient au moment même où tous deux souhaitent se conformer aux règles religieuses. Nous verrons que cette situation, ainsi que le récit à la 1re personne rendent cette scène particulièrement pathétique.

I. L'émotion de Des Grieux (l. 2318 à 2327)

1. Qui sont les deux destinataires auxquels Des Grieux s'adresse dans cet extrait ? Quels sont les effets produits ?

2. Montrez, en vous appuyant sur les temps employés et sur le champ lexical de la parole, comment le souvenir de la mort de Manon rejaillit sur le récit qu'en fait Des Grieux.

II. Le récit de la mort de Manon (l. 2328 à 2345)

3. Relevez et commentez les éléments (progression du texte, champs lexicaux, signes physiques) qui renforcent le pathétique de la scène.

4. Montrez que Des Grieux fait preuve d'une étonnante sobriété quand il raconte le moment même de la mort de Manon. Quel est l'effet produit sur le lecteur ?

5. En vous appuyant sur les gestes et attitudes de Des Grieux, montrez qu'il apparaît comme un modèle du héros de roman d'amour.

6 Comment se manifeste l'amour réciproque entre les deux héros, jusque dans la mort ?

III. La destinée de Des Grieux (l. 2346 à 2349)

7 En observant le rôle que Des Grieux attribue au « *Ciel* », montrez comment la mort de Manon rejaillit sur le héros et donne à sa destinée une dimension tragique.

Conclusion

Ce récit, qui se heurte à l'indicible, parvient, néanmoins, à traduire l'émotion du héros narrateur. Pour Des Grieux, cette disparition de Manon oriente tout son récit et en fait une sorte de grande oraison funèbre. Le spécialiste de Prévost, Jean Sgard, qualifie même ce récit de « *rituel de nécromancie* », où il s'agirait de dépasser la mort en ressuscitant Manon par l'écriture…

Grammaire

La subordonnée concessive

• La concession exprime un rapport d'opposition et de contradiction entre la principale et la subordonnée.

• La subordonnée concessive peut être introduite par une locution conjonctive *(bien que, quoique, tandis que, quand bien même)*.

• On trouve aussi des tournures plus complexes avec des adjectifs :

– *quelque* (invariable) ou *si* + adjectif + *que* + verbe au subjonctif (*ex. :* « Quelque studieux qu'ils soient, leur maître ne les aime pas ») ;

– *tout(e)* + adjectif + *que* + verbe à l'indicatif ou, plus rarement, au subjonctif (*ex. :* « Tout studieux qu'ils sont, leur maître ne les aime pas »).

8 Dans la phrase « *Mais, quoique je le porte sans cesse dans ma mémoire, mon âme semble reculer d'horreur, chaque fois que j'entreprends de l'exprimer* », relevez 2 subordonnées circonstancielles et indiquez leur valeur (quelle circonstance elles expriment).

L'essentiel sur l'œuvre

Fiche 1

Structure et résumé de l'œuvre

DATES	DURÉES	LIEUX	ÉVÉNEMENTS
Récit-cadre – Narrateur : Marquis de Renoncour (l. 1 à 184, pp. 15 à 24)			
1715	février	Pacy	1re rencontre de Renoncour avec Des Grieux et Manon qui se trouve dans un convoi des filles déportées.
1717	vers janvier	Calais	2e rencontre avec Des Grieux de retour d'Amérique, qui va raconter son histoire.
Narrateur : Des Grieux (l. 185 à 2974, pp. 24 à 122)			
1712	28 juillet	Amiens	Rencontre de Manon (15 ans environ) et Des Grieux (17 ans), qui l'enlève.
1712	fin août	Paris, rue Vivienne	**1re trahison de Manon avec M. de B…** Enlèvement de Des Grieux par les laquais de son père.
1712-1713	env. 1 an	chez son père	Des Grieux séquestré pendant 6 mois ; puis décide de rentrer au Séminaire avec Tiberge.
1713-1714	env. 1 an	Séminaire de Saint-Sulpice	Études de théologie. Retrouve Manon le jour de sa soutenance et s'enfuit avec elle.
1714	quelques semaines	Chaillot Paris	Semaines de bonheur à Chaillot. Rencontre de Lescaut, frère de Manon. Incendie à Chaillot : **ruine**.
1714	quelques semaines vers octobre	Paris	Des Grieux dans la Ligue des tricheurs mais **ruiné** par les domestiques. **2e trahison de Manon qui se fait entretenir par le vieux G… M…** Retrouvailles + plan pour escroquer G… M… . Les deux amants sont emprisonnés.
1714	3 mois	Saint-Lazare	Des Grieux joue l'hypocrite, puis s'enfuit en tuant un portier.
1715	janvier	Paris	Des Grieux se lie avec M. de T… Évasion de Manon ; mort de Lescaut. Installation à l'auberge de Chaillot.

DATES	DURÉES	LIEUX	ÉVÉNEMENTS
Narrateurs : Renoncour (l. 2975 à 2981, p. 122), le temps d'une pause pour le dîner, puis Des Grieux (l. 1 à 2470, pp. 123 à 200)			
1715	quelques semaines	Chaillot	Rencontre du fils de G... M... qui tombe amoureux de Manon. **3e trahison de Manon : scène de la Comédie.** Retrouvailles + plan pour séquestrer le fils de G... M... Arrestation par le vieux G... M...
1715	quelques jours	Châtelet Paris	Intervention de son père : libération de Des Grieux. Manon va être déportée ; Des Grieux échoue dans l'attaque du convoi.
1715	février + 2 mois	Pacy Le Havre	Accompagne Manon (**1re rencontre avec Renoncour)** et embarque avec elle. Traversée.
1715-1716 1716	10 mois vers mars	Louisiane	Vie dure mais heureuse et vertueuse ; conversion de Manon. Synnelet est amoureux d'elle. Des Grieux le combat en duel et croit, à tort, l'avoir tué, après avoir été lui-même blessé au bras. Fuite des deux amants : **mort de Manon**.
1716	4 mois ½ 5 mois	Louisiane	Maladie de Des Grieux ; arrivée de Tiberge. Attente du bateau avec Tiberge et traversée.
1717	vers janvier	Calais	Arrivée en France (**2e rencontre avec Renoncour**).

I – Un récit enchâssé

Manon Lescaut s'insère dans un premier récit, qu'on appelle « le récit-cadre ». Il s'agit des *Mémoires* du Marquis de Renoncour, qui relate sa double rencontre avec les héros (pp. 15 à 24). À l'exception d'une courte pause en fin de première partie (p. 122), il cède la parole à Des Grieux qui va lui raconter sa propre histoire en la déroulant de façon linéaire de juillet 1712 à début 1717.
Le récit à la 1re personne devant un auditoire permet d'accentuer le pathétique et de présenter l'analyse très fine d'une conscience dominée par une passion violente et tragique.

Cette structure est aussi, pour Prévost, le moyen de donner à son histoire la caution morale d'un « homme de qualité », noble d'un certain âge, plein d'expérience et d'indulgence. Celui-ci est sensible d'emblée à la discordance entre la déchéance sociale de Manon, déportée pour mauvaises mœurs, et la nature profonde de cette « *belle personne, qui ne* [lui] *paraît point faite pour le triste état où* [il] *la voi*[t] ». Ce premier regard bienveillant oriente la vision du lecteur en suscitant sa sympathie et l'invite à se questionner sur le destin de ces deux héros marginaux.

II – Un récit rétrospectif

Le fait de connaître d'avance, par le procédé de l'enchâssement, la fin malheureuse de leurs aventures suscite, chez le lecteur, compassion et indulgence pour les débordements des deux jeunes amants.

Quant au héros racontant son histoire quelques mois après son deuil, suivant le principe de l'analepse (retour en arrière), il veut essayer de comprendre les mécanismes qui l'ont conduit à cette issue fatale. Il souligne également, par des regrets répétés, l'enchaînement de conséquences néfastes engendré par certains de ses choix. Le recours constant aux instances du Ciel, à la Providence transforme ainsi les mésaventures peu morales de Des Grieux en un destin tragique et exemplaire où l'expiation précède la faute et la pardonne quasiment d'avance. Le récit rétrospectif prend alors valeur de « confession » mais aussi d'autojustification.

III – Un temps subjectif

Le récit de Des Grieux passe par le prisme de la mémoire du narrateur, qui glisse sur les périodes assez longues où il est sans Manon (les six mois de séquestration chez son père, l'année de Saint-Sulpice, la quasi-année qui suit la mort de Manon). Au contraire, le ralentissement du temps met en valeur des scènes souvent centrées sur Manon (comme la rencontre, les trois scènes de retrouvailles, la mort), traitées sur le mode théâtral et pathétique, où le temps semble s'arrêter ou s'étirer. Des Grieux sait aussi ménager l'attention de son auditoire en intercalant des scènes de comédie (le souper avec le vieux G… M… ou l'épisode du Prince italien) ou des épisodes romanesques comme les deux évasions (celles de Saint-Lazare et de l'Hôpital).

Le temps s'accélère notablement après la double évasion des héros, comme si une sorte d'étau fatal se resserrait sur eux : moins d'un mois les sépare de leur seconde arrestation pour le Châtelet. Puis la succession rapide des échecs de Des Grieux pour faire libérer Manon souligne la force de l'adversité et la condamnation fatale de la passion.

Fiche 2

Biographie de l'auteur

Identité :
Antoine-François Prévost

Naissance :
1er avril 1697, à Hesdin-en-Artois.

Décès :
25 novembre 1763 (66 ans), à Paris.

Genre pratiqué :
Roman.

I – Une jeunesse mouvementée

Antoine-François Prévost naît en 1697 à Hesdin-en-Artois, d'une famille bourgeoise de 6 enfants assez aisée : son père a acheté la charge de conseiller du roi (qui lui conférait la noblesse) et celle de procureur, titres grâce auxquels il occupe une place importante dans la cité.

Comme son héros Des Grieux, il poursuit des études dans un collège de jésuites à Hesdin, sans doute jusqu'à 15 ans ; mais, dans une époque troublée par la guerre de la Succession d'Espagne (terminée en 1713 par la paix d'Utrecht), il révèle ses hésitations entre les carrières ecclésiastique et militaire : sa biographie assez lacunaire pour cette période le montre engagé en tant que volontaire dans différents emplois militaires, mais aussi inscrit au noviciat des jésuites. Il donne, selon son biographe Dom Dupuis, *« dans quelques petits écarts de jeunesse qui n'avaient point d'autre source que son inexpérience et la vivacité de son imagination »* : il se serait engagé une deuxième fois, puis, après une désertion, se serait enfui en Hollande. En 1717, il est au noviciat du collège jésuite de La Flèche, puis sans doute officier lors de la campagne d'Espagne en 1719, qui se termine la même année.

Selon les termes mêmes de Prévost, *« la malheureuse fin d'un engagement trop tendre* [le] *conduisit au tombeau » (Le Pour et Contre)*, c'est-à-dire à l'abbaye bénédictine de Jumièges. Toujours est-il qu'il prononce ses vœux monastiques en 1721, selon lui avec *« toutes les restrictions intérieures qui pouvaient l'autoriser à les rompre »* – on retrouve ici la rhétorique de Des Grieux toujours prêt à s'excuser par avance de ses transgressions ! Ordonné prêtre en 1726, il est transféré à l'abbaye de Saint-Germain-des-Prés à Paris, où il a la possibilité de mener une vie assez mondaine, fréquentant les salons (en particulier, celui de Mme de Tencin) et lisant énormément.

Mme de Tencin (1682-1749)

Cette femme énergique et brillante, qui intrigua dans le monde des affaires et dans celui de la politique, défraya la chronique par ses nombreuses liaisons (entre autres avec le Régent). Auteur reconnu de romans sentimentaux et galants, elle tint un salon renommé fréquenté par Marivaux, Montesquieu...

II – Naissance d'un écrivain

La vie religieuse ne l'empêche pas de participer, avec un autre bénédictin, à l'écriture des *Aventures de Pomponius, chevalier romain* qui paraît anonymement en Hollande en 1724.

En 1728 paraissent sans nom d'auteur les premiers tomes des *Mémoires et Aventures d'un homme de qualité, qui s'est retiré du monde*. La même année, Prévost met fin brutalement à huit années de vie monastique, en s'enfuyant de Saint-Germain-des-Prés (comme Des Grieux, il change de costume pour passer inaperçu) après une lettre incendiaire à son supérieur, qui adresse alors une requête au lieutenant de police pour faire arrêter le religieux fugitif. Prévost récupère de l'argent auprès des libraires (les éditeurs de l'époque) en échange des tomes III et IV des *Mémoires* (qui paraissent en novembre 1728) et se réfugie en Angleterre. Il s'y convertit sans doute à l'anglicanisme, moins par conviction que par un certain opportunisme : l'Angleterre apporte, en effet, un soutien financier aux nouveaux convertis ; de plus, notre abbé ne semble pas très préoccupé de querelles théologiques !

POMPONIUS
Les *Aventures de Pomponius, chevalier romain* est un roman satirique tout à fait profane qui critique sévèrement l'institution monastique et célèbre la passion amoureuse qui fait le bonheur de l'être humain.

Prévost apprend l'anglais et devient précepteur du fils d'un homme très riche, John Eyles, grâce auquel il est admis dans la meilleure société. Mais il a l'audace de courtiser la fille de son « patron » et doit quitter l'Angleterre pour la Hollande en 1730. Il y fait paraître, un an plus tard, les premiers tomes du roman *Cleveland* et les trois derniers tomes des *Mémoires*, où l'*Histoire du Chevalier Des Grieux et de Manon Lescaut* figure au tome VII. C'est à ce moment qu'il prend Prévost d'Exiles comme nom de plume.

LENKI
Aux dires des contemporains, c'était une *« véritable sangsue qui avait épuisé la plupart de ses amants »*. D'une jalousie féroce, elle conduisit Prévost à se brouiller avec nombre de ses relations.

III – Un abbé pas très catholique !

Prévost rencontre en mars de la même année Hélène Eckardt, dite « Lenki », pour laquelle il va éprouver une vive passion mais qui l'oblige à travailler comme un forçat pour payer les dépenses élevées du ménage, et même, comme Des Grieux, à commettre certaines malversations…

Accablé de dettes, il regagne l'Angleterre en 1733 avec Lenki, en emportant les avances versées par ses libraires sur ses productions à venir. Il y redevient précepteur et lance parallèlement un périodique, *Le Pour et Contre* (qui paraîtra fin juin en France), où s'expriment son esprit curieux et son goût pour les débats contradictoires ; mais il se retrouve incarcéré à la fin de l'année pour une tentative d'escroquerie sur son ancien élève

Francis Eyles : alors qu'il risque la peine de mort, la victime retire généreusement sa plainte et Prévost est libéré quelques jours plus tard.

Pendant ce temps, en juin 1733, une édition de *Manon Lescaut*, indépendante des six premiers volumes, avait pénétré sans autorisation en France : le succès et le scandale avaient été immédiats et, dès octobre, ce « *livre abominable* » avait été interdit pour son immoralité et les exemplaires saisis.

Prévost rentre en France où, dès 1734, il obtient du pape une absolution pour sa conduite et peut réintégrer une branche plus libérale de l'ordre bénédictin, malgré de violentes attaques auxquelles il répond par une apologie dans *Le Pour et Contre* en décembre.

En 1736, Prévost obtient sécurité et stabilité en devenant aumônier du prince de Conti, grand seigneur libertin : il est protégé de ses ennemis mais ne reçoit pas de salaire et doit donc vivre de sa plume en écrivant beaucoup (en 1740, *Histoire d'une Grecque moderne*) ; et comme il mène une vie brillante, fréquentant salons philosophiques (il se lie d'amitié avec Voltaire en 1737) et spectacles, et entretenant plusieurs maîtresses, il est toujours à court d'argent. Cependant, menacé d'être embastillé pour avoir collaboré à un petit journal satirique, il doit de nouveau fuir en 1741.

LOUIS FRANÇOIS DE BOURBON, PRINCE DE CONTI (1717-1776)
Ce prince du sang s'illustre dans la carrière militaire (conquête du comté de Nice, prise de Charleroi). Intellectuel brillant, il reçoit et protège des écrivains. Après sa disgrâce en 1756, il soutiendra même les philosophes.

IV – Une fin plus édifiante

Après quelque temps passé à Bruxelles et Francfort, il revient à Paris et mène une vie plus apaisée et féconde en réédition de ses romans et en travaux de traduction (les romans de l'anglais Richardson, notamment *Clarisse Harlowe*) et de compilation (la collection *Histoire générale des voyages*, publiée de 1745 à 1759).

Son travail lui permet d'acquérir, en 1746, une petite maison sur la colline de Chaillot. Il y travaille à une nouvelle édition de *Manon Lescaut*. Son aisance financière est confirmée par l'octroi du bénéfice d'un prieuré en 1754. Il se lie d'amitié avec Mme de Genty et Jean-Jacques Rousseau et est reçu par Mme de Pompadour, maîtresse de Louis XV. Puis, le prince de Conti l'ayant chargé d'écrire l'histoire de sa famille, l'abbé s'installe à Saint-Firmin, près du château de Chantilly, où il meurt d'une rupture d'anévrisme en 1763. Il est enterré chez les bénédictins de Senlis.

DERNIÈRE ÉDITION DE *MANON LESCAUT*
Publiée en 1753, elle est corrigée par Prévost et enrichie de l'épisode du Prince italien.

Fiche 3
Contexte historique et culturel

I – Fin et début de règnes

L'histoire personnelle de l'abbé Prévost traverse trois périodes historiques bien différentes.

➠ La fin du règne de Louis XIV

Dans une période austère et troublée, le roi vieillissant, devenu très dévot, ravive les persécutions religieuses en révoquant, en 1685, l'édit de Nantes (qui accordait une certaine liberté religieuse aux protestants) et en ordonnant la démolition de l'abbaye de Port-Royal, fief des jansénistes, en 1710.
Tandis que le peuple est épuisé par les famines de 1693 et 1709, les intellectuels voient la censure se renforcer.
Les guerres se succèdent (guerre de la Ligue d'Augsbourg de 1688 à 1697, puis guerre de Succession d'Espagne de 1701 à 1714) et ruinent le pays. Elles dessinent une nouvelle carte politique en Europe, mettant en jeu la maîtrise des empires coloniaux et du commerce.

JANSÉNISME Du nom de son premier théoricien, le théologien hollandais Cornélius Jansen, dit Jansénius (1585-1638), cette doctrine chrétienne, qui s'est développée au XVIIe siècle, est marquée par une forte conscience du péché et une vision pessimiste de la nature humaine qui est en proie aux passions et aux illusions des sens et ne peut être sauvée que par Dieu.

➠ La Régence (1715-1723)

Louis XIV décède le 1er septembre 1715. En attendant la majorité du futur roi, Philippe d'Orléans devient régent. Ce libertin notoire donne l'exemple d'une vie de luxe et de plaisirs, qui favorise l'évolution des mœurs et des arts avec le style « rococo » (Watteau, Boucher, Fragonard…), où la fantaisie des jardins à l'anglaise remplace la rigueur et l'austérité classiques. S'installant au Palais-Royal, le Régent rend à Paris une place prééminente, sur les plans politique et culturel. Épris de paix, il veut redonner à la France sa prospérité et encourage les innovations économiques, comme celles du financier écossais Law qui invente un nouvel art du crédit et ouvre, en 1718, la Banque royale, rue Vivienne (là où s'installent les deux héros).

➠ Le règne de Louis XV (1723-1774)

Le pays retrouve une paix et une prospérité relatives, qui permettent un grand essor démographique et une modernisation du royaume. Mais les disparités sociales restent immenses entre une aristocratie accrochée à ses privilèges, une bourgeoisie montante qui s'enrichit et des classes populaires misérables.
L'État monarchique est menacé par les prétentions de l'aristocratie, les revendications des parlements de province et des

dissidences de toutes sortes : religieuses, avec les protestants et les jésuites expulsés du royaume en 1664 ; intellectuelles, avec l'affirmation du « philosophe » qui, au nom de la raison et de la liberté, conteste l'ordre établi. La fin du règne est ternie par des guerres qui causent la perte d'une partie de l'Empire colonial français et une vive désaffection de la population pour le roi.

II – Le règne de l'argent

La fin du XVIIe et le début du XVIIIe siècle sont marqués par l'affaiblissement de l'aristocratie et l'expansion du pouvoir de l'argent et des financiers (comme le fermier général M. de B... dans *Manon Lescaut*). Des fortunes colossales se construisent rapidement et sombrent tout aussi vite lors de la banqueroute de Law. L'attrait de la fortune facile se répand dans tous les milieux et incite à tous les moyens pour s'enrichir : la spéculation, le jeu ou l'escroquerie. Tout s'achète et se vend, depuis les titres nobiliaires jusqu'aux charmes féminins des maîtresses entretenues par de riches amants et qui font vivre ainsi leur « amant de cœur », appelé aussi « greluchon » (c'est ce que conseille Lescaut à Des Grieux).

L'argent offre l'accès aux divertissements comme l'opéra, le théâtre, ou encore les maisons de jeu. Le luxe s'introduit dans la vie quotidienne à travers les réceptions, les habits à la mode, les bijoux, les carrosses, etc. (on voit ainsi Des Grieux peinant à soutenir le train de vie de Manon).

La prospérité du royaume favorise la classe moyenne, mais les classes inférieures sont réduites à la pauvreté ou à la marginalité (durement réprimée par le pouvoir, comme on le voit dans *Manon Lescaut*).

III – Le goût du plaisir et du bonheur

Après l'austérité de la fin du règne de Louis XIV, la Régence donne libre cours à la frivolité, la légèreté et l'insouciance. On découvre un nouvel art de vivre fondé sur la sensualité, le corps, la revendication de la liberté. Plaisir et bonheur sont considérés comme des aspirations légitimes et naturelles de l'Homme, que ni la religion ni la société ne devraient museler. Le bonheur devient l'objet de débats philosophiques (comme dans le roman entre Des Grieux et Tiberge) : refusant la seule perspective des félicités éternelles de l'Au-delà, l'individu désire l'accomplissement de son bonheur ici-bas, dans l'épanouissement de sa personnalité, aussi bien à travers sa raison et son intelligence que son cœur et sa sensibilité. Le bonheur doit

JÉSUITES
Membres de la Compagnie de Jésus, fondée par Ignace de Loyola au XVIe siècle, les jésuites sont connus pour leur mission d'éducation ou d'évangélisation. S'opposant à la rigueur et au pessimisme jansénistes, ils portent sur la nature humaine un regard plus positif et indulgent ; ils ont beaucoup développé l'introspection pour aider à la croissance spirituelle et au discernement des motivations profondes de l'être.

LA FAILLITE DE LAW
Après des spéculations sur le commerce colonial, le système de Law fait une banqueroute retentissante en juillet 1720. Mais les affaires ont été dynamisées et toute l'économie du pays s'en trouve vivifiée (régression du chômage, développement du commerce).

résulter de choix individuels et non plus d'une norme morale et sociale imposée de l'extérieur. Les absolus sont ainsi remis en question et on assiste à un relativisme moral et philosophique dont l'« Avis de l'auteur » de *Manon Lescaut* se fait l'écho.

LE ROMAN SENTIMENTAL
Les Illustres Françaises (1713) de Robert Challe, qui influença Prévost, s'inscrit dans ce courant sentimental : on trouve, dans ce roman, des amours contrariées par un père tyrannique, des héroïnes volages mais charmantes et victimes des circonstances, des amoureux sensibles, toujours prêts à excuser leur passion…

IV – La condition de l'écrivain

Un statut difficilement reconnu

Les écrivains forment une catégorie peu homogène : on y rencontre des aristocrates (Montesquieu), des membres du clergé (Prévost), des bourgeois (Marivaux, Diderot, etc.), ou encore des femmes (Mme de Tencin, Mme du Châtelet, etc.).
À moins d'être employés par un mécène ou d'avoir une charge auprès du roi (Voltaire était historiographe), ils doivent souvent exercer une autre activité pour subsister. Cependant, ils sont de plus en plus nombreux à vouloir vivre de leur plume (c'est le cas de Prévost) en vendant leurs manuscrits ; mais leur situation est difficile, car la propriété littéraire et les droits d'auteur n'existent pas : une fois le manuscrit vendu, il peut être modifié, édité sans que l'auteur puisse intervenir – ce qui explique le nombre d'éditions fautives ou tronquées.

Le poids de la censure

L'écrivain est aussi soumis à la censure, qu'elle vienne du roi (la Librairie) ou des instances religieuses comme la Sorbonne. Un manuscrit, pour paraître, a besoin du privilège du roi, obtenu après lecture d'un censeur qui juge de sa conformité avec les normes politiques, religieuses ou morales. En cas de refus (de plus en plus fréquent sous Louis XV), des éditions clandestines et anonymes paraissent alors en France ou dans des pays plus tolérants comme les Pays-Bas, Genève ou l'Angleterre. Mais l'auteur risque de voir son livre saisi (ce fut le cas pour *Manon Lescaut*) et brûlé, et surtout de se retrouver emprisonné (ce fut le cas pour Diderot et Voltaire) ; pour y échapper, beaucoup se font oublier quelque temps à l'étranger avant de revenir en France.

LA PROPRIÉTÉ LITTÉRAIRE
Après de nombreux combats, elle est implicitement reconnue en 1749 suite à une décision du Conseil du roi en faveur de Crébillon fils dans une affaire l'opposant à ses créanciers, tandis que Beaumarchais parvient à fonder la Société des auteurs dramatiques en 1777.

Le statut d'intellectuel

C'est au Siècle des lumières que l'écrivain acquiert le statut moderne d'intellectuel : celui-ci ne fréquente plus la Cour, mais de nouveaux foyers intellectuels comme les salons, les clubs et les cafés ; il devient un individu capable par sa pensée indépendante et ses écrits de s'élever contre les pouvoirs en place, et donc potentiellement dangereux…

Fiche 4
Genre de l'œuvre

I – Le roman : un genre apprécié et contesté

Au début du XVIIIe siècle, le genre romanesque connaît un essor grandissant et prend des formes très diversifiées : roman picaresque (*Gil Blas de Santillane* de Lesage, 1715-1735), libertin (*Les Égarements du cœur et de l'esprit* de Crébillon fils, 1736-1738) ou épistolaire (*Lettres persanes* de Montesquieu, 1721), et surtout le récit-Mémoires à la 1re personne, présenté comme une authentique autobiographie. Le roman, publié en petit format, est facile à lire ; livré au public par tomes successifs qui entretiennent le suspense, il se veut divertissant et gagne rapidement un grand lectorat bourgeois et, en partie, féminin. Mais, taxé de mauvais goût et d'invraisemblances, son immoralité lui vaut de nombreux ennemis, sous prétexte qu'il peint des passions qui ne sont pas clairement condamnées et peut conduire au vice. Il est donc fréquemment censuré…

LE ROMAN PICARESQUE
Le roman picaresque est un genre littéraire né en Espagne au XVIe siècle. Il met en scène un héros populaire et sans scrupule, affrontant de nombreuses aventures pour faire son chemin dans la société.
La narration, pleine de rebondissements, présente des personnages variés et pittoresques, ainsi qu'une peinture très critique de la société.

II – *Manon Lescaut* : une « histoire »

Le goût du vraisemblable

Le terme *histoire* définissait, à l'époque, un récit bref présentant, généralement, une intrigue amoureuse mêlée d'obstacles. Les héros, de condition moyenne et à la psychologie fouillée et vraisemblable, se heurtent à des obstacles réalistes liés à la société de leur temps. L'histoire s'éloigne des outrances « idéalisantes » pour montrer des personnages plus complexes, dont la conscience fluctuante échappe aux jugements tout faits (comme les protagonistes de Prévost, pris entre déchéance et aspirations vertueuses). Le récit à la 1re personne permet, en outre, un style plus naturel.

L'HISTOIRE
L'histoire s'inscrit en réaction contre le roman héroïque du XVIIe siècle, qui mettait en scène des héros totalement idéalisés et des péripéties rocambolesques.

Les attraits du romanesque

Manon Lescaut conserve les ingrédients romanesques traditionnels : 2 enlèvements, 2 évasions, 1 duel, où Prévost cultive dramatisation et suspense. L'auteur sait aussi ménager des pauses dans la tension dramatique à travers de véritables scènes de comédie, comme le dîner avec G… M… où Des Grieux se fait passer pour le frère de Manon et multiplie les phrases à double sens qui amusent le lecteur. Le procédé de l'histoire racontée rend également le récit plus vivant par les adresses au destinataire qui suscitent sa curiosité ou son émotion.

III – Un récit réaliste

Les effets de réel

Prévost a choisi d'ancrer son roman dans une réalité datée et évoque avec précision la topographie parisienne : Châtelet, Luxembourg, Palais-Royal, etc. On côtoie un monde marginal de filles entretenues, de tricheurs, d'assassins, et des hauts personnages libidineux et corrompus !

Prévost mentionne avec vraisemblance les faits de société de son époque : les familles, par peur des mésalliances, enfermaient au couvent des filles trop volages ou en prison des jeunes gens trop libertins ; la corruption des financiers, la multiplication des établissements de jeu, la délinquance des « gardes du corps » sont des faits attestés par tous les contemporains.

LES ADRESSES AU DESTINATAIRE
Elles provoquent le suspense (p. 25 : « *Vous le connaîtrez par les meilleures dans la suite de mon histoire* ») ou mettent en valeur un événement particulièrement dramatique (p. 197 : « *N'exigez point de moi que je vous décrive mes sentiments* », s'exclame Des Grieux au moment de raconter la mort de Manon).

Le rôle du réalisme

Ce mélange de trivialité et de tragique sentimental fait la nouveauté du récit de Prévost : les détails précis sur les lieux ou les sommes d'argent cautionnent la vraisemblance de la peinture d'une passion exceptionnelle. Mais, surtout, le poids de la réalité sur les jeunes amants confère à leur passion une dimension tragique, renforcée par la tension entre réalisme et aspirations nobles du héros : Prévost souligne, ainsi, que les circonstances avilissantes où se trouve plongé le héros paraissent indignes de lui et sont une épreuve de plus pour sa passion.

IV – Un roman à la 1re personne

Une voix subjective

Tout passe par le prisme de la mémoire du héros-narrateur, qui choisit parmi les épisodes de sa vie et conduit le lecteur à épouser les espoirs et les désespoirs des personnages et à suspendre souvent, sans s'en rendre compte, son jugement moral envers un héros présenté comme une victime du sort. Le lecteur n'entend que la voix subjective du héros, sans narrateur omniscient qui détienne la vérité : ainsi, nous n'avons jamais accès à l'intériorité de Manon, mais à une « reconstruction » opérée par le narrateur ; les paroles de l'héroïne sont toujours rapportées par lui et orientées par les jugements qu'il porte sur elle (p. 116 : « *J'ai toujours été persuadé qu'elle était sincère ; quelle raison aurait-elle eue de se contrefaire jusqu'à ce point ?* »).

DES PERSONNAGES RÉELS ?
Le procédé consistant à désigner les personnages par des initiales permet d'échapper à la censure mais encourage aussi le lecteur à se livrer au jeu des « clés » : ainsi a-t-on pu reconnaître le fermier général Melchior de Blair derrière M. de B... .

Enfin, le récit est orienté également par l'intention de Des Grieux. S'il a une telle envie de raconter, est-ce pour le plaisir émouvant d'évoquer le souvenir de Manon ou pour se faire pardonner, voire pour se justifier, comme il l'énonce, dès le début, de façon un peu ambiguë : *« Je suis sûr qu'en me condamnant, vous ne pourrez pas vous empêcher de me plaindre »* (p. 24) ?

La voix de l'émotion

Le récit à la 1re personne rend compte au plus près des émotions ressenties et suscite également, par empathie, celles du lecteur. L'art du conteur consiste à faire renaître l'émotion vécue malgré la distance du temps : *« je trouve encore de la douceur dans un souvenir qui me représente sa tendresse et les agréments de son esprit »* (p. 124). Le texte multiplie les monologues intérieurs qui expriment, dans l'instant, des mouvements de la conscience ou du sentiment. Mais leur caractère exceptionnel se heurte aux limites de la parole : *« Ah ! les expressions ne rendent jamais qu'à demi les sentiments du cœur »* (p. 179).

LES QUESTIONS DU HÉROS
Des Grieux s'interroge sur les motivations de Manon, sur ses propres choix, sentiments (p. 27 : *« Je me suis étonné mille fois, en y réfléchissant, d'où me venait alors tant de hardiesse »*) ou responsabilités, sur ce qu'aurait été sa vie sans la rencontre de Manon (p. 165 : *« Que sais-je ? Ma mauvaise destinée l'aurait peut-être emporté sur tous mes efforts »*).

V – Un roman moral ?

Les romans de cette époque affichent fréquemment un but moral, pour se défendre de l'accusation de corruption des mœurs, d'autant plus quand le récit prend un caractère licencieux, comme c'est le cas pour *Manon Lescaut*.

***« Un traité de morale, réduit agréablement en exercice »* (p. 14)**

Renoncour veut *« servir à l'instruction des mœurs »* (p. 12) et présenter la morale *« en exercice »*, sous la forme du cas pratique de Des Grieux montrant *« un exemple terrible de la force des passions »* (p. 12). Au lecteur d'exercer son jugement, puisque *« chaque aventure est un modèle d'après lequel on peut se former »*. S'il présente, au début, les deux héros sous un jour positif, Renoncour laisse le lecteur libre de son opinion, puisqu'il ne reprend pas la parole après le récit de Des Grieux.

LA FORCE DES ÉMOTIONS
Les interjections ou les adresses au destinataire renforcent l'émotion : *« Ô Dieux ! Dieux ! serait-il possible que Manon m'eût trahi et qu'elle eût cessé de m'aimer ! »* (p. 43). Mais l'excès de l'émotion et des réactions qu'elle suscite semble *« incroyable à ceux qui n'ont jamais senti de passions violentes »* (p. 140).

Des interrogations morales

L'histoire offre des débats moraux, voire théologiques, sur la question de la passion, du bonheur ou de la vertu, entre Des Grieux et son père, le Supérieur ou Tiberge : différentes voix et conceptions se font entendre, qui suscitent la réflexion du lecteur.
On peut s'interroger également sur la rédemption des deux héros rentrés dans le droit chemin, après une sorte d'expiation par les épreuves vécues. Ceci pose la question de la nature humaine, virtuellement bonne mais pervertie par les circonstances. Le récit de Des Grieux prend, d'ailleurs, des allures de confession qui appelle donc au pardon.

Fiche 5
Personnages de l'œuvre

I – Des Grieux : un personnage divisé

Entre noblesse et ignominie

Ce jeune noble, qui se prépare à une existence digne de son rang, possède des « *principes d'honneur* » (p. 44). Mais la vie avec Manon en fait un marginal déclassé, au ban de sa famille, dans un milieu de « *coquins* ». Prévost suscite, ainsi, le tragique en confrontant ce héros à une réalité sordide où les valeurs aristocratiques ne peuvent plus s'incarner – ce qui provoque, chez lui, « *un contraste perpétuel de bons sentiments et d'actions mauvaises* » (p. 12).

Manon elle-même semble indigne de la noblesse de son amour, et il ressent cruellement sa « *grossièreté de sentiments* » (p. 77). Cette même discordance se retrouve entre sa passion désintéressée et les nécessités matérielles et dégradantes qui le conduisent aux actions les plus ignobles : hypocrisie, mensonge, vol…

Le « *sang généreux* » (p. 193) de Des Grieux se révèle quand il est prêt à braver la mort pour délivrer Manon de sa charrette de déportées ou lors du duel avec Synnelet.

« *L'amour est plus fort que l'abondance, plus fort que les trésors et les richesses, mais il a besoin de leur secours ; et rien n'est plus désespérant, pour un amant délicat, que de se voir ramené par là, malgré lui, à la grossièreté des âmes les plus basses* » (p. 116).

Entre lucidité et aveuglement

Des Grieux est capable de reconnaître la force aliénante de la passion, « *l'aveuglement d'un amour fatal, qui* [lui] *fai*[t] *violer tous les devoirs* » (p. 67). Si le héros paraît, par moments, perdre tout jugement moral et pactiser facilement avec sa conscience, il n'a rien d'un cynique qui professerait un amoralisme absolu. Vis-à-vis de Manon, la conscience du héros est constamment déchirée entre la méfiance et l'aveuglement sur sa fidélité, entre l'amour et le mépris pour « *la plus volage et la plus perfide de toutes les créatures* » (p. 44). Mû par la seule volonté de conserver Manon, il s'inquiète, pourtant, lucidement des conséquences de ses décisions : « *Je cédai à ses instances, malgré les mouvements secrets de mon cœur, qui semblaient me présager une catastrophe malheureuse* » (p. 153).

Renoncour voit, en Des Grieux, « *un jeune aveugle,* […] *qui prévoit ses malheurs, sans vouloir les éviter* » (p. 12). Et le héros se présente à son père comme « *asservi fatalement à une passion* [qu'il] *ne* [peut] *vaincre, et combattu par des remords* [qu'il] *ne* [doit] *point étouffer* » (p. 189).

II – Des Grieux, héros de l'amour

Cette passion qui donne à Des Grieux une stature de héros semble, aux yeux du narrateur (et sans doute à ceux du lecteur), excuser tous les débordements.

La passion, signe d'élection

La passion place Des Grieux dans une sorte d'aristocratie du cœur, qu'il revendique d'autant plus qu'elle peut contribuer à effacer la bassesse de certaines de ses actions. Au nom de sa passion, Des Grieux parvient à l'abnégation généreuse et au dépassement de soi-même, qui sont le propre des héros.

La justification par la passion

Prévost opère, ici, un renversement des valeurs caractéristique de son siècle : l'amour, sentiment naturel, devient la valeur suprême. Face à lui, les préceptes religieux qui nient l'aspiration au bonheur ou les lois sociales, présentées comme injustes, n'ont aucun poids. L'amour profane se voit, en quelque sorte, sacralisé : la formule de Des Grieux faisant de son amante une « *figure capable de ramener l'univers à l'idolâtrie* » (p. 179) traduit la dimension quasi religieuse et donc blasphématoire qu'atteint la passion du héros...
Cet héroïsme de la passion transfigure ses actes sans gloire. C'est cet héroïsme qui, à ses yeux, les justifie, puisqu'il est la marque de sa noblesse naturelle indélébile (et de celle que Manon va finir aussi par révéler), qui ne peut être corrompue ni par des circonstances extérieures injustes ni par les actions que ces dernières ont entraînées.

La passion revêt un caractère exclusif et globalisant, réunissant toutes les sortes de bonheurs ou de valeurs : *« Tout l'univers n'est-il pas la patrie de deux amants fidèles ? Ne trouvent-ils pas l'un dans l'autre, père, mère, parents, amis, richesses et félicité ? »* (p. 180).

« L'amour est une passion innocente ; comment s'est-il changé, pour moi, en une source de misères et de désordres ? » (p. 81), s'interroge Des Grieux avec douleur.

III – Manon : *« une énigme »* (p. 39)

Le personnage a toujours séduit ou intrigué, au point de supplanter Des Grieux dans le titre du roman. Mais il est bien difficile de donner une interprétation univoque de cette « *charmante et perfide créature* » (p. 50).

Un personnage lacunaire

Des Grieux livre une connaissance fragmentaire de Manon ; elle apparaît à l'hôtellerie d'Amiens, incarnation de la Fatalité, mais le lecteur ne connaîtra rien de ses origines ni de sa vie quand elle est séparée du héros. Il n'a pas accès à son intériorité, donc aucun moyen de juger de ses motivations ou de sa sincérité.

Femme-enfant ou femme « expérimentée » ?

Encore très jeune (15 ou 16 ans au début du récit), Manon garde un côté enfantin : « *folâtre* », « *badine* », elle aime s'amuser en toute insouciance. Comme les enfants, elle est attirée par tout ce qui brille et « *éblouie par* [les] *si magnifiques promesses* » (p. 53) de M. de B... !
Manon semble n'avoir aucune conscience du bien et du mal, car le mal, pour elle, est uniquement ce qui porte atteinte à sa liberté et à son plaisir. Elle affiche clairement sa volonté de

LES JEUX DE MANON
Dans l'épisode du Prince italien, on la voit jouer avec Des Grieux qu'elle coiffe comme une poupée ! Le stratagème pour passer la nuit avec le héros dans le lit même du jeune G... M... *« la ravi*[t] » mais va lui valoir la déportation.

« plumer » ses amants, et faire commerce de son corps ne lui pose aucun problème moral, car ce n'est, à ses yeux, qu'un marché : elle ne comprend pas les larmes de Des Grieux, puisqu'elle estime *« travaille*[r] *pour rendre* [s]*on Chevalier riche et heureux »* (p. 76). Plutôt que de cynisme, d'immoralité ou d'hypocrisie consommée, elle donne l'impression de faire preuve d'un amoralisme complet qui la laisse hors d'atteinte de tout reproche moral.

Quand Des Grieux retrouve Manon chez G... M... après sa 3e trahison, il ne sait comment comprendre *« le caractère de cette étrange fille »* qui n'offre à sa vue que des *« marques légères de surprise »* (p. 144).

Amoureuse ou *« catin »* (Montesquieu) ?

Manon n'est-elle qu'une aventurière qui cherche à profiter d'un fils de famille ou aime-t-elle réellement Des Grieux ? Pourquoi revient-elle le trouver à Saint-Sulpice, alors qu'elle mène une vie de luxe conforme à ses souhaits ? Comment ses tromperies de plus en plus grossières peuvent-elles s'accorder avec les manifestations d'un amour passionné : larmes, baisers, etc. ?

Il est très clair que, tout en vendant son corps à ses amants qu'elle abandonne sans regret, elle n'éprouve des sentiments que pour Des Grieux. L'épisode américain, qui élève l'héroïne au rang d'amoureuse tragique, semble orienter l'interprétation du lecteur vers un amour authentique de Manon.

« Je prétends mourir [...] *si vous ne me rendez votre cœur, sans lequel il est impossible que je vive »* (p. 52), déclare Manon, après deux ans d'absence, lors de leurs retrouvailles à Saint-Sulpice...

IV – Comment juger Manon ?

L'ambiguïté du personnage est encore renforcée par Des Grieux qui tente, sans cesse, de justifier l'objet de sa passion.

Le rôle de l'argent

La grande excuse de Manon se trouve dans le rôle de l'argent, agent de corruption morale. Des Grieux veut la dédouaner de l'accusation de « cupidité » en montrant qu'elle n'aime pas l'argent pour lui-même mais pour le bonheur qu'il procure. La tentation du luxe et la peur du manque agissent si fort sur elle qu'elles semblent lui ôter toute conscience morale et expliquent ses trahisons en leur enlevant une part d'immoralité.

Des Grieux présente le *« caractère extraordinaire »* de Manon, toute en paradoxes et en ambiguïtés : *« Jamais fille n'eut moins d'attachement qu'elle pour l'argent, mais elle ne pouvait être tranquille un moment avec la crainte d'en manquer »* (p. 67).

Un personnage sous influence

La responsabilité de Manon est fréquemment gommée par Des Grieux, qui lui trouve l'excuse de la jeunesse ou en fait une victime du désir des hommes (M. de B..., les deux G... M... ou Synnelet). Elle n'apparaît pas comme une séductrice qui attire les hommes pour en tirer profit : si Manon ne résiste certes pas longtemps, l'initiative vient des amants eux-mêmes

qui ne lésinent pas pour acheter ses charmes. Ce n'est pas non plus une figure de femme fatale à la sensualité destructrice : elle est capable d'une vie fort rangée avec Des Grieux, du moment qu'elle possède un certain train de vie…
Des Grieux insiste aussi sur l'influence perverse de Lescaut, véritable âme damnée des deux héros, qui manipule et exploite sa sœur.

Le fait d'envoyer une prostituée à sa place auprès de son amant, ressenti par Des Grieux lui-même comme *« si cruel et* [...] *si insultant »*, est interprété, ensuite, par celui-ci, comme *« un effet de sa compassion pour* [s]*es peines »* (p. 142).

Entre action et intention

Des Grieux veut prouver que l'on ne peut juger Manon sur ses actes car ils ne correspondent pas à ses intentions et sont en contradiction avec son bon naturel. À chaque trahison, le malheureux héros soutient, avec plus ou moins de mauvaise foi, le même credo : « *Elle pèche sans malice* […]. *Elle est légère et imprudente ; mais elle est droite et sincère* » (p. 151).

La rédemption de Manon

L'épisode américain semble révéler la véritable nature de Manon et mettre sa conduite en accord avec ses sentiments. Elle n'est plus ce personnage ambivalent, qui fait douter de sa sincérité envers Des Grieux. Délivrée de la carapace sociale qui l'enfermait dans son statut de fille entretenue, elle peut se recentrer sur son amour pour Des Grieux et montrer qu'elle n'agit plus seulement par intérêt. Certains lecteurs n'y ont vu que la volonté de Prévost de proposer une fin « morale » à son scandaleux récit, mais sans doute peut-on lire tout le roman comme un cheminement de l'héroïne vers la conscience de soi : alors qu'on la pensait simple objet de désir et corps sans âme, elle se révèle être la « *personne du premier rang* » entrevue par Renoncour.

Manon exprime ainsi sa conversion : *« J'ai été légère et volage ; et même en vous aimant éperdument, comme j'ai toujours fait, je n'étais qu'une ingrate. Mais vous ne sauriez croire combien je suis changée »* (p. 186).

Fiche 6

L'œuvre et son contexte en images

Doc. 1 Maurice Leloir, « L'Arrestation » (1900)

En bref !

Maurice Leloir illustre la scène héroï-comique de l'arrestation des deux héros par le vieux G... M... (p. 155).

Maurice Leloir (1853-1940) est un décorateur et illustrateur français de romans classiques passionné par la reconstitution minutieuse de scènes du passé (il fonde la Société d'histoire du costume en 1907). Il s'est amusé, ici, à rendre l'effet de surprise de cette scène : les deux héros sont en petite tenue, *« prêts à* [se] *mettre au lit »* ; Manon porte un décolleté suggestif, Des Grieux est sans chaussures et un peu débraillé. À l'irruption de G… M…, il *« saute sur* [son] *épée* […] *malheureusement embarrassée dans* [son] *ceinturon »*. L'illustration est bâtie sur le contraste : en pleine lumière, les jeunes héros pris sur le fait, dans un décor de lit aux draps froissés rappelant les tableaux libertins de Boucher ; au fond, dans l'obscurité, l'immobilité verticale et menaçante du vieillard et de la troupe, tous raides comme la Justice. Cette construction rend bien compte du mouvement du roman où les héros vivent sans cesse entre les plaisirs transgressifs et la sanction brutale de la société.

1. Comment est suggérée, dans ce tableau, l'opposition entre les jeunes héros et la société qui structure tout le roman ?

Doc. 2 « Manon Lescaut et Des Grieux au large de la Louisiane », d'après le tableau d'Albert Lynch (1896)

En bref !

Ce tableau illustre la déportation de Manon en Louisiane.

Albert Lynch (1860-1950) est un peintre et illustrateur germano-péruvien, naturalisé français. Son tableau souligne le pathétique de la scène par le réalisme de la situation : la présence du bateau ; la barque au confort très sommaire, encombrée de matériel ; la pauvreté des rameurs et la dureté de leur tâche ; la présence du garde… Tout suggère que les héros sont précipités dans une situation dure et humiliante, qui ne correspond pas à leur statut social. Le peintre a pris soin d'isoler les deux personnages au premier plan, séparés des autres par le rameur, mais surtout mis en valeur par leur attitude : Manon est enveloppée dans un grand manteau sombre – qui la dissimule aux regards des hommes et lui donne une attitude beaucoup plus décente que ses compagnes (en arrière-plan), débraillées et décolletées –, et Des Grieux a conservé un habit digne de son rang social. Ils se détachent de la joie bruyante et vulgaire des autres femmes qui rient et plaisantent, sans avoir l'air de se soucier de leur situation : Manon a le regard perdu et mélancolique, reflet sans doute de son repentir ; Des Grieux, qui la tient serrée contre lui pour la protéger, contemple avec inquiétude l'avenir qui les attend… Le tableau donne l'impression que les deux héros ont tout perdu, sauf leur amour mutuel, qui les protège contre la cruauté du monde qui les entoure.

1. En quoi l'image des deux amants donnée par le tableau rejoint-elle la vision qu'en a Renoncour au début du roman ?

Doc. 3 Mise en scène de l'opéra *Manon* (1884) de Jules Massenet par Coline Serreau (2012)

En bref !

Coline Serreau met en scène le convoi des déportées à l'acte V de l'opéra de Massenet.

Dans l'opéra de Massenet, Manon meurt d'épuisement juste après avoir retrouvé Des Grieux. Ceci justifie le fait que la mise en scène de Coline Serreau, à l'Opéra de Paris, insiste sur la cruauté de l'épisode en créant un décor réaliste et désolé (réalisé par Jean-Marc Stehlé et Antoine Fontaine), avec la boue et la neige. De plus, elle choisit de mélanger les époques en faisant des gardes du convoi des soldats de notre siècle, pour rendre la scène plus frappante. Le cortège des jeunes femmes suscite la pitié : elles sont transies, vêtues de haillons sales et déchirés, les cheveux trempés et pendants, illustrant leur déchéance sociale ; leurs corps recroquevillés, leur démarche pesante et leurs gestes de désespoir suggèrent la souffrance et l'accablement.

1. Cette mise en scène rend-elle compte de l'image du convoi des déportées que nous donne Prévost au début du roman ?

Doc. 4 Camille Roqueplan, *La Mort de Manon Lescaut* (1re moitié du XIXe siècle)

En bref !

La gravure donne une vision émouvante de la mort de Manon.

Camille Roqueplan (1803-1855) est un peintre et dessinateur français, qui illustra, entre autres, les romans de Walter Scott. Il donne, ici, une vision magnifiée de l'épisode de la mort de Manon : la mort semble n'avoir pas de prise sur l'héroïne car elle apparaît toujours aussi belle et sensuelle (comme le suggèrent son épaule dénudée et sa chevelure déployée…). C'est l'amour entre les deux héros qui est, ici, exalté, par la position du corps de Manon, étroitement embrassée par Des Grieux ; la mort ne paraît pas avoir brisé le lien qui unit les deux amants : on pourrait même croire Manon encore vivante, abandonnée au baiser de Des Grieux… L'artiste a rajouté un crucifix dans la main de l'héroïne, insistant ainsi sur son retour à la vertu et sa rédemption.

1. Cette gravure vous semble-t-elle illustrer fidèlement le récit de la mort de Manon dans le roman de Prévost ?

Doc. 5 Jean-Honoré Fragonard, *Le Baiser volé* (1787)

En bref !

Le tableau de Fragonard illustre le libertinage du XVIIIe siècle, qu'on retrouve dans le roman de Prévost.

Jean-Honoré Fragonard (1732-1806) est un grand peintre français du courant rococo, lequel se caractérise, au XVIIIe siècle, par des formes souples et légères, des couleurs claires, des scènes de genre souvent galantes. Le tableau représente un jeune homme attirant à lui, pour l'embrasser, une jeune fille. La position déséquilibrée de celle-ci suggère l'ambivalence entre désir et résistance : le baiser est-il réellement volé ou bien recherché par la jeune fille qui a quitté le salon (visible en arrière-plan) pour venir dans l'antichambre sous prétexte de prendre son écharpe bien exposée au premier plan ? Le tableau souligne aussi la différence de classe sociale entre le jeune homme venu de l'extérieur, simplement habillé, et la jeune fille de la maison, richement vêtue. Ce tableau de genre illustre bien le libertinage léger et le climat de transgression assez ludique qui imprègne les œuvres de Fragonard et que l'on retrouve dans le roman de Prévost.

1. Ce tableau de Fragonard rend-il compte de l'atmosphère et des personnages du roman de Prévost ?

Doc. 6 Carle Van Loo, *La Halte de chasse* (1737)

En bref !

Le tableau évoque l'époque de Prévost et ses divertissements.

Charles-André (ou Carle) Van Loo (1705-1765), issu d'une grande famille de peintres hollandais, termina une brillante carrière comme premier peintre du roi. Il a exécuté *La Halte de chasse* pour la salle à manger des petits appartements du roi Louis XV au château de Fontainebleau. Le tableau représente un pique-nique au cours d'une partie de chasse royale et illustre bien le climat de légèreté et de plaisir qui règne alors à la Cour et dans la haute société. On y voit des jeunes femmes somptueusement vêtues agrémentant la société masculine d'un érotisme léger et galant. Toutes proportions gardées, en descendant dans l'échelle sociale, on pourrait imaginer Manon participer à ce genre de réjouissances…

1. En quoi le tableau de Van Loo rejoint-il l'atmosphère de plaisirs galants que l'on trouve dans le roman de Prévost ?

Parcours

Personnages en marge, plaisirs du romanesque

Thèmes de l'œuvre en lien avec le parcours

Groupement de textes

Conseil d'utilisation

À chaque thème du parcours, nous avons associé une dissertation, que vous retrouverez dans la partie « Objectif Bac » (p. 241). Nos explications, les citations clés et les textes complémentaires que nous vous donnons ici vous aideront à bâtir votre plan et à trouver les arguments et les exemples nécessaires pour répondre au sujet.

Thème I : Des marginaux entre transgression et morale

Parcours de lecture

Voici les textes que nous vous conseillons de relire pour bien comprendre ce thème :

– **dans *Manon Lescaut*** : avis de l'auteur (p. 11), les aspirations à la vertu (pp. 48-50, l. 834-907), la 2e trahison et la lettre de Manon (pp. 75-84, l. 1577-1799), l'évasion de Des Grieux (pp. 103-106, l. 2357-2454), les retrouvailles avec Manon (pp. 177-181, l. 1765-1859), la vie en Louisiane (pp. 185-189, l. 1986-2101), la mort de Manon (pp. 195-198, l. 2299-2384) ;

– **dans le groupement de textes** : textes 3 (p. 232) et 4 (p. 234).

Comprendre ce thème

› Des héros transgressifs

Personnages en marge, Des Grieux et Manon transgressent :

– **les lois sociales** (*cf.* Vautrin dans le texte 4) : Des Grieux escroque, triche, fait évader Manon et tue ; et il transgresse la loi de sa caste en se mésalliant avec Manon. Celle-ci fait commerce de son corps et escroque ses riches amants ;

– **les lois religieuses** : Des Grieux enlève Manon destinée au couvent et vit avec elle sans être marié ; il défroque en s'enfuyant de Saint-Sulpice et se moque des conseils de vertu de Tiberge.

Les deux héros se retrouvent **au ban de la société**, souvent en fuite, afin d'échapper aux lois, à la police. Leurs châtiments sont de plus en plus infamants : Manon finit déportée, Des Grieux renié par son père.

› Les limites de la transgression

Les héros ne sont pas des **libertins** et ne montrent pas de volonté de corrompre (à l'opposé de ceux de Laclos, texte 3), ni de recherche effrénée du plaisir, mais plutôt un désir de bonheur.

Des Grieux trouve des **excuses** à leur conduite (citation 2) : leur jeunesse, la peur de la pauvreté, la corruption généralisée, la force de la passion, leur « mauvais génie », les influences néfastes (c'est Lescaut qui propose à Des Grieux de devenir proxénète de sa sœur, voire gigolo). Le héros veut montrer que leur vie déréglée n'est pas un choix, mais une nécessité, au nom d'une **morale du sentiment**, pour sauvegarder leur amour menacé par les lois morales et sociales (citation 2).

Les héros profitent, dès le début, du jugement indulgent de Renoncour (*cf.* p. 206). Le récit à la 1re personne, dicté par le désir de justification et de pardon, entraîne aussi la sympathie du lecteur envers eux (citation 4).

› Un roman moral ?

L'intention morale du récit est affichée clairement par Renoncour (citation 1). Des Grieux ne recherche pas les plaisirs d'une vie marginale mais **aspire à une vie vertueuse**, pourvu qu'il soit avec Manon – ce qu'ils réaliseront en Louisiane. Le roman est construit (*cf.* p. 204), pour Manon, comme une **rédemption** (citation 3), de sa vie dissolue à la fidélité et au bonheur d'un amour réciproque. Mais c'est l'amour, et non la vertu ou le respect des lois morales, qui provoque cette conversion quand elle reconnaît le dévouement de Des Grieux à son égard. Sa mort n'apparaît pas comme une punition de sa vie dissolue mais semble prouver qu'il n'existe aucun espace de liberté pour une passion sincère en dehors des codes sociaux. De même, c'est dans la résignation, et non par choix vertueux, que Des Grieux réintègre sa classe sociale et sa famille.

« *Citations clés*

Voici 4 extraits commentés de *Manon Lescaut* qui illustrent le thème étudié et que vous pourrez réutiliser lors des épreuves du Bac.

1 ***« L'ouvrage entier est un traité de morale, réduit agréablement en exercice »*** (p. 14).

Cette phrase de Renoncour montre la visée morale de l'œuvre mais aussi son caractère plaisant, romanesque.

2 ***« L'amour et la jeunesse avaient causé tous nos désordres »*** (p. 188).

Des Grieux souligne les excuses que l'on peut trouver à la vie désordonnée des deux héros qui ne découle pas de leur nature immorale.

3 ***« Je ne cesse point de me reprocher mes inconstances, et de m'attendrir, en admirant de quoi l'amour vous a rendu capable, pour une malheureuse qui n'en était pas digne »*** (p. 187).

Cette citation illustre la « conversion » de Manon, provoquée par l'amour et les sacrifices de Des Grieux.

4 ***« Je suis sûr qu'en me condamnant, vous ne pourrez pas vous empêcher de me plaindre »*** (p. 24).

On voit, ici, l'ambiguïté des intentions de Des Grieux qui recherche, avant tout, justification et pardon. »

Thème 2 : Des personnages attirants

Parcours de lecture

Voici les textes que nous vous conseillons de relire pour bien comprendre ce thème :

- **dans *Manon Lescaut*** : la 1re rencontre avec Renoncour (pp. 16-17, l. 37-72), la 1re trahison de Manon (pp. 35-39, l. 449-559), les retrouvailles (pp. 50-56, l. 908-1075), la duperie comique de G... M... (pp. 85-89, l. 1822-1902), l'évasion de Manon (pp. 112-115, l. 2649-2753), le Prince italien (pp. 124-130, l. 42-225), la dernière trahison de Manon (pp. 138-143, l. 474-649) ;
- **dans le groupement de textes** : textes 1 (p. 230), 3 (p. 232) et 5 (p. 235).

Comprendre ce thème

› Les aventures de la marginalité

Les aventures de héros marginaux entretiennent le **suspense**. Toujours obligés de se cacher ou de fuir, ils subissent des catastrophes qui les forcent à trouver de nouveaux expédients : comment vont-ils s'en sortir (texte 1) ?

Le lecteur prend un **plaisir** complice à leurs transgressions (comme dans *Les Liaisons dangereuses*, texte 3), surtout aux dépens de personnages antipathiques.

Il est **ému** par ces amants déclassés aux prises avec une société impitoyable, d'autant plus que le récit est raconté à la 1re personne et que leur déchéance, présentée d'emblée (*cf.* pp. 16-17), avait attisé sa curiosité.

› Des héros complexes et divisés

Leur intériorité reste souvent **opaque** (comme celle de Meursault, texte 5), même pour Des Grieux (citation 2). Manon n'est connue que par le regard des autres (*cf.* p. 217) et se montre sous des facettes très variées.

Le récit interroge sur la **discordance** entre la déchéance des héros et leur « air » (*cf.* p. 16), donc entre leurs actes et leur nature qui demeure bonne (citation 1). Des Grieux est écartelé entre sa noblesse sociale, ses aspirations sincères à la vertu et l'ignominie croissante de ses actes (*cf.* p. 216).

Il relève, chez Manon, des **contradictions** inexplicables entre son « *penchant au plaisir* » (noté dès la 1re rencontre), ses infidélités, sa « *grossièreté de sentiments* » et ses preuves d'amour sincère (citation 3). Chez elle apparaît aussi la dichotomie **entre le cœur et le corps** qui lui procure l'argent nécessaire à son bonheur mais n'engage pas sa personne.

› Des héros qui interrogent le lecteur

Ces contradictions stimulent le discernement du lecteur, qui, ne disposant que d'un récit à la 1re personne, doit démêler le vrai du faux pour forger son opinion.

Des Grieux, en effet, cherche sans cesse à se justifier, en montrant que l'indignité de leur conduite n'a pas pu entamer **leur fond naturellement bon** (citation 4).

Il rejette facilement la responsabilité de leurs actes sur le Ciel ou les autres (*cf.* le meurtre du portier) et souligne, par ses scrupules et ses remords, que ses indignités ne dépendent pas d'un choix libre.

Il se disculpe par une morale de l'intention. Ils n'agissent pas par volonté perverse, mais par légèreté ou poussés par la justification ultime : **l'amour**, dont il fait un absolu excusant tout.

Mais le lecteur peut estimer que Des Grieux fait preuve de **mauvaise foi** quand il s'efforce de dédouaner Manon de l'accusation de vénalité ou d'infidélité (*cf.* p. 67), qu'il minimise trop facilement sa propre responsabilité et se donne une posture tragique qui l'ennoblit et vise à l'absoudre.

« *Citations clés*

Voici 4 extraits commentés de *Manon Lescaut* qui illustrent le thème étudié et que vous pourrez réutiliser lors des épreuves du Bac.

❶ *« un caractère ambigu, un mélange de vertus et de vices, un contraste perpétuel de bons sentiments et d'actions mauvaises »* (p. 12).

Cette remarque de Renoncour sur Des Grieux souligne les contradictions d'un héros difficile à juger.

❷ *« j'ignore encore aujourd'hui par quelle espèce de sentiments je fus alors agité »* (p. 76).

Cette phrase montre la difficulté du narrateur à se comprendre et sa tendance à se présenter comme un personnage tragique victime du destin afin de se dédouaner.

❸ *« on ne verse pas des pleurs si tendres pour un malheureux qu'on a trahi, et qu'on abandonne cruellement »* (p. 145).

Des Grieux ne comprend pas les incohérences de Manon qu'il refuse, malgré tout, de taxer d'« hypocrisie ».

❹ *« Nous avons l'âme trop belle, et le cœur trop bien fait l'un et l'autre, pour vivre volontairement dans l'oubli du devoir »* (p. 188).

Des Grieux souligne que leur conduite immorale ne correspond pas à leur fond naturel qui est resté bon. »

Thème 3 : Personnages marginaux et critique sociale

Parcours de lecture

Voici les textes que nous vous conseillons de relire pour bien comprendre ce thème :

– **dans *Manon Lescaut*** : les conseils de Lescaut (pp. 61-62, l. 1226-1285), les tricheurs ≠ Tiberge (pp. 71-73, l. 1458-1526), la séduction du jeune G… M… (pp. 134-137, l. 373-473), l'enlèvement de G… M… et l'arrestation (pp. 151-159, l. 924-1158), le dernier entretien de Des Grieux avec son père (pp. 171-173, l. 1557-1617), l'opposition du prêtre et du Gouverneur (pp. 190-192, l. 2141-2202) ;

– **dans le groupement de textes** : textes 2 (p. 231), 3 (p. 232), 4 (p. 234) et 5 (p. 235).

Comprendre ce thème

La situation marginale des héros permet de porter un regard critique sur la société (textes 2 et 4).

› Une société vénale et corrompue

Par leur plongée dans le monde des marginaux, les héros de *Manon Lescaut* fréquentent des personnages vénaux, malhonnêtes, débauchés, dont Lescaut est l'incarnation.

L'argent mène la société (*cf.* la mention obsédante des sommes d'argent). Des Grieux (citation 1) en a sans cesse besoin pour assurer le train de vie dispendieux de Manon mais aussi pour agir de façon illicite (soudoyer domestiques et gardiens, payer des hommes de main).

La vénalité entretient la corruption et la débauche (citation 2), excusée cyniquement par ceux qui la pratiquent, comme le vieux G… M… .

L'étalage de luxe des amants de Manon révèle **l'ascension des financiers** comme M. de B… et G… M…, qui prennent le pouvoir par l'argent : Des Grieux père et fils les regardent avec mépris mais doivent compter avec eux.

› Une société coercitive et injuste

L'autorité sociale s'incarne dans **les pères**, qui ont le pouvoir arbitraire de faire enfermer ou déporter les jeunes qui ne respectent pas les codes (Des Grieux en se mésalliant et Manon en voulant « gruger » ses riches amants).

Ils montrent une image dégradée : M. Des Grieux, aristocrate obsédé par l'honneur du lignage, et G… M…, vieillard de comédie, grotesque et libidineux ; mais ils sauront se venger cruellement des jeunes qui violent leur autorité (citation 3).

La société **hiérarchisée** crée une fracture entre celui qui possède rang ou argent et les autres, éliminés sans remords (le portier de Saint-Lazare ou Manon ;

texte 4). Manon paie le prix fort pour ses transgressions, alors que Des Grieux, tricheur et meurtrier, se voit toujours protégé et libéré par son père et retrouve son statut et les liens familiaux après la disparition de la jeune femme.

› Des héros victimes de la société

C'est le besoin d'argent et l'exemple de la vénalité générale qui corrompent les héros, comme le soutient Des Grieux (*cf.* p. 67 et citation 2).

Les figures paternelles représentent une sorte de **principe de réalité** qui joue le rôle de la Fatalité en contrecarrant sans cesse l'amour des deux héros. C'est parce que Des Grieux le refuse au nom de l'amour qu'il se retrouve emporté dans une spirale de transgressions qui le conduisent à la délinquance.

Manon est victime de **la loi des mâles** (comme Mme de Merteuil dans le texte 3) : pour une femme de son milieu, la marge de manœuvre entre le couvent et la prostitution sous toutes ses formes est étroite ; si elle veut mener une vie indépendante, elle doit prendre des risques, que Des Grieux ne peut comprendre. Elle est punie non d'être une femme entretenue, mais d'avoir dévoyé un jeune noble de sa caste : elle ne peut que disparaître, pour que la société reprenne ses droits et le jeune aristocrate son rang.

Les héros tentent de faire prévaloir **la loi du cœur** sur celles de l'argent et de la caste mais en sont sévèrement punis.

« *Citations clés*

Voici 3 extraits commentés de *Manon Lescaut* qui illustrent le thème étudié et que vous pourrez réutiliser lors des épreuves du Bac.

❶ *« c'est un fond excellent de revenu pour les petits, que la sottise des riches et des grands »* (p. 60).

Des Grieux justifie, par cette maxime cynique, sa propre malhonnêteté, en s'appuyant sur l'idée d'une « injustice universelle et providentielle ».

❷ *« Il a tout ce qu'il faut pour être aimé des belles ; il a des hôtels meublés et des équipages à donner »* (p. 141).

Désespéré après la trahison de Manon, Des Grieux souligne l'injustice de la société où l'argent corrompt le sentiment.

❸ « [En Louisiane, les sauvages] *ne connaissent ni les fureurs de l'avarice, qui possèdent G… M…, ni les idées fantastiques de l'honneur, qui m'ont fait un ennemi de mon père* » (pp. 180-181).

Des Grieux rêve d'une société plus juste libérée de la domination de l'argent ou du rang social. »

Groupement de textes

Texte 1 Paul Scarron, *Le Roman comique*

Paul Scarron (1610-1660) fut l'auteur de nombreuses œuvres parodiques en vers burlesques et de comédies. Il meurt avant d'avoir achevé *Le Roman comique*, qui décrit avec beaucoup de réalisme les aventures rocambolesques d'une troupe de comédiens ambulants. Les premières lignes du roman nous présentent l'arrivée des comédiens, protagonistes au statut dégradé, en marge de la société ; cette description souligne leur aspect hétéroclite et en fait des personnages inclassables suscitant la curiosité du lecteur.

[...] il était entre cinq et six, quand une charrette entra dans les halles du Mans. Cette charrette était attelée de quatre bœufs fort maigres, conduits par une jument poulinière, dont le poulain allait et venait à l'entour de la charrette, comme un petit fou qu'il était. La charrette était pleine de coffres, de malles, et de gros paquets de toiles peintes qui faisaient comme une pyramide, au haut de laquelle paraissait une demoiselle, habillée moitié ville, moitié campagne. Un jeune homme, aussi pauvre d'habits que riche de mine, marchait à côté de la charrette ; il avait un grand emplâtre[1] sur le visage, qui lui couvrait un œil et la moitié de la joue, et portait un grand fusil sur son épaule, dont il avait assassiné plusieurs pies, geais et corneilles, qui lui faisaient comme une bandoulière, au bas de laquelle pendaient par les pieds une poule et un oison[2], qui avaient bien la mine[3] d'avoir été pris à la petite guerre[4]. Au lieu de chapeau il n'avait qu'un bonnet de nuit, entortillé de jarretières[5] de différentes couleurs ; et cet habillement de tête était une manière de turban qui n'était encore qu'ébauché et auquel on n'avait pas encore donné la dernière main. Son pourpoint[6] était une casaque[7] de grisette[8], ceinte avec une courroie, laquelle lui servait aussi à soutenir une épée qui était si longue qu'on ne s'en pouvait aider adroitement sans fourchette[9]. Il portait des chausses troussées à bas d'attache[10], comme celles des comédiens quand ils représentent un héros de l'Antiquité, et il avait, au lieu de souliers, des brodequins[11] à l'antique, que les boues avaient gâtés jusqu'à la cheville du pied.

Paul Scarron, *Le Roman comique*, 1651-1657.

1. emplâtre : pansement. **2. oison :** petit de l'oie. **3. avaient bien la mine :** donnaient bien l'impression. **4. pris à la petite guerre :** volés, chapardés. **5. jarretières :** liens avec lesquels on attachait les bas à la hauteur du genou. **6. pourpoint :** sorte de veste. **7. casaque :** vêtement de dessus à larges manches.

8. grisette : étoffe grise de peu de valeur. **9. fourchette** : instrument en forme de petite fourche, sur lequel on pose normalement le canon d'une arme à feu. **10. chausses troussées à bas d'attache** : culotte masculine descendant au genou, avec un bas de soie attaché. **11. brodequins** : sortes de bottines dans le costume des personnages de comédie.

Texte 2 Montesquieu, *Lettres persanes*

Montesquieu (1689-1755) fut un des premiers penseurs des Lumières, remarquable par sa curiosité d'esprit. Les *Lettres persanes*, roman épistolaire, présentent deux Persans qui voyagent en Europe de 1712 à 1720 et échangent leurs impressions. Montesquieu utilise, ici, le détour par le regard étranger qui est une forme de marginalité puisqu'il se situe à l'extérieur de la société qu'il observe. C'est une façon, pour l'auteur, d'amener son lecteur à voir autrement et remettre en question les coutumes et valeurs occidentales.

LETTRE XXIV
RICA À IBBEN, *À SMYRNE.*

[…] Paris est aussi grand qu'Ispahan[1]. Les maisons y sont si hautes qu'on jugerait qu'elles ne sont habitées que par des astrologues. Tu juges bien qu'une ville bâtie en l'air, qui a six ou sept maisons les unes sur les autres, est extrêmement peuplée ; et que, quand tout le monde est descendu dans la rue, il s'y fait un bel embarras.

Tu ne le croirais pas peut-être : depuis un mois que je suis ici, je n'y ai encore vu marcher personne. Il n'y a pas de gens au monde qui tirent mieux parti de leur machine que les Français : ils courent ; ils volent. Les voitures lentes d'Asie, le pas réglé de nos chameaux les feraient tomber en syncope. Pour moi, qui ne suis point fait à ce train, et qui vais souvent à pied sans changer d'allure, j'enrage quelquefois comme un Chrétien : car encore passe qu'on m'éclabousse depuis les pieds jusqu'à la tête, mais je ne puis pardonner les coups de coude que je reçois régulièrement et périodiquement. Un homme qui vient après moi, et qui me passe[2], me fait faire un demi-tour, et un autre, qui me croise de l'autre côté, me remet soudain où le premier m'avait pris ; et je n'ai pas fait cent pas, que je suis plus brisé que si j'avais fait dix lieues[3].

Ne crois pas que je puisse, quant à présent, te parler à fond des mœurs et des coutumes européennes ; je n'en ai moi-même qu'une légère idée, et je n'ai eu à peine que le temps de m'étonner.

Le roi de France[4] est le plus puissant prince de l'Europe. Il n'a point de mines d'or comme le roi d'Espagne, son voisin ; mais il a plus de richesses que lui, parce qu'il les tire de la vanité de ses sujets, plus inépuisable que les mines. On lui a vu entreprendre ou soutenir de grandes guerres, n'ayant d'autres fonds que des titres d'honneur à vendre[5], et, par un prodige de l'orgueil humain, ses troupes se trouvaient payées, ses places munies[6], et ses flottes équipées.

D'ailleurs, ce roi est un grand magicien : il exerce son empire sur l'esprit même de ses sujets ; il les fait penser comme il veut. S'il n'a qu'un million d'écus dans son trésor, et qu'il en ait besoin de deux, il n'a qu'à leur persuader qu'un écu en vaut deux[7], et ils le croient. S'il a une guerre difficile à soutenir, et qu'il n'ait point d'argent, il n'a qu'à leur mettre dans la tête qu'un morceau de papier[8] est de l'argent, et ils en sont aussitôt convaincus. Il va même jusqu'à leur faire croire qu'il les guérit de toutes sortes de maux en les touchant[9], tant est grande la force et la puissance qu'il a sur les esprits. [...]

De Paris, le 4 de la lune de Rébiab 2, 1712.

Montesquieu, *Lettres persanes*, extrait de la lettre XXIV, 1721.

1. **Ispahan** : capitale de l'Empire perse. 2. **passe** : dépasse. 3. La lieue est une mesure de distance égale à environ 4 km. 4. Louis XIV. 5. Louis XIV finança des guerres en vendant des charges conférant la noblesse. 6. **munies** : fortifiées. 7. Allusion aux nombreuses dévaluations monétaires de la fin du règne de Louis XIV. 8. Allusion au papier-monnaie. 9. Allusion à la croyance que le roi avait le pouvoir de guérir les écrouelles (maladie des ganglions du cou) en les touchant.

Texte 3 Choderlos de Laclos, *Les Liaisons dangereuses*

Pierre Choderlos de Laclos (1741-1803), honnête militaire, fut pourtant l'auteur d'un des romans français les plus sulfureux, *Les Liaisons dangereuses*, paru en 1782. Cette œuvre épistolaire met en scène deux libertins, la marquise de Merteuil et le vicomte de Valmont, anciens amants qui se prennent pour confidents : la Marquise a confié à Valmont son projet de duper Prévan, libertin notoire, qui a décidé de la séduire. Elle répond, ici, avec orgueil aux conseils de prudence de son complice, qu'elle ressent comme autant d'humiliations. Refusant de se résigner à une condition inférieure à laquelle l'obligent les codes sociaux, elle choisit une certaine marginalité, celle du libertinage et de l'hypocrisie sociale, qui lui permettra de développer toutes ses capacités.

Que vos craintes me causent de pitié ! Combien elles me prouvent ma supériorité sur vous ! et vous voulez m'enseigner, me conduire ? Ah ! mon pauvre Valmont, quelle distance il y a encore de vous à moi ! Non, tout l'orgueil de votre sexe ne suffirait pas pour remplir l'intervalle qui nous sépare. Parce que vous ne pourriez exécuter mes projets, vous les jugez impossibles ! Être orgueilleux et faible, il te sied bien de vouloir calculer mes moyens et juger de mes ressources ! [...]

Croyez-moi, Vicomte, on acquiert rarement les qualités dont on peut se passer. Combattant sans risque, vous devez agir sans précaution. Pour vous autres hommes, les défaites ne sont que des succès de moins. Dans cette partie si inégale, notre fortune est de ne pas perdre, et votre malheur de ne pas gagner. Quand je vous accorderais autant de talents qu'à nous, de combien encore ne devrions-nous pas vous surpasser, par la nécessité où nous sommes d'en faire un continuel usage !

[...] Si cependant vous m'avez vue, disposant des événements et des opinions, faire de ces hommes si redoutables le jouet de mes caprices ou de mes fantaisies ; ôter aux uns la volonté, aux autres la puissance de me nuire ; si j'ai su tour à tour, et suivant mes goûts mobiles, attacher à ma suite ou rejeter loin de moi

Ces Tyrans détrônés devenus mes esclaves ;

si, au milieu de ces révolutions[1] fréquentes, ma réputation s'est pourtant conservée pure[2] ; n'avez-vous pas dû en conclure que, née pour venger mon sexe et maîtriser le vôtre, j'avais su me créer des moyens inconnus jusqu'à moi ?

[...] quand m'avez-vous vue m'écarter des règles que je me suis prescrites, et manquer à mes principes ? je dis mes principes, et je le dis à dessein car ils ne sont pas, comme ceux des autres femmes, donnés au hasard, reçus sans examen et suivis par habitude, ils sont le fruit de mes profondes réflexions ; je les ai créés, et je puis dire que je suis mon ouvrage. [...]

Mais de prétendre que je me sois donné tant de soins pour n'en pas retirer de fruits ; qu'après m'être autant élevée au-dessus des autres femmes par mes travaux pénibles, je consente à ramper comme elles dans ma marche, entre l'imprudence et la timidité ; que surtout je pusse redouter un homme au point de ne plus voir mon salut que dans la fuite ? Non, Vicomte ; jamais. Il faut vaincre ou périr. Quant à Prévan, je veux l'avoir et je l'aurai ; il veut le dire, et il ne le dira pas : en deux mots, voilà notre Roman. Adieu.

Choderlos de Laclos, *Les Liaisons dangereuses*,
extrait de la Lettre 81, 1782.

1. révolutions : changements, bouleversements.
2. En cultivant l'hypocrisie, Mme de Merteuil passe, aux yeux de la société, pour une femme vertueuse.

Texte 4 Honoré de Balzac, *Le Père Goriot*

Honoré de Balzac (1799-1850) a révolutionné la conception du roman en faisant de celui-ci un moyen d'exploration de l'homme et de la société. La majeure partie du *Père Goriot* se déroule dans la pension Vauquer, à Paris. Au milieu de ses hôtes plutôt désargentés, se détache Vautrin, homme cynique et mystérieux. Mais il a été reconnu et dénoncé par une des pensionnaires comme étant Jacques Collin, dit Trompe-la-Mort, ancien forçat évadé. La police vient l'arrêter dans la pension. Ce texte donne une vision ambiguë du marginal, à la fois terrible et sublime, et transforme le forçat en une figure mythique qui fait ressortir les ignominies et les compromissions de la société.

Le pas et les fusils de plusieurs soldats retentirent sur le pavé caillouteux qui longeait la façade. Tout espoir de fuite fut donc interdit à Trompe-la-Mort, sur qui tous les regards s'arrêtèrent irrésistiblement. Le chef alla droit à lui, commença par lui donner sur la tête une tape si violemment appliquée qu'il fit sauter la perruque et rendit à la tête de Collin toute son horreur. Accompagnées de cheveux rouge brique et courts qui leur donnaient un épouvantable caractère de force mêlée de ruse, cette tête et cette face, en harmonie avec le buste, furent intelligemment illuminées comme si les feux de l'enfer les eussent éclairées. Chacun comprit tout Vautrin, son passé, son présent, son avenir, ses doctrines implacables, la religion de son bon plaisir, la royauté que lui donnaient le cynisme de ses pensées, de ses actes, et la force d'une organisation faite à tout. Le sang lui monta au visage, et ses yeux brillèrent comme ceux d'un chat sauvage. Il bondit sur lui-même par un mouvement empreint d'une si féroce énergie, il rugit si bien qu'il arracha des cris de terreur à tous les pensionnaires. À ce geste de lion, et s'appuyant de la clameur générale, les agents tirèrent leurs pistolets. Collin comprit son danger en voyant briller le chien[1] de chaque arme, et donna tout à coup la preuve de la plus haute puissance humaine. Horrible et majestueux spectacle ! sa physionomie présenta un phénomène qui ne peut être comparé qu'à celui de la chaudière pleine de cette vapeur fumeuse qui soulèverait des montagnes et que dissout en un clin d'œil une goutte d'eau froide. La goutte d'eau qui froidit sa rage fut une réflexion rapide comme un éclair. Il se mit à sourire et regarda sa perruque.

– Tu n'es pas dans tes jours de politesse, dit-il au chef de la Police de sûreté. Et il tendit ses mains aux gendarmes en les appelant par un signe de tête. Messieurs les gendarmes, mettez-moi les menottes ou les poucettes[2]. Je prends à témoin les personnes présentes que je ne résiste pas.

Un murmure admiratif, arraché par la promptitude avec laquelle la lave et le feu sortirent et rentrèrent dans ce volcan humain, retentit dans la salle.

– Ça te la coupe, monsieur l'enfonceur[3], reprit le forçat en regardant le célèbre directeur de la police judiciaire.

[...]

Madame Vauquer se trouva mal en entendant ces mots.

– Mon Dieu ! c'est à en faire une maladie ; moi qui étais hier à la Gaîté[4] avec lui, dit-elle à Sylvie[5].

– De la philosophie, maman, reprit Collin. Est-ce un malheur d'être allée dans ma loge hier, à la Gaîté ? s'écria-t-il. Êtes-vous meilleure que nous ? Nous avons moins d'infamie sur l'épaule[6] que vous n'en avez dans le cœur, membres flasques d'une société gangrenée. [...]

Le bagne avec ses mœurs et son langage, avec ses brusques transitions du plaisant à l'horrible, son épouvantable grandeur, sa familiarité, sa bassesse, fut tout à coup représenté dans cette interpellation et par cet homme, qui ne fut plus un homme, mais le type de toute une nation dégénérée, d'un peuple sauvage et logique, brutal et souple. En un moment Collin devint un poème infernal où se peignirent tous les sentiments humains, moins un seul, celui du repentir. Son regard était celui de l'archange déchu[7] qui veut toujours la guerre.

Honoré de Balzac, *Le Père Goriot*, extrait de la 3e partie, 1835.

1. **chien** : pièce qui vient frapper le détonateur ; indique que l'arme est prête à tirer. 2. **poucettes** : menottes que l'on attache aux pouces. 3. **l'enfonceur** : celui qui condamne ou qui livre à la justice. 4. **la Gaîté** : théâtre parisien. 5. **Sylvie** : domestique de Mme Vauquer. 6. Les forçats étaient marqués au fer rouge sur l'épaule des 2 lettres *TP* pour une condamnation aux « travaux forcés à perpétuité ». 7. **l'archange déchu** : Satan, qui s'est révolté contre Dieu.

Texte 5 Albert Camus, *L'Étranger*

Albert Camus (1913-1960) est un auteur et philosophe, né en Algérie. Son 1er roman, *L'Étranger*, s'inscrit dans le « cycle de l'absurde » montrant la conscience humaine confrontée à l'irrationalité du monde et de l'existence. Le héros-narrateur, Meursault, raconte d'une voix étrange, comme « étrangère » à lui-même et au monde qui l'entoure, sa vie banale d'employé. Mais, mêlé, sans le vouloir, à une histoire louche, il tue un Algérien. Lors de son procès, ce sont son incapacité au mensonge et à l'hypocrisie sociale, son attitude marginale qui vont le faire condamner à mort. Dans cet extrait, il reçoit, dans sa cellule, la visite de son avocat, peu après son arrestation.

Il[1] s'est assis sur le lit et m'a expliqué qu'on avait pris des renseignements sur ma vie privée. On avait su que ma mère était morte récemment à l'asile. On avait alors fait une enquête à Marengo[2]. Les instructeurs avaient appris que « j'avais fait preuve d'insensibilité » le jour de l'enterrement de maman. « Vous comprenez, m'a dit mon avocat, cela me gêne un peu de vous demander cela. Mais c'est très important. Et ce sera un gros argument pour l'accusation, si je ne trouve rien à répondre. » Il voulait que je l'aide. Il m'a demandé si j'avais eu de la peine ce jour-là. Cette question m'a beaucoup étonné et il me semblait que j'aurais été très gêné si j'avais eu à la poser. J'ai répondu cependant que j'avais un peu perdu l'habitude de m'interroger et qu'il m'était difficile de le renseigner. Sans doute, j'aimais bien maman, mais cela ne voulait rien dire. Tous les êtres sains avaient plus ou moins souhaité la mort de ceux qu'ils aimaient. Ici, l'avocat m'a coupé et a paru très agité. Il m'a fait promettre de ne pas dire cela à l'audience, ni chez le magistrat instructeur. Cependant, je lui ai expliqué que j'avais une nature telle que mes besoins physiques dérangeaient souvent mes sentiments. Le jour où j'avais enterré maman, j'étais très fatigué, et j'avais sommeil. De sorte que je ne me suis pas rendu compte de ce qui se passait. Ce que je pouvais dire à coup sûr, c'est que j'aurais préféré que maman ne mourût pas. Mais mon avocat n'avait pas l'air content. Il m'a dit : « Ceci n'est pas assez. » Il a réfléchi. Il m'a demandé s'il pouvait dire que ce jour-là j'avais dominé mes sentiments naturels. Je lui ai dit : « Non, parce que c'est faux. » Il m'a regardé d'une façon bizarre, comme si je lui inspirais un peu de dégoût. Il m'a dit presque méchamment que dans tous les cas le directeur et le personnel de l'asile seraient entendus comme témoins et que « cela pouvait me jouer un très sale tour ». Je lui ai fait remarquer que cette histoire n'avait pas de rapport avec mon affaire, mais il m'a répondu seulement qu'il était visible que je n'avais jamais eu de rapports avec la justice. Il est parti avec un air fâché. J'aurais voulu le retenir, lui expliquer que je désirais sa sympathie, non pour être mieux défendu, mais, si je puis dire, naturellement. Surtout, je voyais que je le mettais mal à l'aise. Il ne me comprenait pas et il m'en voulait un peu. J'avais le désir de lui affirmer que j'étais comme tout le monde, absolument comme tout le monde. Mais tout cela, au fond, n'avait pas grande utilité et j'y ai renoncé par paresse.

Albert Camus, *L'Étranger*, extrait du chapitre 1 de la partie II, Gallimard, 1942.

1. L'avocat de Meursault. 2. Marengo : petite ville d'Algérie où se trouvait l'asile de la mère de Meursault, qui est morte peu de temps auparavant.

Objectif BAC

✔ L'épreuve écrite

Voie générale

Voie technologique

☑ L'épreuve orale

L'épreuve écrite

Commentaire de texte

VOIE GÉNÉRALE

LA MÉTHODE DU COMMENTAIRE

Le commentaire a pour buts de présenter, de manière organisée, ce que l'on a retenu d'une lecture et de justifier, par des analyses précises, une interprétation cohérente et personnelle.

› Lire le texte et faire un brouillon

- Posez-vous des questions : Quel thème est traité ? Quelles sont les intentions de l'auteur ? Quelles émotions ai-je ressenties ? Quelles connaissances (contexte, parcours...) dois-je mobiliser ?
- Notez vos impressions de lecture et soulignez les figures de style.

› Bâtir son plan

- Le commentaire ne suit pas l'ordre du texte mais propose une analyse construite, centrée sur 2 ou 3 enjeux (les axes d'étude) importants. Il répond à une problématique qui cherche à expliquer les intentions de l'auteur : « En quoi ce texte est-il... ? »
- 2 méthodes sont généralement proposées, et sans doute la démarche la plus efficace se situe-t-elle à mi-chemin :
  - › Méthode 1 : lisez ligne à ligne le texte et notez, au fil de votre lecture linéaire, tout ce que vous observez et comprenez. Puis regroupez ces notes autour de 2 ou 3 axes de lecture (idées principales) qui constitueront les grandes parties de votre plan.
  - › Méthode 2 : lisez plusieurs fois le texte et notez vos impressions d'ensemble. Posez 2 ou 3 définitions du texte (« Ce texte, c'est... ») qui pourront être les axes de votre étude. Puis recherchez, dans le texte, tout ce qui peut nourrir ces axes.
- Un plan en 2 parties équilibrées est souvent préférable à une progression artificielle en 3 axes.
- Au brouillon, écrivez les titres de vos parties sous la forme d'une phrase avec un verbe : cela vous obligera à cerner clairement ce que vous voulez montrer.
- Ne séparez jamais le fond et la forme. Si vous identifiez une figure de style, expliquez pourquoi l'auteur l'a utilisée.
- Et, pour éviter de paraphraser le texte, commentez vos citations.

› Rédiger l'introduction et la conclusion

Les 3 étapes de l'introduction

❶ Introduisez le texte en le plaçant dans un contexte plus large. Citez le titre de l'œuvre (en le soulignant), le nom de l'auteur et la date. Ne commencez pas votre introduction par « Ce texte... », car le déterminant démonstratif ne renvoie à rien qui précède.

❷ Présentez le texte et ses enjeux : son genre, sa tonalité, son thème, ce qui s'y passe, les intentions de l'auteur... Ne résumez pas l'extrait mais exposez la problématique de votre étude, c'est-à-dire la question à laquelle votre plan se propose de répondre.

❸ Annoncez clairement les grandes parties de votre plan.

Les 2 étapes de la conclusion

❶ Dressez un rapide bilan de votre analyse sans apporter de nouvelles idées.

❷ Placez l'extrait dans une perspective plus large (genre, mouvement littéraire, auteur...).

COMMENTAIRE CORRIGÉ

SUJET

Faites le commentaire du texte d'Albert Camus (texte 5, p. 235).

TRAVAIL PRÉPARATOIRE

Au brouillon

- Observez les réactions des deux interlocuteurs et ce qui rend la communication difficile.
- Étudiez comment se manifeste la marginalité de Meursault et comment elle fait ressortir l'irrationalité de la justice et de la société.

CORRIGÉ : PLAN DÉTAILLÉ

Introduction rédigée

Dans le roman d'Albert Camus *L'Étranger*, paru en 1942, le héros, Meursault, semble vivre en marge du monde qui l'entoure. Mêlé, sans le vouloir, à une histoire louche, il tue un Algérien. Dans cet extrait, il reçoit, dans sa cellule, la visite de son avocat. Nous pourrons voir comment son incapacité à se conformer aux normes sociales, tout en rendant la communication difficile, met en lumière l'absurdité de la justice et la marginalité tragique du héros.

I. Une communication difficile

A. Une distance entre les deux interlocuteurs

- L'avocat mène le dialogue, pose les questions et coupe son interlocuteur.
- Dominance du discours indirect ou indirect libre : la multiplication des verbes de parole *(dire, demander, expliquer, répondre...)* alourdit le dialogue et le rend moins spontané.
- Point de vue interne de Meursault : le lecteur, comme lui, ne comprend pas bien les réactions de l'avocat, vues de l'extérieur *(« a paru », « n'avait pas l'air content », « d'une façon bizarre », « un air fâché »).*

B. Une fracture qui se creuse

- Verbe *gêner* employé pour les deux interlocuteurs + *« mal à l'aise ».*
- Réactions de rejet de l'avocat : *« agité », « pas content », « dégoût », « presque méchamment », « fâché ».*
- Impossibilité de communication : l'avocat s'en va, et Meursault renonce.

II. Une représentation absurde de la justice

A. Les incohérences de la justice

- Le point de vue interne fait ressortir ce que cette justice a de surprenant : Meursault est *« gêné », « étonné ».*

• Meursault est jugé non sur des actes, mais sur un comportement extérieur *(« fait preuve d'insensibilité »)* et sur une rumeur ; il fait, d'ailleurs, remarquer *« que cette histoire n'avait pas de rapport avec* [son] *affaire »*.
• Réactions émotionnelles de l'avocat *(« dégoût », « presque méchamment »)* et non objectives ; c'est Meursault qui paraît objectif en étant le plus sincère (il ne dit que ce qu'il *« pouvait*[t] *dire à coup sûr »*).

B. Justice et vérité
• La justice n'est pas fondée sur la vérité *(« ne pas dire cela à l'audience »)* mais sur une tactique pour se conformer à ce qu'attend le tribunal et éviter un *« très sale tour »*.
• Meursault refuse de mentir *(« Non, parce que c'est faux »)* : il veut une relation vraie (et *« non pour être mieux défendu »*).

III. Une marginalité qui devient tragique

A. Le marginal comme révélateur
• L'avocat représente le sur-moi social qui établit des normes de comportement et juge *(« Ceci n'est pas assez »)*.
• Mais Meursault ignore ces normes et reste au niveau de la sensibilité : *« naturellement »* ≠ codes arbitraires (*cf.* lexique : *« nature », « besoins physiques », « fatigué », « sommeil »*).
• Il dit ce qu'il ressent, et sa franchise fait ressortir la fausseté du langage véhiculant des idées ne correspondant pas aux vrais sentiments *(« cela ne voulait rien dire »)*. Il dit, sans filtre social, la vérité humaine que les autres taisent *(« souhaité la mort de ceux qu'ils aimaient »)*.

B. Une marginalité tragique
• La conscience aiguë de ce qui est factice empêche Meursault de se conformer aux normes de comportement : il devient un monstre d'*« insensibilité »* pour son avocat.
• Par son hypersensibilité, il perçoit d'autant plus son rejet : *« Il ne me comprenait pas et il m'en voulait un peu »*.
• Mais lui se sent *« comme tout le monde, absolument comme tout le monde »* et recherche *« sa sympathie »* (polyptote *« désirait »/« désir »*).
• Pris par la sensation de l'absurde *(« tout cela, au fond, n'avait pas grande utilité »)*, il ressent une impuissance tragique qui le prive de parole (*cf.* l'irréel *« j'aurais voulu »*) et le conduit à la résignation *(« renoncé par paresse »)*.

Conclusion rédigée

Ce dialogue impossible met en valeur l'absurdité du système judiciaire et, plus largement, les limites tragiques du langage et de la morale convenue. La marginalité radicale de Meursault va le conduire à la condamnation à mort et à une prise de conscience l'éveillant à la révolte.

LA MÉTHODE DE LA DISSERTATION

La dissertation consiste à répondre, de manière argumentée, à une question qui porte sur une œuvre au programme et son parcours associé.

› Au brouillon : analyser la question et chercher des arguments

- Notez toutes les idées qui vous viennent en rapport avec la question posée.
- Notez des citations et des références tirées de l'œuvre et du parcours associé, qui illustrent et justifient vos idées.
- Élaborez un plan (parties et sous-parties) organisant vos idées les plus pertinentes.

› Bâtir un plan

Le plan à adopter dépend de la question posée.

Le plan dialectique

- Ce plan s'impose lorsque la question suggère les réponses « Oui » ou « Non » (interrogation totale).
- Dans une 1re partie (thèse), vous donnez des arguments qui vont dans le sens du sujet. Dans une 2e partie (antithèse), vous nuancez ou montrez les limites des arguments de la 1re partie.
- Dans l'idéal, une 3e partie (synthèse) dépasse la contradiction entre la thèse et l'antithèse, mais méfiez-vous du hors sujet ou de la répétition.

Le plan analytique

- Ce plan s'impose lorsque la question commence par un mot interrogatif *(En quoi, Pourquoi...)* et induit une infinité de réponses (interrogation partielle).
- Il consiste à répondre en classant ses idées par thèmes ou par grands domaines d'idées.

› Rédiger la dissertation

Les 3 étapes de l'introduction

❶ Amenez le sujet en partant de l'œuvre que vous présenterez brièvement.

❷ Formulez la question posée en présentant ses principaux enjeux. Si le sujet contient une citation, vous devez la reproduire dans son intégralité.

❸ Annoncez les grandes parties de votre plan.

Le développement

- La dissertation se divise en 2 ou 3 parties, composées chacune d'une introduction, de 2 ou 3 sous-parties et d'une conclusion.
- Chaque sous-partie développe un argument s'appuyant toujours sur des éléments et des citations de l'œuvre et du parcours associé.

Les 2 étapes de la conclusion

❶ Rappelez la problématique (la question que vous vous êtes posée) énoncée dans l'introduction et votre réponse à celle-ci.

❷ Une ouverture vers une perspective plus large est toujours la bienvenue. Mais il est préférable de ne pas en proposer plutôt que de risquer un hors sujet.

DISSERTATIONS CORRIGÉES

SUJET DE DISSERTATION 1

VOIR THÈME 1, P. 224.

***« L'ouvrage entier est un traité de morale, réduit agréablement en exercice. »* Cette définition que donne Renoncour, dans l'« Avis de l'auteur », correspond-elle à votre lecture de *Manon Lescaut* de Prévost ?**

Vous répondrez à cette question dans un développement organisé. Votre réflexion prendra appui sur l'œuvre de Prévost au programme, sur le travail mené dans le cadre du parcours associé et sur votre culture littéraire.

TRAVAIL PRÉPARATOIRE

Au brouillon

- *Appuyez-vous sur les extraits étudiés, les citations apprises et les textes du parcours associé.*
- *Le sujet conduit à étudier 2 aspects du roman : son côté plaisant et sa dimension morale.*
- *Vous devez donc expliquer d'abord ce qui relève du plaisir romanesque (ce qui ne demandera pas d'antithèse).*
- *La 2e partie expose en quoi le roman peut défendre la morale.*
- *Une 3e partie est nécessaire pour nuancer la 2e en montrant que la visée morale de l'œuvre peut paraître ambiguë.*

CORRIGÉ : PLAN DÉTAILLÉ

Introduction rédigée

Manon Lescaut de Prévost, paru en 1731, retrace l'itinéraire amoureux du jeune noble Des Grieux qui va se perdre socialement et moralement par amour pour la belle Manon. Leurs aventures les conduisent du Paris des « coquins » à la déportation en Louisiane. Le narrateur du récit-cadre affirme : *« L'ouvrage entier est un traité de morale, réduit agréablement en exercice. »* Nous pourrons nous demander ce qui rend ce roman agréable et nous interroger sur sa dimension morale, qui se révèle beaucoup plus ambiguë que ne l'affiche Renoncour.

I. Une lecture agréable (*cf.* aussi « Thème 2 »)

A. Des aventures romanesques

- Aventures de héros qui violent les codes sociaux : suspense, progression des transgressions et châtiments de plus en plus graves.
- Ingrédients romanesques : amour contrarié, enlèvement, emprisonnements, évasions, meurtre, mais aussi scènes comiques...

• Monde marginal : filles entretenues, escrocs, riches débauchés...

B. Des personnages attirants

• Héros jeunes et amoureux – ce qui excuse leurs transgressions aux yeux du lecteur qui prend un plaisir complice à leurs stratagèmes.
• Malheureux, aux prises avec une société impitoyable et des personnages corrompus – ce qui fait du roman une *« aventure* [...] *des plus touchantes »*.
• Héros complexes, paradoxaux et énigmatiques (*cf.* pp. 67 et 76-77, et citation 1, p. 227) qui intéressent le lecteur.

C. Une narration plaisante

• Narration à la 1re personne qui renforce l'émotion et permet une analyse fine de la psychologie.
• Récit rétrospectif qui entretient le suspense par les prolepses.

II. Un *« traité de morale »*

A. Un « exemple terrible de la force des passions »

• La passion conduit Des Grieux à la déchéance sociale et à des actes contraires à ses principes (≠ Tiberge qui prône la voie de la vertu).
• Des Grieux présente son récit comme une sorte de confession en se montrant tragiquement soumis à la fatalité de l'amour.

B. Le triomphe de la vertu

• Le roman semble aboutir à une rédemption pour Manon, qui se repent de sa conduite (*cf.* citation 3, p. 225).
• Tous deux mènent, en Louisiane, une vie honnête et estimée.
• Après la mort de Manon, Des Grieux réintègre sa famille et son rang social.

III. Les limites de la morale

A. La morale du sentiment

• Des Grieux se disculpe de ses bassesses au nom de l'amour, considéré comme l'unique valeur, supérieure à la vertu. Il devient héros de la passion et victime, comme Manon, d'une société injuste qui refuse la loi du cœur et du sentiment.
• C'est l'amour, et non la vertu ou le respect des règles morales, qui convertit Manon.
• C'est le bonheur qu'ils recherchent et non le salut de leur âme (≠ Tiberge).

B. La mauvaise foi du narrateur

• Plus qu'à s'accuser, Des Grieux cherche à se justifier (*cf.* citation 4, p. 225) et trouve beaucoup d'excuses à leur conduite (*cf.* p. 67 et citation 2, p. 225).
• En montrant qu'ils n'agissent pas par volonté perverse mais par légèreté ou nécessité, il plaide trop facilement l'irresponsabilité.

Conclusion rédigée

Manon Lescaut, loin de n'être qu'un roman léger et galant, soulève donc des problèmes sociaux et moraux qui trouveront bien des échos dans la suite du siècle et a ouvert des perspectives d'interprétation qui ne sont toujours pas closes presque 300 ans plus tard...

SUJET DE DISSERTATION 2

Pour Montesquieu, *Manon Lescaut* est un roman *« dont le héros est un fripon et l'héroïne une catin »*. Ce jugement correspond-il à celui que vous portez sur les deux personnages ?

VOIR THÈME 2, P. 226.

Vous répondrez à cette question dans un développement organisé. Votre réflexion prendra appui sur l'œuvre de Prévost au programme, sur le travail mené dans le cadre du parcours associé et sur votre culture littéraire.

TRAVAIL PRÉPARATOIRE

Au brouillon

- *Le sujet traite des jugements que le lecteur peut porter sur les deux héros.*
- *Vous devez donc relever d'abord ce qui confirme le jugement de Montesquieu (partie 1), puis expliquer qu'il ne suffit pas à cerner les deux personnages (partie 2). La 3e partie montrera que leur complexité les fait échapper à un jugement moral trop étroit.*

CORRIGÉ : PLAN DÉTAILLÉ

Introduction rédigée

Manon Lescaut de Prévost, paru en 1731, retrace l'itinéraire amoureux du jeune noble Des Grieux qui va se perdre par amour pour l'infidèle Manon. La conduite transgressive des deux héros peut amener le lecteur, comme Montesquieu, à les qualifier de *« fripon »* et de *« catin »*. Mais ce jugement suffit-il à rendre compte des personnages ? Nous verrons qu'ils ne se réduisent pas à leur immoralité mais peuvent fasciner par d'autres aspects.

I. Des héros peu vertueux (*cf.* aussi « Thème 1 »)

A. Un « fripon »

- Des Grieux emprunte, escroque ou soudoie sans scrupule.
- Meurtrier, hors-la-loi, il transgresse les codes de sa classe et les lois religieuses, puis est emprisonné et renié par son père.
- Il peut apparaître pitoyable et de mauvaise foi quand il cherche à se justifier.

B. Une « catin »

- Par *« penchant au plaisir »* ou attrait du luxe, Manon fait commerce de son corps, quasiment prostituée par son frère.
- Infidèle à Des Grieux, elle montre sa *« grossièreté de sentiment »* (*cf.* p. 77 + épisode de la prostituée).
- Elle subit les châtiments les plus dégradants socialement : enfermement à la Salpêtrière et déportation.

II. Des héros de l'amour

Mais le jugement de Montesquieu est trop réducteur, car les héros sont « rachetés » de leur conduite immorale par l'amour.

A. La justification par l'amour

- Des Grieux montre que sa conduite n'est pas un choix délibéré, mais une nécessité dictée par la loi du cœur, plus forte que celle de la société ou de la religion (*cf.* citation 2, p. 225).
- Les transgressions deviennent des sacrifices de son rang et de ses valeurs, par amour pour Manon. Des Grieux n'est plus un «*fripon*», mais un héros tragique entraîné par la force de la passion.

B. La conversion de Manon

- Manon n'est pas une libertine débauchée : elle ne veut pas corrompre Des Grieux, ni se servir de lui, mais semble lui être attachée.
- Après la déportation, elle vit une conversion par l'amour (*cf.* citation 3, p. 225).

C. *Les excuses des héros*

- Ils sont présentés par Des Grieux comme des victimes de la vénalité et de la corruption généralisées.
- Ils sont également victimes d'une société coercitive qui fait obstacle à leur amour et justifie ainsi leurs transgressions.
- Ils vivent une expiation bien cruelle pour leurs errements (*cf.* pp. 196-197).

III. Des héros complexes

A. Des personnages énigmatiques

- Des Grieux se heurte à sa propre opacité (*cf.* citation 2, p. 227).
- Le lecteur ne connaît Manon que par Des Grieux, sans accès à son intériorité.

B. Des personnages en discordance

- Le roman montre la discordance entre les actes des héros et leur nature ou leurs aspirations (*cf.* pp. 16-17 et citations 1 et 4, p. 227).
- Manon, inaccessible aux critères moraux, agit par légèreté, sans conscience du mal, en dissociant cœur et corps. Ses contradictions la rendent paradoxale (*cf.* pp. 67 et 76-77, et citation 3, p. 227).
- Finalement, les héros résistent à tout enfermement dans des catégories morales.

Conclusion rédigée

Les héros de *Manon Lescaut* ne sont donc pas qu'un «*fripon*» et une «*catin*», mais se révèlent beaucoup plus complexes aux yeux du lecteur... C'est cette complexité même qui les rend, d'ailleurs, fascinants et peut expliquer leur survivance et leur adaptation à toutes les époques dans l'opéra ou le cinéma.

SUJET DE DISSERTATION 3

En quoi le statut de marginaux des deux héros de *Manon Lescaut* de Prévost donne-t-il au roman une dimension sociale ?

VOIR THÈME 3, P. 228.

Vous répondrez à cette question dans un développement organisé. Votre réflexion prendra appui sur l'œuvre de Prévost au programme, sur le travail mené dans le cadre du parcours associé et sur votre culture littéraire.

TRAVAIL PRÉPARATOIRE

Au brouillon

- *Le sujet doit montrer comment la situation marginale des héros permet à l'auteur d'observer et de critiquer la société.*
- *Relevez les éléments de critique sociale (cibles, procédés).*
- *Montrez comment les héros interviennent dans la critique qui permet aussi de justifier leur conduite.*

CORRIGÉ : PLAN DÉTAILLÉ

Introduction rédigée

Manon Lescaut de Prévost, paru en 1731, retrace l'itinéraire amoureux du jeune noble Des Grieux qui, par amour pour Manon, va plonger avec elle dans les milieux louches de Paris. On peut se demander en quoi le statut marginal des héros peut donner au roman une dimension sociale. Nous verrons comment leur situation hors cadres permet à l'auteur d'observer et de critiquer la société, mais aussi de justifier leur conduite.

I. Observer

A. Un roman réaliste

- Prévost inscrit son roman dans son époque (fin du règne de Louis XIV et Régence) et donne des détails sur les lieux, les pratiques sociales.
- Des Grieux précise le budget nécessaire à leur logement, au train de vie de Manon, ou les richesses que lui offrent ses amants (*cf.* citation 2, p. 229).

B. Les milieux marginaux

- Les deux héros sont amenés à fréquenter les lieux de la marginalité : salles de jeu, prison, colonie de Louisiane.
- Ils croisent les parvenus débauchés, les petits voleurs, les classes pauvres faciles à soudoyer (*cf.* Lescaut).

II. Critiquer

Leur situation de marginaux les amène à regarder la société d'un œil critique puisqu'ils en contestent les cadres (*cf.* aussi texte 2, p. 231).

A. Une aristocratie sclérosée

- Des Grieux voit en son père un aristocrate attaché à son rang, son « *honneur* » (*cf.* citation 3, p. 229), et incapable de s'ouvrir aux idées nouvelles.
- Son père s'oppose aux amants par peur de la mésalliance et de la mauvaise réputation.

B. Le règne de l'argent

- Des Grieux se heurte aux riches parvenus prêts à tout pour satisfaire leurs désirs.
- L'argent mène la société et peut tout acheter : Des Grieux dénonce l'hypocrisie sociale qui excuse la corruption des riches (*cf.* aussi texte 4, p. 234).

III. Justifier ou excuser ?

Dans ce roman, le réalisme et la critique sociale ne sont pas gratuits mais servent à dédouaner les héros de leurs conduites douteuses.

A. Le poids de la réalité

- Les nécessités matérielles justifient les transgressions des héros pour sauvegarder leur amour.
- La tension entre réalisme trivial et aspirations nobles du héros donne à sa passion un caractère tragique : *cf.* la dépendance de Manon à l'argent, difficilement justifiée par Des Grieux (*cf.* p. 67).

B. Victimes d'une société injuste

- Les héros sont victimes d'une société coercitive qui nie la loi du cœur et le droit au bonheur en dehors des cadres sociaux et moraux imposés.
- La répression brutale de leurs désirs (séquestration et enfermement) les conduit dans une spirale de transgressions.
- Manon est, en plus, victime de la loi des mâles qui la transforment en objet du désir (*cf.* la révolte de Mme de Merteuil, texte 3, p. 232).
- Elle est punie beaucoup plus sévèrement que le héros car elle n'a aucun appui ni aucune reconnaissance sociale.

C. Des excuses trop faciles ?

- Des Grieux se dédouane de ses malversations avec un certain cynisme en s'appuyant sur la corruption ambiante (*cf.* citation 1, p. 229).
- Il profite des privilèges et des soutiens de sa caste et réintègre finalement son rang.

Conclusion rédigée

Le roman de Prévost éclaire donc bien les mutations sociales d'une époque de transition. Les héros se heurtent à la loi de l'argent et du pouvoir arbitraire. Mais ils réclament uniquement le droit au bonheur et à la liberté du sentiment. Les grandes revendications sociales et politiques apparaîtront plus clairement quelques années plus tard, avec l'*Encyclopédie* et dans les œuvres de Voltaire, Diderot ou Beaumarchais.

L'épreuve écrite

Commentaire de texte

VOIE TECHNOLOGIQUE

LA MÉTHODE DU COMMENTAIRE

Voir la méthode proposée page 238. Pour la voie technologique, le sujet est formulé de manière à vous guider dans votre travail. Les pistes proposées vous aident à comprendre les enjeux du texte et à bâtir votre plan.

COMMENTAIRE CORRIGÉ

SUJET

Faites le commentaire du texte de Laclos (texte 3, p. 232) en vous aidant des pistes suivantes :

– Vous montrerez, d'abord, en quoi cette lettre est, pour la Marquise, l'occasion d'une affirmation de soi.

– Vous montrerez, ensuite, comment elle y défend la cause des femmes.

TRAVAIL PRÉPARATOIRE

Au brouillon

- *Observez quelle image d'elle-même donne la Marquise et comment elle affirme son pouvoir (champs lexicaux, énonciation…).*
- *Étudiez la façon dont elle s'adresse à son destinataire, l'image qu'elle donne des hommes et ce qu'elle dénonce dans la condition réservée aux femmes.*

CORRIGÉ : PLAN DÉTAILLÉ

Introduction rédigée

Dans *Les Liaisons dangereuses*, roman épistolaire paru en 1782, la marquise de Merteuil et le vicomte de Valmont, anciens amants, se prennent pour confidents : la Marquise a confié à Valmont son projet de duper Prévan, libertin notoire, qui a décidé de la séduire, et répond, ici, aux conseils de prudence de son complice. Nous verrons comment, à travers une orgueilleuse affirmation de soi dans le jeu de la séduction, Mme de Merteuil défend la cause des femmes.

I. Une affirmation de soi

A. L'affirmation de sa singularité

• 1re personne : la Marquise se met en scène et en appelle au témoignage de Valmont (*« vous m'avez vue »*).

• Elle est supérieure à Valmont, aux hommes, mais aussi *« élevée au-dessus des autres femmes »* ≠ *« ramper comme elles »*.

• Par ses talents inégalés, elle occupe une place unique *(« des moyens inconnus jusqu'à moi »)*.

B. L'affirmation de son pouvoir

• Maîtrise de soi et de ses moyens, comme le montrent le champ lexical du savoir *(« j'ai su », « j'avais su », « règles », « principes », « réflexions »)* et celui de la capacité *(« ressources », « qualités », « talents », « moyens »)*.

• Multiplication des verbes d'action (énumération d'infinitifs dans le 3e paragraphe).

• Ses actes ne sont pas le fruit du *« hasard »* ou de *« l'habitude »* mais obéissent à un projet (*cf. « disposant », « maîtriser »*) et exaltent sa volonté et sa liberté *(« je puis dire que je suis mon ouvrage »)*.

• Alexandrin opposant *« Tyrans »* et *« esclaves »*.

C. Le combat de la Marquise

• Le jeu de la séduction devient guerre des sexes (*cf.* 2e paragraphe + *« née pour venger mon sexe et maîtriser le vôtre »*) ; *cf.* vocabulaire guerrier, apanage des hommes.

• Renversement où elle prend le rôle masculin : elle dispose des hommes au gré *« de* [ses] *caprices ou de* [ses] *fantaisies »*, multiplie les conquêtes *(cf. « révolutions », « goûts mobiles », « tour à tour »)*.

• Prévan est, pour elle, un défi *(« je veux »)* : elle emploie, à son propos, le vocabulaire cru d'un homme *(« je veux l'avoir et je l'aurai »)*.

II. Une défense de la cause des femmes

A. Un mépris insolent pour Valmont et les hommes

• 1er paragraphe : exclamations, interjections, tutoiement à la fin, exprimant indignation et mépris.

• Adjectifs très péjoratifs : *« pauvre »*, *« orgueilleux et faible »* + *« pitié »*.

• Merteuil dénonce l'orgueil masculin en montrant leur incapacité *(« vous voulez » ≠ « vous ne pourriez »)*, leurs erreurs de jugement dues à leur vanité *(« craintes », « m'enseigner », « prétendre »)*.

• Ironie pour dégonfler *« l'orgueil de* [leur] *sexe »* en employant des antiphrases comme *« il te sied bien »*, *« ces hommes si redoutables »*.

B. L'injustice subie par les femmes

• Leur combat est plus difficile que celui des hommes, qui *« combatt*[e]*nt sans risques »* car ils sont soutenus par la société. Elles, au contraire, se battent pour *« ne pas perdre »* (*cf. « Il faut vaincre ou périr »*).

• Elles doivent jouer sur tous les tableaux et pratiquer l'hypocrisie comme elle *(« ma réputation s'est pourtant conservée pure »)*.

• Elles montrent, ainsi, leur *« supériorité »* de talents : *« l'intervalle qui nous sépare »*, *« surpasser »*.
• La Marquise refuse l'image des femmes que veulent imposer les hommes : *« entre l'imprudence et la timidité »*, *« redouter un homme »*, *« mon salut dans la fuite »* (*cf.* sa révolte : *« Non, Vicomte ; jamais »*).

Conclusion rédigée
À travers l'affirmation d'elle-même et le refus de la condition humiliante des femmes, Mme de Merteuil est amenée à choisir la voie marginale du libertinage et de l'hypocrisie. C'est là qu'elle peut déployer ses talents et faire usage de sa liberté, mais la société reprendra ses droits à la fin du roman où l'héroïne, démasquée et humiliée, devra s'exiler.

La rencontre du Chevalier Des Grieux
et de Manon Lescaut dans la cour de l'auberge.

L'épreuve orale

Questionnaires sur des extraits de l'œuvre

Préparez aussi votre oral du Bac grâce aux 5 questionnaires guidés que nous vous avons proposés au fil de l'œuvre :

- **Analyse de l'apparition des héros (pp. 21-22).**
- **Analyse du coup de foudre (pp. 29-30).**
- **Analyse du portrait de Manon (pp. 69-70).**
- **Analyse de la trahison de Manon (pp. 78-79).**
- **Analyse de la mort de Manon (pp. 201-202).**

LA MÉTHODE DE L'ÉPREUVE ORALE

❶ Première partie portant sur un des textes du descriptif (12 pts)

L'extrait ne doit pas dépasser une vingtaine de lignes de prose : c'est l'examinateur qui sélectionne le passage en cas de texte plus long. Vous devez donc adapter votre explication à l'extrait sélectionné, mais vous pouvez faire de brèves allusions au reste du texte.

Introduction et lecture à voix haute (2 pts – 2 min)

- L'introduction doit être brève : présentation de l'œuvre en 1 phrase, situation du texte dans l'œuvre (s'il est extrait d'une œuvre intégrale) ou dans le parcours, thématique et caractéristique générale du texte.
- La lecture, très importante, constitue la majorité des 2 points. Elle doit être pertinente et expressive. En poésie, elle doit respecter les règles de diction (nombre de syllabes dans les vers, règle du *e* muet…).

Explication linéaire (8 pts – 8 min)

- Ne vous perdez pas dans un catalogue de remarques sans lien entre elles. Faites ressortir l'essentiel du sens du texte et de ses enjeux : à quoi « sert-il » dans l'œuvre ? Quels effets l'auteur veut-il provoquer chez le lecteur/spectateur ?
- Présentez la forme générale du texte, sa place stratégique dans l'œuvre, les personnages en présence…
- Commentez le mouvement du texte, sa progression, soit avant de commencer l'explication de détail, soit au fur et à mesure.
- N'oubliez pas de commenter le titre d'un poème (ou de tout autre type d'extrait).
- Votre explication doit s'appuyer sur des ensembles signifiants (phrase, paragraphe, strophe, réplique) dans lesquels vous dégagerez 1 ou 2 points de commentaire qui vous paraissent essentiels. L'étude du début du texte, très importante, permet de poser des jalons pour l'ensemble en montrant comment s'y met(tent) en œuvre la (ou les) tonalité(s) dominante(s), la thématique…

- La fin d'un texte est aussi un moment stratégique : montrez en quoi ce moment est l'aboutissement de ce texte ou du passage concerné, sur quelle impression il laisse le lecteur ou, s'il s'agit d'un extrait d'une œuvre intégrale, ce qu'il laisse présager.
- Terminez votre explication par une courte conclusion qui reprend les enjeux du texte et en souligne l'importance et l'originalité.

Question de grammaire (2 pts)

Elle porte sur une courte phrase ou une partie de phrase du texte. L'examinateur peut vous demander d'identifier des formes grammaticales correspondant au programme (2nde et 1re) ou de transformer la phrase en modifiant, remplaçant ou supprimant certaines structures.

❷ Seconde partie : entretien sur une œuvre choisie (8 pts)

Cette 2nde partie (8 min), contrairement à la 1re, repose essentiellement sur un dialogue avec l'examinateur autour de l'œuvre intégrale que vous avez choisi de présenter.

Présentation de l'œuvre

- Dans un 1er temps, l'examinateur vous invite à présenter l'œuvre que vous avez choisie. Résumez-la brièvement et exposez ses enjeux.
- Expliquez pourquoi vous avez choisi cette œuvre et rendez compte de votre parcours de lecteur(trice) : difficultés éventuelles, découvertes, impressions de lecture…
- Cette présentation ne doit pas dépasser 3 min.

Dialogue avec l'examinateur

- L'examinateur vous questionne ensuite afin d'évaluer vos capacités à dialoguer, à nuancer et à étoffer votre réflexion, à défendre votre point de vue sur la base de la connaissance de l'œuvre.
- Les questions ne portent pas sur une étude du texte mais sur vos propres jugements et impressions que vous devez toujours justifier.

EXEMPLE DE PRÉSENTATION À L'ORAL

❶ Première partie de l'épreuve

Texte étudié : l'apparition des héros (l. 37 à 72, pp. 16-17)

Introduction

Dans *Manon Lescaut* de l'abbé Prévost, paru en 1731, l'histoire des deux héros s'inscrit dans un récit-cadre : celui des *Mémoires* du marquis de Renoncour, *« homme de qualité »*. C'est par son intermédiaire que le lecteur a un premier contact avec les deux héros alors en fort mauvaise posture, puisque Manon est en situation de marginale, emmenée dans un convoi de déportées. Nous verrons comment ce regard initial sur les personnages, dont on ne connaît pas encore les noms, peut influencer la lecture du récit qui va suivre.

Lecture à haute voix

Voir page 21.

Explication linéaire

• Dans cet extrait, le narrateur, Renoncour, fait alterner description et discours direct du garde qui nous renseignent, mais de façon lacunaire, sur les héros.

• Le texte suit un mouvement en 3 étapes :

› il commence par la description de Manon vue par Renoncour ;

› puis le garde explique, en partie, la situation de celle-ci ;

› enfin, nous découvrons Des Grieux par l'explication du garde, puis par le regard de Renoncour.

L'extrait est construit pour donner au lecteur une présentation uniquement extérieure des héros à travers le regard de deux locuteurs qui va orienter celui du lecteur.

• La présentation de Manon est marquée par le réalisme (nombre des filles, chaînes, saleté, attitudes) qui insiste sur la situation lamentable de l'héroïne et provoque d'emblée la pitié. Manon est mise en valeur car elle se distingue des autres *(« Parmi les douze filles, [...] il y en avait une »)* et montre une attitude différente *(« dérober son visage »)*.

Le narrateur indique ses impressions et sentiments devant ce spectacle : *« curiosité »*, *« touchant »*, *« du respect et de la pitié »*. Les termes signalent une progression dans l'émotion sans aucun jugement moral négatif mais plutôt une certaine admiration.

Renoncour souligne, par des oppositions *(« l'air et la figure » ≠ « condition » ; « Sa tristesse et la saleté » ≠ « l'enlaidissaient si peu », « du respect et de la pitié »)*, que l'« état » infamant de Manon ne correspond pas à ce qu'il pense être sa véritable classe sociale *(« personne du premier rang »)*, ni à sa nature profonde.

Le narrateur est sensible à sa beauté, qui sera confirmée dans la suite du récit où Manon suscite immédiatement le désir des hommes. Il relève aussi sa *« modestie »* (aux sens de « pudeur » et de « décence ») et le sentiment de honte qui la pousse à se cacher des regards – deux qualités qui paraîtront bien étrangères à l'héroïne avant sa déportation.

• Le fait de laisser la parole au garde fait ressortir la situation de marginale de Manon et confirme son statut de « fille de mauvaise vie » par un témoignage objectif (*cf.* le champ lexical : *« malheureuse bande », « fille », « Hôpital », « Police », « renfermée »*).

Mais, comme Renoncour, le garde est intrigué par Manon *(« Je l'ai interrogée »)* et note sa singularité par une opposition *(« quoique »)* et une comparaison méliorative *(« vaut un peu mieux »)* qui créent encore un hiatus entre son sort et sa nature. Il est, en outre, sensible à son charme *(« je ne laisse pas d'avoir quelques égards pour elle »)*.

Le mystère semble donc s'épaissir autour du personnage, puisque le lecteur ne connaît pas les raisons de sa déchéance.

• La présentation de Des Grieux se fait de façon progressive : par la parole du garde qui exprime son lien avec Manon et sa tristesse, puis par le regard de Renoncour (d'abord général, puis fixé sur le visage du héros). Tout est fait pour susciter la curiosité et la pitié du lecteur, puisque les deux narrateurs insistent sur sa douleur, perceptible par son attitude *(« pleurer », « enseveli », « image de la douleur »)*.

Les jugements des locuteurs sont positifs : le garde souligne la constance et la force des sentiments de Des Grieux (ce qui se confirmera) ; Renoncour voit, dans son apparence, *« de la naissance et de l'éducation », « un air si fin et si noble »* (ce qui se vérifiera aussi, mais sera en contradiction avec toute sa conduite).

Conclusion

Tout, dans ce passage, est fait pour susciter l'intérêt, en nous présentant des héros en situation de marginalité, voire de déchéance : le lecteur est donc amené à se demander comment ils en sont arrivés là et attend des éclaircissements sur leur parcours. Le procédé du récit enchâssé permet également à l'auteur de nous donner une vision ambiguë et paradoxale des personnages : Renoncour, observateur extérieur à l'histoire, donc *a priori* plus objectif, remarque la discordance entre leur statut social dégradé et ce qu'il distingue de leur nature profonde. Ce hiatus va alimenter toutes les interrogations du lecteur sur les motivations et les conduites des héros, mais son jugement a été déjà orienté positivement par celui de Renoncour.

Question de grammaire

La subordonnée circonstancielle consécutive est *« qu'il paraissait venir d'un sentiment de modestie »* ; elle est annoncée par le corrélatif *« si »*, que l'on peut remplacer par « tellement ».

❷ Seconde partie de l'épreuve

Œuvre étudiée : *Manon Lescaut* de Prévost

Présentation de l'œuvre

Cette présentation doit être personnelle. Toutefois, en voici les passages obligés :

- Enjeux : un roman mettant en scène deux jeunes amants réduits à la marginalité ; un roman à la 1re personne privilégiant l'émotion et l'autojustification ; des personnages qui suscitent l'intérêt du lecteur par leur conduite paradoxale.
- Thématiques : la force de la passion, l'injustice de la société basée sur la hiérarchie sociale et l'argent, la revendication de la liberté, l'aspiration au bonheur…
- Vos motivations justifiant le choix de cette œuvre.
- Votre parcours de lecture : difficultés, découvertes.
- Ce que vous avez apprécié dans cette œuvre.

Dialogue avec l'examinateur

Voici quelques exemples de questions qu'un examinateur peut être amené à vous poser sur *Manon Lescaut* de Prévost :

- Qu'a provoqué, chez vous, la lecture de ce roman ? Vous a-t-elle fait réfléchir et à quoi ?
- Sa lecture vous a-t-elle ému(e) ? Pourquoi ?
- Avez-vous trouvé sa lecture facile ? Pourquoi ?
- À quels thèmes ou idées défendues avez-vous été plus sensible ? Pourquoi ?
- Les personnages vous ont-ils semblé attachants ? Pourquoi ? Lequel préférez-vous ? Pourquoi ?
- Justifiez-vous leur conduite ?
- Quelle image proposeriez-vous pour illustrer ce roman ?
- Pouvez-vous rapprocher ce roman d'une autre œuvre ? Pourquoi ?
- Avez-vous vu des adaptations cinématographiques de ce roman ? Étaient-elles fidèles à l'œuvre ? Vous ont-elles plu ? Pourquoi ?
- Cette œuvre vous paraît-elle encore d'actualité aujourd'hui ? Pourquoi ?
- En quoi consiste, selon vous, l'originalité de cette œuvre ?

Crédits photographiques

documents de couverture : John William Waterhouse, *The Soul of the Rose* (1908), © by courtesy of Julian Hartnoll / Bridgeman Images (jeune femme sur la couverture), © 123RF / antiqueimagesdotnet (bateau), © Istockphoto.com / Dimitris66 (cœur), © Look and Learn / Bridgeman Images (doc. 1), © Granger collection / Bridgeman images (doc. 2), © Pascal Victor/ArtComPress via opale.photo (doc. 3), © Photo RMN / Thierry Le Mage (doc. 4), © FineArtImages / Leemage (doc. 5), © RMN / Grand Palais / Franck Raux (doc. 6).

pp. 4, 6, 8, 9, 10, 11, 15, 20, 68, 86, 123, 178, 207, 250 : © photos Photothèque Hachette.

Méthodes

Les encadrés de méthodologie publiés dans la partie « Objectif BAC » ont été rédigés par Isabelle de Lisle (commentaire) et Véronique Brémond-Bortoli (dissertation et épreuve orale).

Maquette intérieure : GRAPH'in-folio et Stéphanie Benoît.
Mise en pages : APS-ie.
Édition : Fabrice Pinel.

PAPIER À BASE DE FIBRES CERTIFIÉES

hachette s'engage pour l'environnement en réduisant l'empreinte carbone de ses livres. Celle de cet exemplaire est de : 500 g éq. CO_2 Rendez-vous sur www.hachette-durable.fr

Achevé d'imprimer en avril 2022 en Espagne par CPI Black Print
Dépôt légal : mai 2022 – Édition 01 – 15/2710/4

Dans la même collection :

Collectif
- Nouvelles naturalistes des *Soirées de Médan* (Zola, Maupassant, Huysmans) (40)

APOLLINAIRE
- Alcools (60) **BAC**

BALZAC
- Le Colonel Chabert (78)
- Mémoires de deux jeunes mariées (86) **BAC**
- La Peau de chagrin (26) **BAC**
- Le Père Goriot (56)

BARBUSSE
- Le Feu – Bac pro (66)

BAUDELAIRE
- Les Fleurs du Mal (10) **BAC**

BEAUMARCHAIS
- Le Barbier de Séville (17)
- Le Mariage de Figaro (5)

CHATEAUBRIAND
- Atala – René (42)

CORNEILLE
- Le Cid (36)
- L'Illusion comique (19)

ECHENOZ
- 14 – Bac pro (67)
- 14 (69)

FLAUBERT
- Madame Bovary (52)
- Trois Contes (20)

GAUTIER
- Contes et Récit fantastiques (43)

GOUGES
- Déclaration des droits de la femme et de la citoyenne (83) **BAC**

HUGO
- Claude Gueux (38)
- Pauca meæ (livre IV des *Contemplations*) (73)
- Le Dernier Jour d'un condamné (31)
- Le Dernier Jour d'un condamné – Bac pro (62)
- Hernani (44)
- Les Misérables (28)
- Ruy Blas (6)

JARRY
- Ubu Roi (45)

LA BRUYÈRE
- Les Caractères (29)
- Les Caractères (livres V à XI) (84) **BAC**

LACLOS
- Les Liaisons dangereuses (51)

LAFAYETTE (MME DE)
- La Princesse de Clèves (49) **BAC**
- La Princesse de Montpensier (74)

LA FONTAINE
- Fables (livres VII à IX) – Séries technologiques (76)
- Fables (livres VII à XI) – Séries générales (77)

MARIVAUX
- La Colonie – Bac pro (68)
- La Double Inconstance (46)
- Les Fausses Confidences (79) **BAC**
- L'Île des esclaves (13) **BAC**
- Le Jeu de l'amour et du hasard (16)

MAUPASSANT
- Bel-Ami (47)
- Boule de suif/Mademoiselle Fifi – Bac pro (72)
- Contes parisiens, normands et fantastiques (34)
- Pierre et Jean (11)
- Une vie (53)

MOLIÈRE
- Dom Juan (2)
- L'École des femmes (64)
- Les Femmes savantes (33)
- Le Malade imaginaire (80) **BAC**
- Le Misanthrope (27)
- Les Précieuses ridicules (30)
- Le Tartuffe (4)

MONTAIGNE
- Essais (sélection de chapitres) (22)
- Essais (*Des cannibales* et *Des coches*) (82)

MONTESQUIEU
- Lettres persanes (61)

MUSSET
- Les Caprices de Marianne (41)
- Lorenzaccio (23)
- On ne badine pas avec l'amour (14)

OLMI
- Numéro Six – Bac pro (70)

Abbé PRÉVOST
- Manon Lescaut (58) **BAC**

RABELAIS
- Pantagruel/Gargantua (7)
- Gargantua (85) **BAC**

RACINE
- Andromaque (35)
- Bérénice (15)
- Britannicus (18)
- Phèdre (8)

RADIGUET
- Le Diable au corps (21)

RIMBAUD
- *Une saison en enfer* et autres poèmes (37)
- Poésies (75)

ROSTAND
- Cyrano de Bergerac (50)

ROUSSEAU
- Les Confessions (livres I à IV) (3)

SAGAN
- Bonjour tristesse – Bac pro (71)

SHAKESPEARE
- Hamlet (9)

STENDHAL
- Le Rouge et le Noir (54) **BAC**

VERLAINE
- Poèmes saturniens/Fêtes galantes/Romances sans paroles (81)

VOLTAIRE
- Candide ou l'Optimisme (1)
- Candide ou l'Optimisme – Bac pro (59)
- L'Ingénu (39)
- La Princesse de Babylone/Micromégas (48)
- Zadig ou la Destinée (25)

ZOLA
- *Celle qui m'aime* et autres nouvelles (57)
- L'Assommoir (55)
- Thérèse Raquin (63)